10人の建築家が教える設計の上達法

伊礼智の住宅デザイン学校

JN090410

十人十色の上達論

—自分らしい住宅設計を目指して—

住宅デザイン学校が２０２２年で開設10年になりました。

学校という名称ではありますが、学校の体裁を整えていない単なる設計セミナーであるにもかかわらず、これまでに３００～４００人ほどの参加者を得ました。住宅の設計をこよなく愛し、人生をかけて住宅を創り続けたいという人々が集まってきたように思います。最初は「伊礼流」の設計を学びたいというのが参加者の目的でしたが、回を重ねるごとに参加者同士の横のつながりが生まれ、最近はそれが目的で参加する人も少なくないようです。途中からゲスト講師を増やしたことも住宅デザイン学校のあり方に拡がりを与え、多様な価値観でアドバイスできる環境になりました。今の日本を代表する住宅建築家・造園家の講義は、厳しくも楽しく、愛と笑いと希望に溢れた？　空気が漂っていました。

最近はより参加者に近い、若い建築家にきてもらい、先生と生徒というよりも先輩と後輩、建築仲間というかたちで関われたことが学校の活性化に繋がったと思います。僕自身も指導している、教えているという感覚はまるでなくて、自分のやってきたことを伝えているだけ、あとは自分で判断してね…というスタンスで関わってきました。悪く言えば「緩い」、よく言えば「フレンドリー」な対峙の仕方は、今の時代の後輩の育て方に合っているのかもしれません。それが功を奏したのか？　参加者の中から活躍する人が増えてきました。うれしくもあり、一方で我が身を脅かす存在になりつつあることに複雑な思いでもあります。

今回10周年を記念して、住宅デザイン学校の常連となりつつある、ゲスト講師10人のとっておきの講義をまとめていただきました。それぞれ、僕が一目置く建築家であり、造園家の方々です。住宅設計の手法も様々、設計の上達論も多岐にわたります。設計が上手くなりたいと願い、もがく「迷える仔羊たち」にとって多くの励ましを与えてくれるものと信じています。十人十色の住宅論であり、上達論として、この本を読み解いていただければと思います。

最後に僕なりの上達論を少しお話ししておきましょう。上達の基本は、良いものを見ること…そして「いいなあ」と思ったら、なぜいいのかをとことん考えること、他人にもその良さを説明できるようになること、そして憧れて、リスペクトを込めて真似てみること。真似る時はその真髄まで真似てみる…それが上達の大きな動力源になるのではないでしょうか？　僕もそうしつづけてきました。そしていつか、自分らしい到達点が来ることを信じて…。

住宅デザイン学校はそのきっかけを得ることができる最も有意義な場であると思います。毎回の講義の後の懇親会（居残り授業とも言われる。時に2次会、3次会と続く）がこの学校の本領であると言う人も少なくありません。講師の存在が近く、生徒と本音で語れる魅力は、講師にとっても有意義なようです。僕もいい歳になり、体力が衰え、居残り授業についていけなくなりつつありますが、住宅デザイン学校はこれからの10年も日本の住宅をより良くするために、門戸を開けておくようにいたします。

最後に住宅デザイン学校のモットーであり、設計上達の魔法の言葉を。

目を養い、手を練り、耳を澄まし、喉を潤し、よく笑い、即実践!!

伊礼智

文・編集　加藤泰朗
企画・構成　木藤阿由子

デザイン　川島卓也
大多和琴（川島事務所）

写真　西川公朗　p8、p11、p12、p14-15、p64, p86、p88
p89上、p90-91、p92上、p93、p94
p95上・下左、p96-97、p146、p159
小川重雄　p17左・右上、p23-24、p102-104、p106
雨宮秀也　p18-19、p150下、p151、p152、p153左3点、p162
石橋敏弘　p42, p46, p48-49,p50-51
大友洋祐　p53-56
表恒匡　p60
鳥村鋼一　p62-63
平桂弥　p66
ナカサ&パートナーズ　p67、p164、p167上
島崎智成　p68
下村康典　p73、p75下右
平井広行　p74
繁田諭写真事務所　p75上、p113
矢野紀行　p75下
上田宏　p76
新建築社　p85、p130-131,p134
新澤一平　p108、p115下、p116-124
永井泰史　p136-137
山森充　p138
鍵岡龍門　p139右
川辺明伸　p139左、p140-142、p144
塚本浩史　p161
中村絵　p182,185,187,188-195
針金洋介　p186,p196

印刷　シナノ

Lecture

1

設計の手順

飯塚 豊

Yutaka Iizuka

かたちから考える

間取りから始めてはいけない！

住宅設計には正しい手順があります。設計がうまくなりたければ、「まず設計の手順を見直すこと」が近道です。

多くの設計者が、与条件の整理を終えるとすぐに、方眼紙上に間取り図を描き始めています。でも、これ

「逗子S邸」は、庭づくりが趣味のご主人のため、前庭を設けて広葉樹を植えた。庭側に屋根の平側を向けて、軒を極限まで低くしてプロポーションを整えている

逗子S邸

敷地面積	165.02m
建築面積	59.62㎡
延床面積	108.47㎡
	1F／50.92㎡
	2F／57.55㎡
施工	青木工務店
竣工	2019年

ではダメ。間取り図は、最初に描いてはいけません。

具体的な設計で、真っ先に考えるべきは屋根と中間領域のかたちです。内と外の境界部のデザインが、住宅設計にとっていちばん大切だからです。間取りを最初に決めると、境界部のデザインがないがしろにされる可能性があります。間取りを考えるのは、できるだけ後回しにしましょう。

アントニン・レーモンド設計の「旧井上房一邸」。平屋の大きな平面に、ゆったりとした勾配屋根がかかる。南面には、低くて深い軒が出ている。建物中央部には、屋根付きの外部空間（中間領域）が設けられている

建築の魅力は内外の境界部に宿る

国内外の「名建築」といわれる建物をみると、豊かな内外の境界部をもっています。たとえば高崎市美術館の隣に移築されているアントニン・レーモンドの「旧井上房一邸」は、豊かな境界部分をもつ建築だと思います。建物中央部に屋根のかかった外間空間があり、内外がなめらかに連続する中間領域がつくられています。レーモンドは、はじめからこのような豊かな「内外の境界」をつくることを意識して設計していたと思います。

一方、多くの設計者がしているのは、間取りありきの設計です。施主と設計者の間で議論されているのは、部屋数や畳数、収納量、トイレの数といった「規模・数量」の話や、部屋の位置、家事動線、キッチンの向き、テレビの位置などの「機能・使い勝手」の話ばかり。間取り図上で表現しやすいものだけが議論の対象になっていて、レーモンドのような内外の境界をつくることはまったく検討されていません。

間取りを優先すると美しくない住宅になる

住宅設計では、間取り（平面）以外にも、立面・断面・空間などの検討が大切です。間取り優先で設計すると、それらはまったく検討されず、後付けになりがちです。間取りが立体になったときに美しくない住宅ができあがるのはそのためです。

美しさ以外にも不具合はいろいろ

間取り優先の設計では、構造も後回しになります。仮に計算上、耐震等級3をとれている建物でも、上下の架構が不ぞろいだと、力の流れがあみだくじ状になり、結果的に耐震性が下がる、梁せいが高くなり天井懐がムダに大きくなる、などということにもなりかねません。間取りを優先すると、構造的にも望ましくない家になってしまいます。

住みやすさの観点からも間取り優先には問題があります。平面では一見まとまっていても、断面にしてみると日当たりを期待した南側リビングには隣家の影がずっと入る、給湯設備などが集まった隣家の北側の壁（建物のウラ側）を一日中見て過ごさなければならない、などということも。間取りを最優先し、周辺環境を無視したばかりに、住みにくく、環境の悪い家になる可能性もあります。

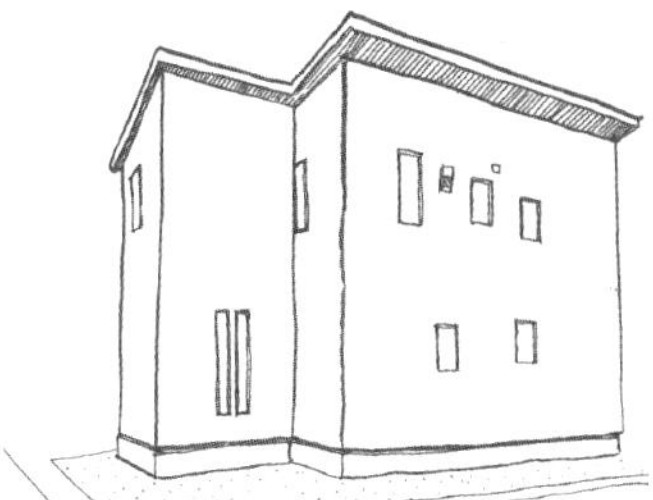

間取りの都合だけで決められると、統一感のない窓の配置になる

美しく設計するための正しい手順

住宅設計には「用・強・美」の3要素が大切です。これまで見てきたように、間取り最優先の設計法は、美しくなく、性能も悪く、生活も楽しめない家になる可能性があり、どの要素から見ても望ましくないことが明らかです。「間取りから始める」以外の設計法を身につける必要があります。

図1は、私が考える「設計の正しい手順」です。全部で10のステップがあります。

最初に5つは準備段階。構法や素材の使い方を決め、類似事例を調べて、テーマを見定め、与条件を整理するステップです。

後半の5つは、解法（設計）。準備段階で整理した情報を具体的なかたちに落とし込むステップです。屋根と中間領域を考え、窓と架構を整理して、最後に間取りをつくります。「最後に間取りを」がミソです。

それでは1つずつ具体的に説明していきましょう。

図1
設計の正しい手順10のステップ

準備

1 構法を決める
2 素材を選ぶ
3 事例を調査する
4 テーマを設定する
5 条件を整理する

解法（設計）

6 屋根からかたちを考える
7 中間領域のかたちから考える
8 窓の配置を検討する
9 架構を想定する
10 間取りを描く

① デザインの前提条件は構法で

ステップ1は、「構法を決める」です。「構法から？」と違和感を覚えるかもしれませんが、ハウスメーカーを想像してください。彼らはいきなり間取りの作業に入っていますが、それは決まった構法をもっているので品質を確保できるからです。

構法とは「構造部分と非構造部分を含めた建築全体の組立て方」のことです。つまり「さまざまな材料を、どのように組み合わせ、どんな手順で構造体・屋根・壁・床を構成していくかを示したもの」が構法です。

構法が決まっていると性能面をあまり気にせずに、自由にデザインすることが可能になります。写真は、私が設計した2つの住宅。立地や住まい手のキャラが異なるため、まったく違うデザインになっていますが、構法という点では完全に一致しています。どちらの家も壁、屋根、床を面で固め、外皮を高断熱化した構法を採用しています。

郊外の切妻屋根の住宅（川越K邸）と多面体壁面の都市型住宅（世田谷K邸）は、まったく同じ構法を採用している

ステップ2は、「素材を選ぶ」。構法同様に、仕上げ材の素材もあらかじめルール化しておくとよいでしょう。

瓦屋根だから5寸勾配にする、左官外壁ならば保護目的で軒を出すという具合に、仕上げ材はデザインと密接に関わります。建物のデザインの7割は仕上げ材で決まるといってもいいでしょう。陶芸家が土づくりから、あるいはファッションデザイナーが生地選びから、それぞれ始めるように、住宅設計者も仕上げ材の素材選びから始めるべきです。

② デザインの7割は素材

美しい建物を設計したいならば、内外装材ともに基本は自然素材です。新建材はNG。タイル風サイディングや、左官調・木目調など、「風」や「調」が着く素材は、絶対に使用してはいけません。

木の見せ方にも注意が必要です。真壁のように線で木材を見せるのは上級者向け。どうしても木を見せたいというのなら、面で見せるのがコツです。

「逗子S邸」の2階LDK。柱や梁の線材を強調すると、インテリアがうるさくなり、物の多い現代の住居には馴染みにくい。野地板や垂木を同色にして、木を「面で見せる」ようにデザインしている

“木を見せるときは
面を意識して—”

③ 事例調べの省略は、時間のムダ

ステップ3は、「事例調査」。類似事例の収集です。敷地の特徴や施主の要望を考えながら、過去の類似事例の100分の1スケール図面を集めておきましょう。

自分が考えていることは、過去に優秀な人が必ずやっています。とくに住宅は、大きさが限られるため、絶対に類似事例があります。その手間を省いてゼロから考えるのは、時間のムダです。

最近は、インスタグラム（Instagram）やピンタレスト（Pinterest）など、ウエブから情報を得て、ビジュアルから家づくりに入る施主も増えてきました。これらのサイトに掲載された事例チェックも忘れないようにしましょう。

図面を描くときも、類似事例は必ず隣に置いて作業します。そうすることで、スケール感や部屋同士のバランスを間違えずにすみます。

④ 御用聞き設計では、いい家にならない

ステップ4は「テーマを決める」です。テーマやコンセプトを見つける手法の1つにマインドマップがあります。マインドマップは1つの言葉から連想ゲーム的にほかの言葉をつなげていく思考法です。

ただし、出てくるキーワードのどれが重要かわかりにくく、扱うのが意外に難しい。また「条件」のキーワードと「解法」のキーワードが、区別なく並ぶため、両方を網羅的に考えているかすぐに判断できないという欠点もあります。

そこでおすすめしたいのがコンセプトシートです。コンセプトシートは、簡単にいえば、交差する2本の座標で区切られた平面（座標平面）上でマインドマップの作業をするものです。座標軸があるため、キーワードの重要性や方向性を容易に理解できます。

住宅設計で使用するコンセプトシート［図2］では、縦軸は大きさと具体性を表す軸とします。上側にはマクロ・大きいもの・抽象的なものと関係する言葉、下側にはミクロ・小さいもの・具体的なものと関係する言葉を、それぞれ書き込んで、都市のスケールからディテールのスケールまで、幅広いスケールで条件を検討していきます。

横軸は価値の軸です。左側にはマイナスの価値として問題点を、右側にはプラスの価値として魅力を書き込み、1つの物事をプラス・マイナス両側面から検討していきます。

第3象限は、「ミクロな問題点解決」ということで、日常的な問題や高断熱・耐震等級、収納たくさん、家事が楽、対面キッチン、食品庫など、施主からの要望に関するキーワードが入ります。実務では、どうしても日常的な問題や要望対応など、第3象限のキーワードにかかりきりになりがちです。ただし私たち設計者の役割は、施主の要望にプラスアルファの提案をすることです。第3象限を埋めるだけでは、それに応えることはできません。

街並みや組織に対する提案（第1象限）、構法やプログラムの提案（第2象限）、建築的な魅力づくりの提案（第4象限）など、家の価値を上げるキーワードが入って象限がすべて埋まると、住宅は魅力的になります。コンセプトシートを使って作業することは、そのことに気づくきっかけにもなります。

「逗子S邸」1階の玄関横に設けたご主人の仕事場。玄関土間とひとつながりになっていて、外と家（プライベート）の中間のような場所になっている

図2
住宅設計で使用するコンセプトシート

作業は、何度でも検討できるよう、付箋にキーワードを書き込み、シートに貼って進める。与条件に関するキーワードが、座標平面に偏りなく貼れれば、さまざまな観点から検討できていることになる。解法についても同様に作業し、シートにまんべんなく付箋が貼れれば、問題解決をいろいろな視野で捉えられていることになる。

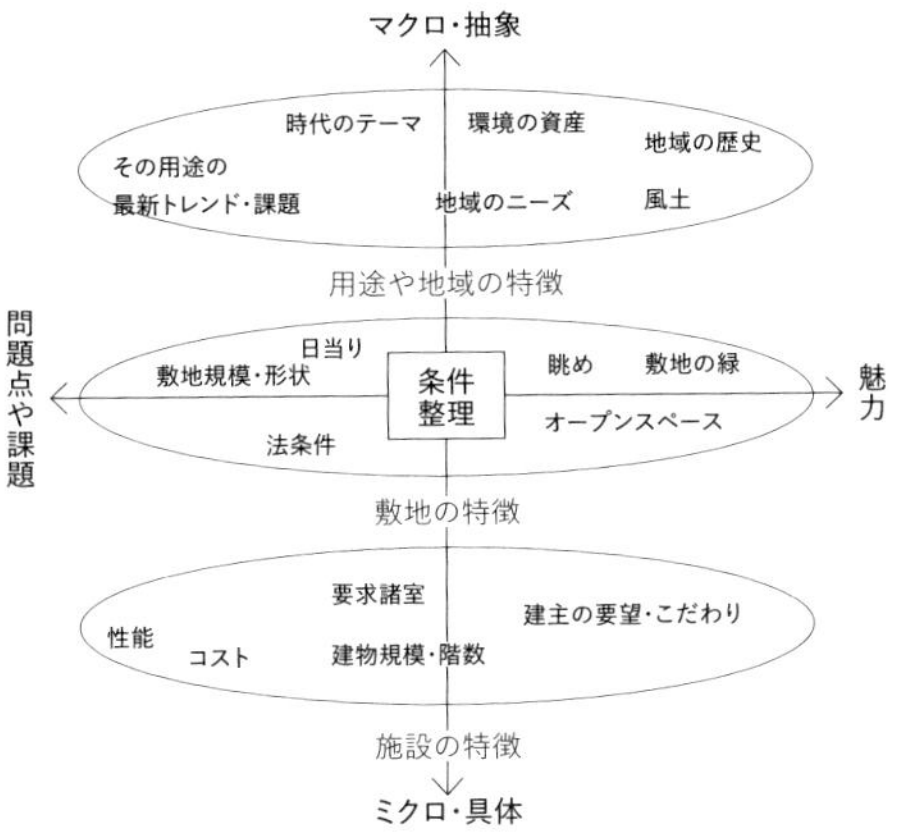

1_はじめに「条件の整理」のため、地域・敷地・施設の特徴を上中下3つのブロックに分けて付箋を貼る

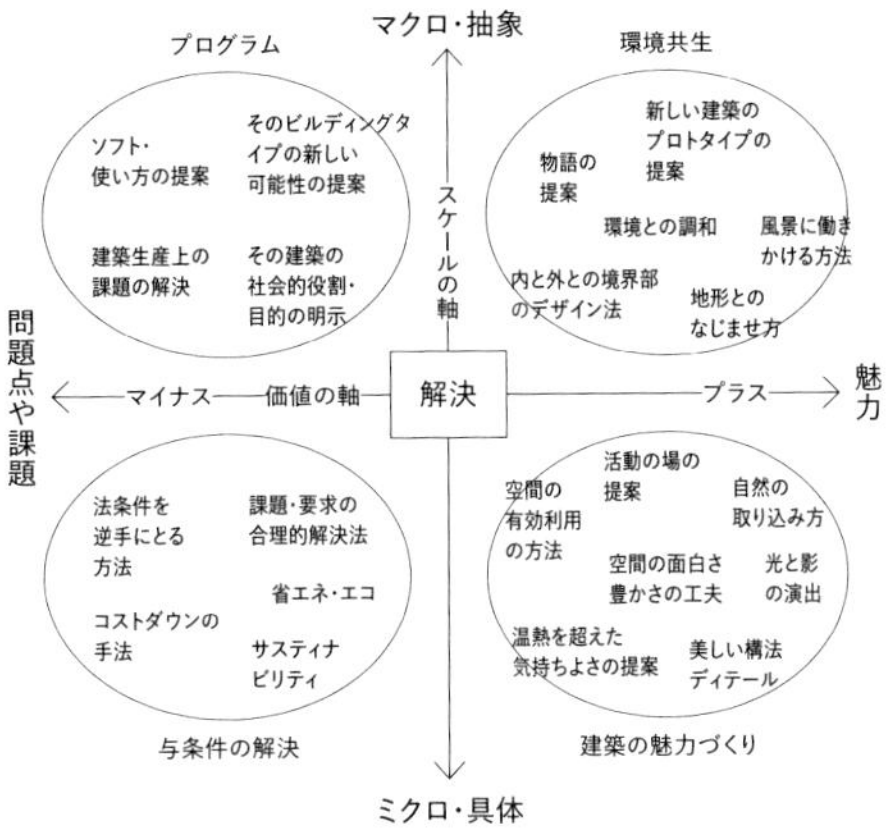

2_次にその「解法」を、各象限ごとに3つのブロックの間の隙間に付箋を貼る

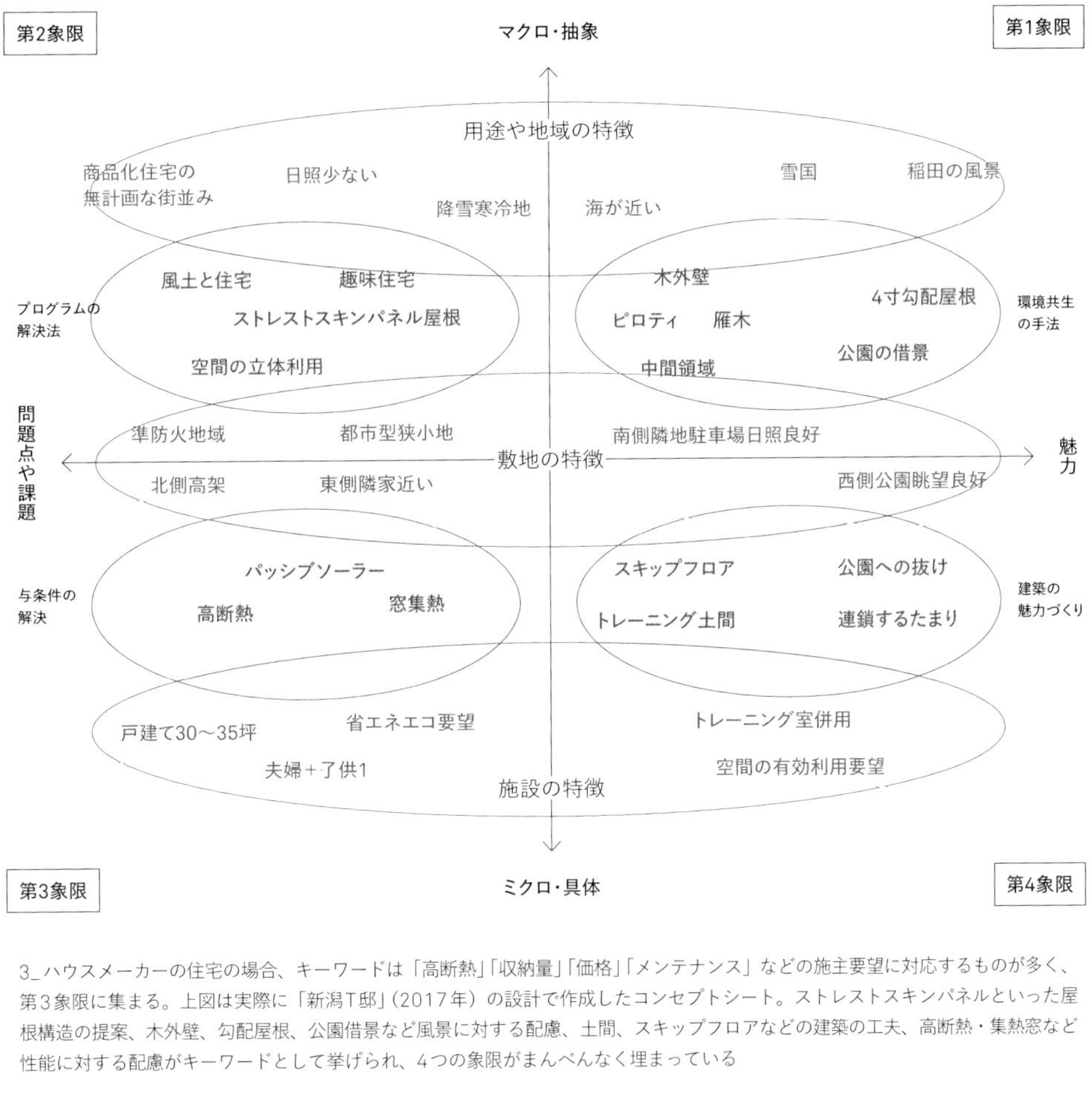

3_ハウスメーカーの住宅の場合、キーワードは「高断熱」「収納量」「価格」「メンテナンス」などの施主要望に対応するものが多く、第3象限に集まる。上図は実際に「新潟T邸」(2017年)の設計で作成したコンセプトシート。ストレストスキンパネルといった屋根構造の提案、木外壁、勾配屋根、公園借景など風景に対する配慮、土間、スキップフロアなどの建築の工夫、高断熱・集熱窓など性能に対する配慮がキーワードとして挙げられ、4つの象限がまんべんなく埋まっている

“きれいなかたちが立体的な間取りを導く”

「逗子S邸」の2階は、天井を張らず、大きな吹抜けのワンルーム空間にロフトやコアが入れ子状に配置されている。スキップフロアで空間を立体的につなぎ、切妻のシンプルながらんどう空間に、変化に富んだ数々の居場所をつくり出している

5 条件整理をサボると ひどい家になる！

ステップ5は「条件整理」です。施主からの要望や物量整理、規模の想定、ボリューム検討、周辺環境の把握など進めます。

ボリューム検討前には、駐車場の配置検討をすませます。狭小地では駐車場をつくるために住宅がL型になったり、地方では2台以上の車を駐車するために、配置の仕方次第で建物前面がふさがれてしまったりするからです。

ボリューム検討は、予算や建蔽率などを頭に入れながら、敷地にできるだけ大きな四角の平面をつくり、2階建て目標ならばやや高め7から8mくらいの立方体を立ち上げ、斜線でカットするという手順で進めます［図3］。SketchUpというソフトを使うと3次元で検討でき、2方向から斜線がかかるケースなどで便利です。

周辺環境では隣家の建ち方の確認も重要です。隣家と窓がかち合うことがないようにするためです。また、高断熱高気密住宅を設計する場合は、隣家の関係で集熱がうまくできない、日当たりが悪くなる事態は避けなければなりません。これもSketchUpで隣家の情報を入力したり、CADで隣家の日影図をつくったりするとよいでしょう。

図3
ボリューム検討の手順

1_敷地にできるだけ大きな四角い平面をとる

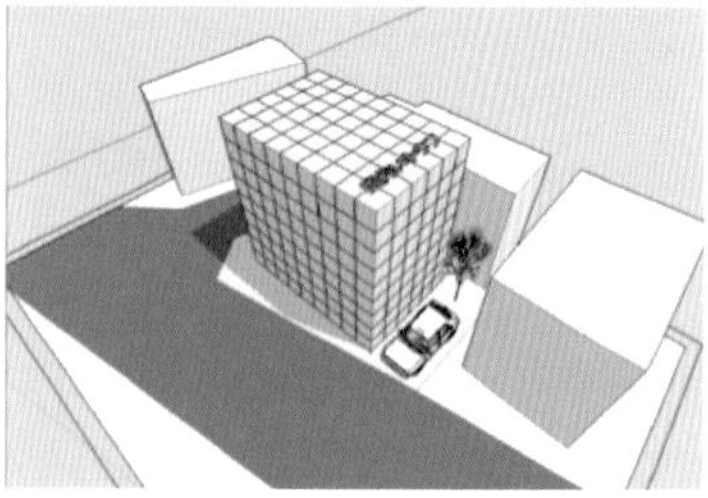
2_平面を底辺にできるだけ大きな"四角"を立ち上げる

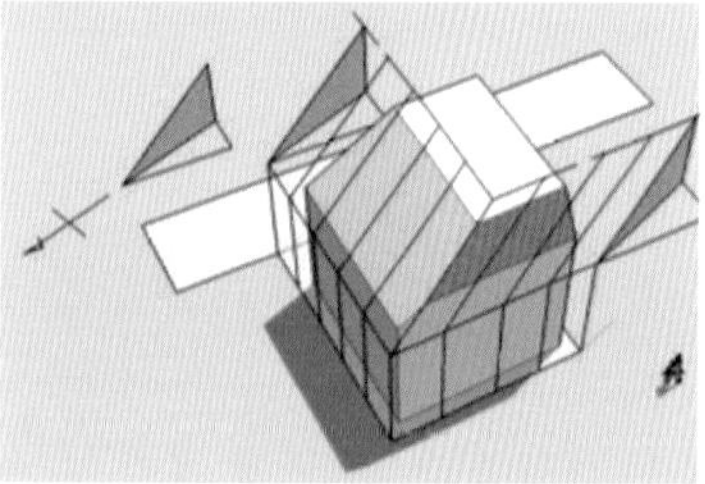
3_立ち上げた"四角"を斜線でカットする

6 屋根を気にしない 建築は あり得ない

与条件の整理を終えたらいよいよ建物のかたちづくりの作業です。ステップ6で「屋根からかたち」を考えていきます。

同じ平面でもいろいろなかたちの屋根をかけることが可能です。軒の出、勾配、高さなど無数の選択肢があり、デザインの自由度が高く、多様な可能性があり、設計者のオリジナリティが最も発揮できる部位です。

屋根のかたちは、敷地の特性を考慮して決めます。無理に気をてらったかたちにする必要はありません。まずはシンメトリーの切妻から検討を始めましょう。

なお、屋根を含む建物のボリュームを考えるとき、軒高・階高を限界まで下げることがポイントです。施主から「天井をできるだけ高くしたい」といわれても、グッと我慢して低く抑えます。無駄な高さを確保するよりも、建物の中に高低差をつけたほうが、建物の断面設計がうまくいくからです。

“間合いはゆったりとる”

⑦ 住宅の魅力を高める中間領域を検討する

ステップ7は「中間領域からかたちを考える」です。中間領域にはいろんなパターンがあります。中間領域は、コストや面積に影響しますが、私は必ず1軒の住宅に1カ所、中間領域をつくるようにしています。

中間領域をつくるとは、内と外の境界部に「間（間合い）」をとるということ。こぢんまりとつくると内外がスムーズに連続する感じが出ません。軒や土間なら1間くらい、中庭ならば2間程度の奥行きがほしいところです。

左・右上_フレームを回してつくる中間領域。フレームをあえて外部空間に設けることで、内部から外部へと続くグラデーションを生み出せる
右中_縁側。最もつくりやすい中間領域。ポイントは必ず屋根をかけること、そして奥行きをたっぷりとること。半間の縁側では中間領域の感じが出ないので、最低でも1間はほしい
右下_屋根軸性を活用した中間領域。「屋根軸性」は、筆者の造語。切妻屋根やボールド屋根には軸性があり、その一部を外部とすることで、内外が混ざり合う雰囲気を簡単につくれる

⑧ 窓の配置は立面から考える

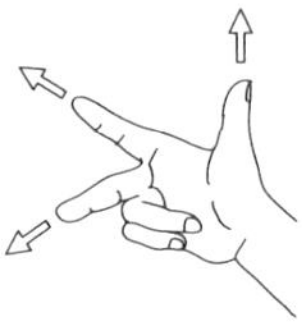

ステップ8は「窓の検討」です。間取りに先行して窓の配置を考えるということです。性能とデザインを両立する窓の配置を実現にするためには、温熱・採光・意匠の3つを同時に解決するように考えます。

[1] 温熱
日射の取得と遮蔽のバランスを検討

日射取得では、南側に大きな窓をとることが定石です。耐力壁と集熱窓が干渉する場合は、ステンレスやスチールのブレースを利用して構造を補い、大きな窓をとります。

大きな窓は、同時に日射遮蔽も検討する必要があります。総2階の建物ならば、2階の窓は軒の出を調整して解決できますが、1階では遮蔽のために必ず庇（窓の高さの1／3くらい）を出すか、シェードやスタイルシェードを設けるなど、夏の日差しの遮蔽対策が必要です。

[2] 採光
窓は多方向に、光は面をなめるように

採光では、「窓は多方面にとる」と「光は面をなめるようにとる」の2つを意識します。窓が多方向にあると、空間に奥行きや3次元的広がりが生まれます。メインとなる部屋ではとくに、できるだけ区間の対角線位置に窓を配置し、奥行きや広がりを感じさせる工夫をします。対角線に窓を配置すれば、結果的に風の通り道も確保できます。

私は、窓を多方向にとるルールとして「フレーミング（窓枠）の法則」を推奨しています。磁場や電流などの関係を示す、あの「フレミングの法則」をもじった私の造語で、「窓は3方向に設ける」ことを意味するものです。特に上方（Z方向）から指す光が、採光には有効です。

また、窓を際に寄せると、寄せた壁・天井に光が「なめるように」広がります。窓を際に寄せることをいつも意識して設計するといいでしょう。

[3] 意匠
窓は立面から考える

間取りから窓を考えると、「各部屋の壁中央に幅1間の窓を設ける」みたいなことになりがちです。このルールで立面をつくると、だらしない意匠になる可能性があります。

立面から窓の見え方を考えて、袖壁や下がりを壁なくす、縦にそろえる、小さい窓はスリット状にする、など配置を工夫することで、外観が整います。

上＿「新潟K邸」の南側外観。への字を書いた大屋根が特徴で、冬は敷地西側の用水路に屋根の雪を落とす
下＿ダイニングの南側は腰窓は、連窓にすることで日射を十分に取得している。耐震性はブレースで確保

家全体が自然光で満たされる。暗くなりがちな家の中心部は、天窓から光を落とす

ステップ9は「架構を想定する」です。屋根のかたちや建物のシルエット、中間領域が決まったら、次に建物の架構＝骨組みを考えます。

切妻屋根ならば頂点に棟木が必要というように、建物の変曲点には、必ず構造材を設けます。

横架材を支える柱はできるだけ1階と2階を通すようにします。大黒柱のように2階から1階まで伸ばすと、力の流れがシンプルになり、少ない柱本数で「がらんどうな空間」が簡単につくれます。がらんどうな空間をつくっておけば、この後に考える間取りの自由度が高まります。大黒柱といいましたが、もちろん管柱でも構いません。大事なことは上下の階で軸がそろっていることです。

また、がらんどうな空間にするために、耐力壁もできるだけ外周部でとるようにします。耐力壁を外周部にとって架構を整理すれば、大きな家でも、内側にわずかな柱を設けるだけで、建物の軸力を確保できます。

一方、耐力壁を外周部にとると、どうしても耐力壁線間距離が長くなります。床・屋根には構造用合板を張ってできるだけ固め、剛性を高めます。このように間取りを描く前に、家の輪郭、中央に立つ柱の位置を、イメージしておくことで、このあと描く間取りが構造と整合性がとれたものとなります。

田の字を想定してから間取りを検討

30〜40坪の住宅では、大黒柱を適切な位置に設けると、間取りはだいたい4マスか9マスの田の字になります。あらかじめこの「田の字」を薄っすらと描いてから間取りを検討すれば、間取りと構造の整合性がとれたプランになります。

切妻屋根なら、中央の棟木を受ける数本の大黒柱を設定してから間取りを描きます。その際、できるだけ大黒柱のスパンが等ピッチになるよう配置します。等ピッチなら、プラン作成時に部屋の入れ替えが容易になり、梁せいが揃うことで、構造的にも理にかなったものになるからです。

⑨ 架構も間取りに先行する

「伊賀の家」は森大建地産のモデルハウス。2階はがらんどうにしているが、現した柱・梁で田の字型プランであることが分かる

伊賀の家

敷地面積	1118.27㎡
建築面積	59.62㎡
延床面積	108.27㎡
	1F／53.32㎡
	2F／54.95㎡
施工	森大建地産
造園	荻野寿也景観設計
竣工	2018年

上_1階LDKは吹抜けを設けて、2階の窓から1階の奥まで自然光を届ける。パッシブハウスの性能があるため、冬の昼間は日射だけで家全体が暖まる
中_2階は階段を支える壁以外は仕切りがない空間。壁の向こうは和室
下_切妻屋根＋総2階のシンプルな外観。窓のそばに植栽して、外と内をゆるやかに仕切る

図4
「伊賀の家」平面図（S=1:200）

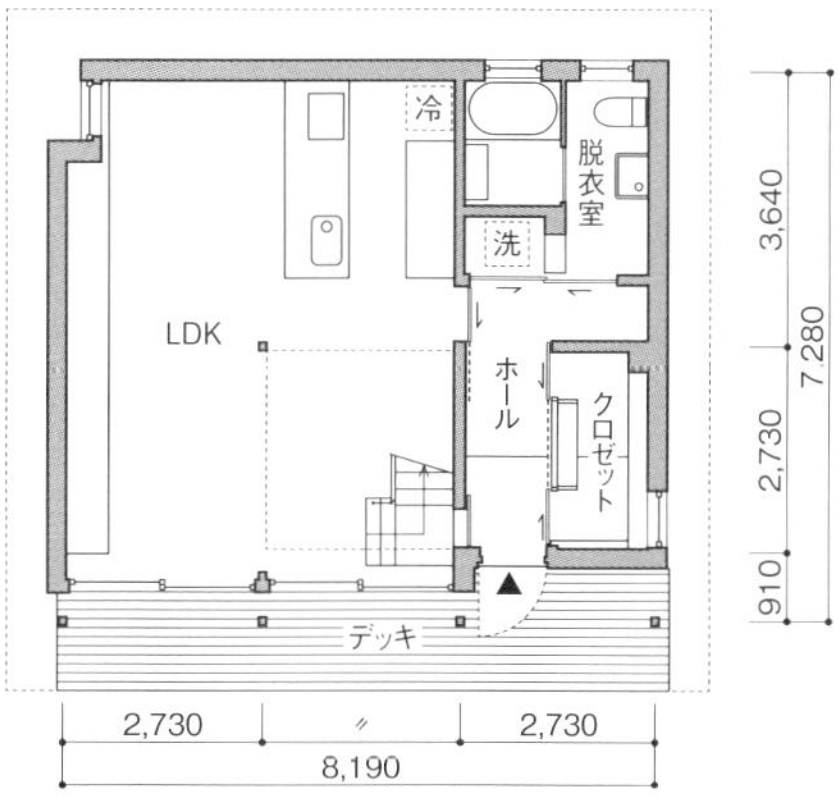

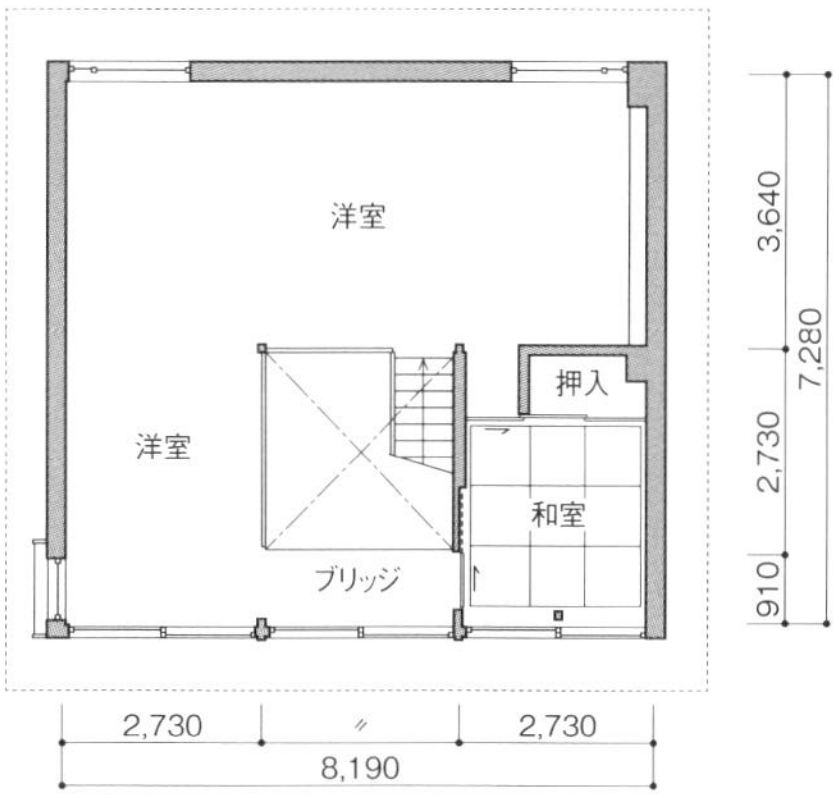

⑩ 間取りには方程式がある

1から9のステップに沿って外観や架構が決まり、ようやくステップ10「間取りを描く」準備が整いました。間取りは次の手順で検討します。

[1] ゾーニング

間取りで最初に考えるのは、ゾーニングです。建物を、LDKなどを設ける「パブリックスペース（オモテ側ゾーン）」と水回りや収納を設ける「サーバントスペース（ウラ側ゾーン）」とに大きく振り分けます。道路に面している、日当たりがよい、景色がよいなど、敷地の中でいちばんいい場所を「パブリックスペース（オモテ側ゾーン）」としてまず押さえることが基本です。

パブリックスペースは、できるだけ長手にとると、空間に広がりが生まれます。

[2] 玄関と階段の配置

ゾーニングの次は動線計画ですが、まずは玄関の位置を検討します。玄関の位置は「階段とセットで中央付近に」が原則。建物への入口＝玄関と、上階への入口＝階段を中央に置くことで、建物のどの場所へのアクセスも最短にできるプランになるからです。

ただし、あくまでも「原則」。いつも玄関を建物の中心部に設けることが正解、ではありません。ゾーニングと合わせて、最適な位置を探しましょう。

[3] 動線

玄関位置が決まったら、室内の動線を考えます。動線はクローバー型[図5]がおすすめ。クローバー型動線とは、動線が一点に集まる間取りとなる動線のこと。玄関と階段を真ん中に配置すると、自然に動線はクローバー型になります。

クローバー型動線を描くときは、2階（寝室階）から書くのがポイント。寝室階で、個室への入口を1カ所に集まるようにクローバーを描くと、階段の位置が自動的に決まります。それを手がかりにして1階のプランを描いてください。

なお、2階にリビングを設ける場合は、1階からクローバー型動線を描きます。

[4] 抜けとたまり

ワンランク上の間取りを目指すのならば、「抜け」と「たまり」を設けることが大切。抜けとは、遠くまで見通せる視線のこと。室内はできるだけワンルームにし、建物の対角線方向や長手方向に視線が抜けるようにすると、小さな家でも大きな広がりをつくれます。可能ならば床を抜

図6
クローバー型動線

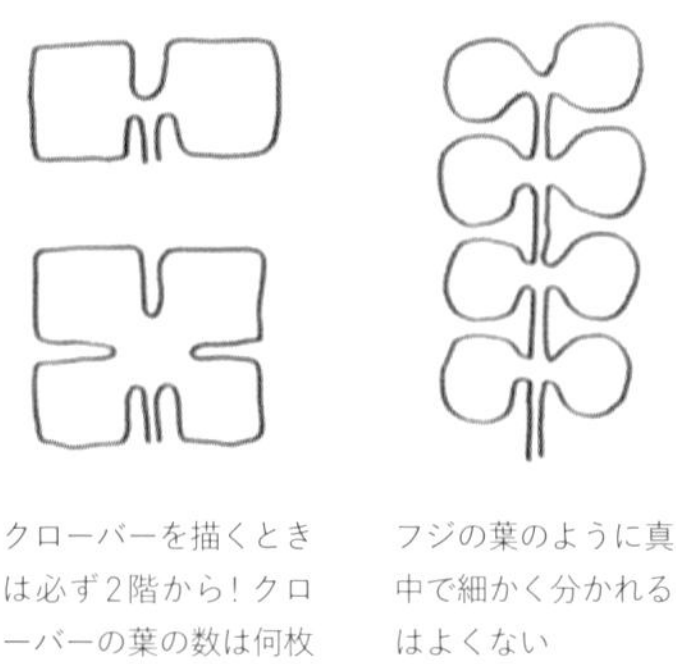

クローバーを描くときは必ず2階から！クローバーの葉の数は何枚でもOK

フジの葉のように真ん中で細かく分かれるのはよくない

国立N邸

敷地面積	187.7㎡
建築面積	83.63㎡
延床面積	147.85㎡ 1F／77.01㎡ 2F／70.84㎡
施工	夢・建築工房
竣工	2020年

“間取りは最後に考える！”

いて、抜け（＝吹抜け）をつくります。

住宅設計では、抜けの効果で室内を広く見せることと同様に、人が長時間いたくなるような、落ち着ける場所（＝たまり）をつくることも重要です。三方を囲まれたところに家具を置くだけで、たまりは簡単につくれます。私はこれを「囲まれ家式たまり」と呼んでいます。

たまりには、「止まり木式」というつくり方もあります。鳥が木に止まるように、自然に人が吸い寄せられるスペースを設ける手法です。たとえば、はき出し窓の脇に段差を設けるだけで、人が居られる場所に変わります。

階段もつくり方によってはたまりに様変わり。幅の広い階段ならば「止まり木式たまり」に、幅の狭い階段でも階段下にベンチを置けば「隠れ家式たまり」になります。

［5］死角と回遊

住宅を魅力的に見せる方法はまだあります。たとえば、見えない奥をつくることで広く感じさせる「死角」や、行き止まりをつくらないことで広がりを感じさせる「回遊」などです。

上＿「国立N邸」の階段踊り場からは、1階と2階が見渡せる。それぞれ南側にデッキテラスとバルコニーにつながる大開口を設けている
下＿1階リビングは床レベルを下げて「たまり」をつくり、クッションを背もたれにして床に座ったり、ベンチのように腰かけて使うこともできる

国立N邸外観。1階2階ともに内外の境界周辺に居場所をつくることで、住み心地だけでなく建築としての魅力も上げている

無とかたちをつなぐ「型」を身につける

ここまで構法から間取りまで、10のステップを順に説明しました。前半5つは与条件の整理、後半5つは解法づくりの作業です。与条件から具体的なかたちを導くことは難しい作業ですが、ここで「型《かた》」というものを想定すると、前半と後半のステップをうまく橋渡しすることができます。

「型」とは、かたちの素《もと》になるものです。たとえば、三角形、グリッド、螺旋、シンメトリーなど、かたちの構成ルールや幾何学的特徴を示すものは型といえます。また、平屋、ピロティをもつ建物、東西に長い建物といった、ボリューム構成やプロポーションも1つの型だと思います。

型がしっかりしていれば与条件と解法がうまくつながり、建築は理解しやすくなります。逆に型が弱々しいと、伝わらない建築になります。

以上が、私が考える住宅設計の正しい手順です。13頁図2のコンセプトシートを使わなくても、設計条件と型から始まる7項目［図6］を箇条書きで書いても同じ効果があります。今回の設計ではどのような条件に注目し、どのような型を使って、屋根、中間領域、窓、架構、間取りでどのような工夫したかを言語化する。そうすることで設計コンセプトは非常に綺麗にまとまります。

箇条書きにするだけの非常に簡単な方法です。設計する際には、ぜひ実践してみてください。

図6
設計コンセプトをまとめる7つの項目

1:条件	
2:型	
3:屋根	
4:中間領域	
5:窓	
6:架構	
7:間取り	

Lecture

2

敷地を読む

丸山 弾

Dan Maruyama

余白から考える

「つくばの家」(2022年)。明と暗、高と低。対比をつくることで空間に奥行を与えている

大切なものは目に見えない

「いちばんたいせつなことは、目に見えない」。この言葉は、サン＝テグジュペリ『星の王子さま』に出てくる言葉です。堀部安嗣建築設計事務所に入所する前、堀部さんや手嶋保さんから「吉村順三さんが、大事なものは目に見えないとおっしゃっていたよ」という話を聞かせていただきました。

　当時はその言葉の意味を漠然と捉えていたのですが、住宅設計に20年くらい携わり、最近、その言葉を意識することが増えてきました。これからお話しするのは、住宅設計において、僕が「大切なこと」と感じているものです。

自分の設計を かたちづくるもの

設計するということは、自分の考えや思いを表現する、ということです。表現である以上、自分がいままでに体験したことが反映されると思っています。

　私は東京都中野区で生まれ育ち、いまでも東中野に事務所を開いています。そこは木造住宅の密集地で、狭い路地が入り組んでいます。また、中野区のある東京西部に広がる武蔵野台地は、西から東に走る川に削られ、南斜面と北斜面が交互に現れてくる坂の多い場所でもあります。日頃、歩きながら「この坂の向こうには何が見えるのだろう？」などと思いながら、視線の変化を楽しんでいます。密集地で常に建物に囲まれる一方で、道を歩いていると、ふと視線が抜ける場所もある。こういう場所に慣れ親しんで、僕は育ってきました。そのせいか「視線が抜ける」という感覚は、僕の住宅設計におけるベースの1つになっています。

風景写真に残された 「大切なもの」

学生時代も、建築の道に進んでからも、よく小旅行をしました。当時の写真を見返すと、建築物よりも風景を撮影したものが多いことに気がつきます。写っているものは、「広がり」「奥行き」「移ろい」「静と動」「明と暗」「距離感」、あるいは「境界」を捉えたものばかり。当時から、そういう抽象的なものに自然と惹かれていたのだなと思います。

　いまでも被写体の傾向は変わっていません。たとえば、伊勢を訪ねたときも、式年遷宮で遷御《せんぎょ》した月読宮の空き地や、内宮のわきを流れる五十鈴川ばかり撮っていました。岡山の閑谷学校では、講堂ではなく、離れに建つ茶室「黄葉亭」の下を流れる小川に目がいったり、滋賀県にある聖徳太子が創建したといわれる百済寺《ひゃくさいじ》でも、石垣が積まれた参道などランドスケープ的な写真ばかり撮影しています。写真に残された風景や、それらから感じられるものが、自分の好きなもの＝大切なものだという気がします。

閑谷学校「黄葉亭」。河原の石の上に柱が立ち、自然と建築の接点を曖昧にしている

明暗、静動の対比が居心地をつくる

龍安寺の石庭。南に立ち並ぶ樹木の影が土塀の屋根に落ち、風で揺らいでいる

図1
龍安寺の断面イメージ

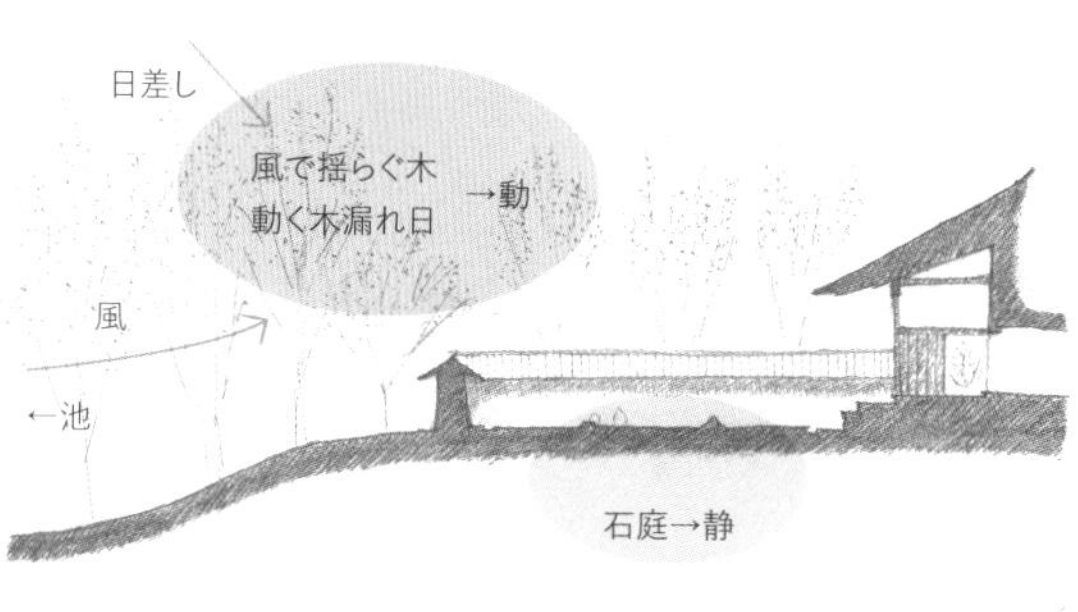

独立した時期から京都芸術大学で教鞭を執ることになり、年に数回、京都に訪れるたびに庭園を見て回りました。そうして庭で過ごす時間を重ねることで、分かってきたことがあります。

あるとき、龍安寺の石庭を訪れたとき、参拝者が縁側に座り、長居していることに気がつきました。長居するということは、それだけ石庭に魅力があるのかと思いつつ、ただ皆が石庭をじっと見ているわけでもありませんでした。東京に帰って、石庭で長居できるポイントはなんだろうと気になって、西澤文隆さんが記された『建築と庭』という実測図集に掲載されている龍安寺の断面図を見てみると、石庭を囲う土塀の向こうの先に池が描かれていることに気がつきました。石庭の南側に下ったところにある鏡容池です。

坂の下に池があるということは、石庭に向かって上昇する風が起こっているはず。そこで写真を見直すと、石庭は動きがなく静かなのですが、土塀の上に広がる樹木があり、葉が風で揺れ、動いていたことを思い出しました。あるいは土塀のこけら葺きの屋根に落ちる木漏れ日や葉影も同様に揺れ動いていた。土塀から下は静かな世界で、土塀の上に風が抜けて揺れ動く世界。土塀を境に、静と動が同居する空間でした［図1］。静だけでなく動もあるからこそ、視線が飽きない。飽きないからこそ長居できる＝居心地がいい、ということにつながっているのでは、と思い始めるようになってきました。

余白から考えて設計すること

「視線が抜ける」ことや「静と動」、あるいは写真に残る「広がり」や「奥行き」「移ろい」「明と暗」「距離感」「境界」といった、僕が大切にするものは、よくよく考えると、「目に見えない、触れられないもの」ばかりです。そしてこれらは、「余白」と言い換えられるものたちです。つまり僕の設計にとって大切なこととは、余白を考えること、です。

設計作業は、物の素材や寸法を決めて、配置を考えることの繰り返しです。物を置けば、置いた物と物の間に余白は生まれます。ただし僕は、余白ありきで、余白に積極的な意味をもたせて設計しています。物を置いた結果、余白が生まれるのではなく、逆に「余白から考えて設計する」ということです。

設計で実現したいことは、その場所、その住まい手にとって、どのような性質の余白が必要か考え、そしてその余白をどうつくるか。そのためにどのくらいの間隔で物を置けば、望む余白を表現できるか。図面を描くときは、常に余白の部分を意識し、物が物で終わらず、「その物」が何に影響するかを常に考えています。

もう一つ、考えていることは、なるべく物を減らしつつ、いかに豊かにするか、です。1つの物が1つの余白に影響を与えるだけでなく、1つの物が多数の余白に影響を与えるように設えることで、物の量が減り、家の大きさを抑えられるとともに、空間が豊かになります。

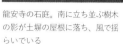

「那須の家」(2009年)。ソファから眺める風景。視線がさまざまな方向に抜ける

敷地を立体でとらえて抜けを探す

僕は、いつも次の4つを意識しながら、プランを考えます。

1：敷地を立体で捉える
2：外の空間(余白)を確保する
3：空間の方向性を決める
4：屋根を整える

1つプランを考えたあと、一度立ち止まって、そのプランでの余白の豊かさや関係性を確認しながら、設計を固めていきます。先ほど挙げたように、余白にはさまざまな要素があるので、今回は分かりやすいように「抜け」に絞って話を進めます。

はじめに考えるプランは、どうしても諸条件を納めることに意識が偏ってしまうので、抜けの強弱の幅にも物足りなさが残ってしまうことがあります。そういうときは、そのプランを一度手放して、この敷地ならばどういう構成をとれば、より奥行きのある抜けを確保できるか考えていきます。しかし、抜けや、抜けを確保するための余白など、抽象的なことばかりに意識を集中させてしまうと、今度は屋根のことを忘れて、後付けの複雑な屋根形状になってしまうということにもなりかねません。雨の国において、シンプルな形状の屋根を掛けることは何よりも大切なこと。屋根の形も同時に考えることが大切です。

ここからは、事例をもとに具体的に説明していきます。取り上げるのは「永山の家」と「石神井の家」。その配置計画はシンプルですが、そのなかでどう「余白」をつくり、どう視線が抜けるかを感じていただければと思います。

永山の家

敷地面積	74.31㎡
建築面積	43.74㎡
延床面積	85.23㎡
	1F／41.49㎡
	2F／43.74㎡
施工	幹建設
造園	舘造園
竣工	2013年

Case Study. 1

［永山の家］

抜けのない敷地に活きた余白を生み出す

東京都多摩市の丘陵地に建つ住宅です。竣工は2013年。段差のある敷地の北側に道路があり、残りの三方が住宅に囲われています。僕は敷地を見に行ったあと、必ず1／100で敷地模型をつくり、設計中は机の前にそれを置いて立体的に敷地環境を確認しながらエスキースをしています。内部のエスキースやプレゼンテーションの際は、1／50もしくは1／30の模型をつくり、内部空間のボリュームやつながりを確認します。

住宅設計では、南からの採光を考え、南側に庭をつくり、北側に寄せて建物を建てるのが定石です。ただ、永山の家の敷地では、南側に庭をつくっても隣家の味気ない北面を眺めるだけになってしまいます。敷地に抜けがなく、視線が外へと向かわないため、庭が活きた余白にならない。さらに南側の隣家が3階建てなので、南に庭をつくると光が入りづらい。そこで思い切って中庭型を計画しました。

中庭を外の空間（余白）として捉え、そこに対して有効な開口部を設けて視線を抜いていく。庭の向こうに見える建物も自分の家になるので、建物の高さを抑えて、中庭に光を入れやすくしました。

空間の方向性については、まず1つの大きな向きを定めることを意識しています。この住宅では中庭をつくったことで、南北に抜ける空間の軸が定まりました。

屋根は当初、居間に光が入りやすいように北棟・南棟とも北側に下がる片流れを考えました。ただし、南棟と階段棟の屋根との取り合いに谷ができ雨仕舞いが心配なので、北側と南側とで流れる方向を変えました。さらに階段棟の屋根を南棟と同じ方向にすることで、階段棟の北側のハイサイド窓から安定した北の光を階段ホールに落とすとともに、水廻りから発する水蒸気が抜けるようにしています。

北側の正面外観。中庭に開放する半面、道路側には閉じて控えめな佇まいとしている

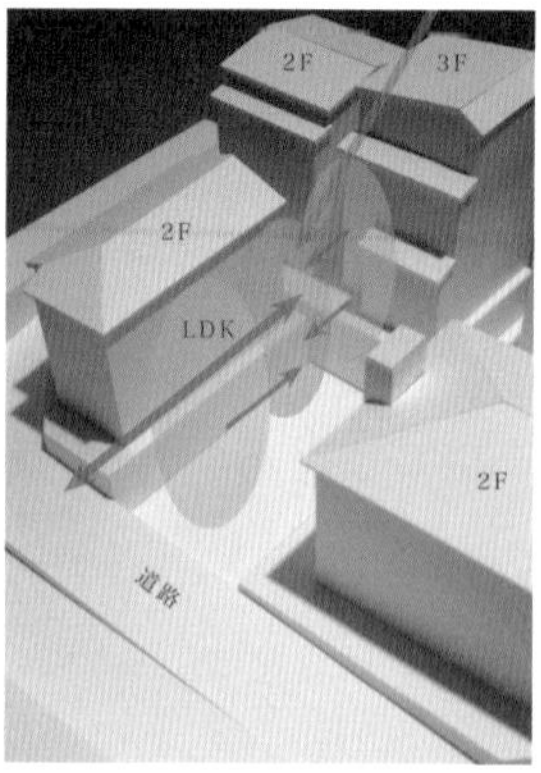

永山の家の敷地模型

3方向を隣家に囲まれているうえ、段差があるため、日射を取り入れたい南東面は建物が迫ってくるよう

図2
矩計図(S=1:50)

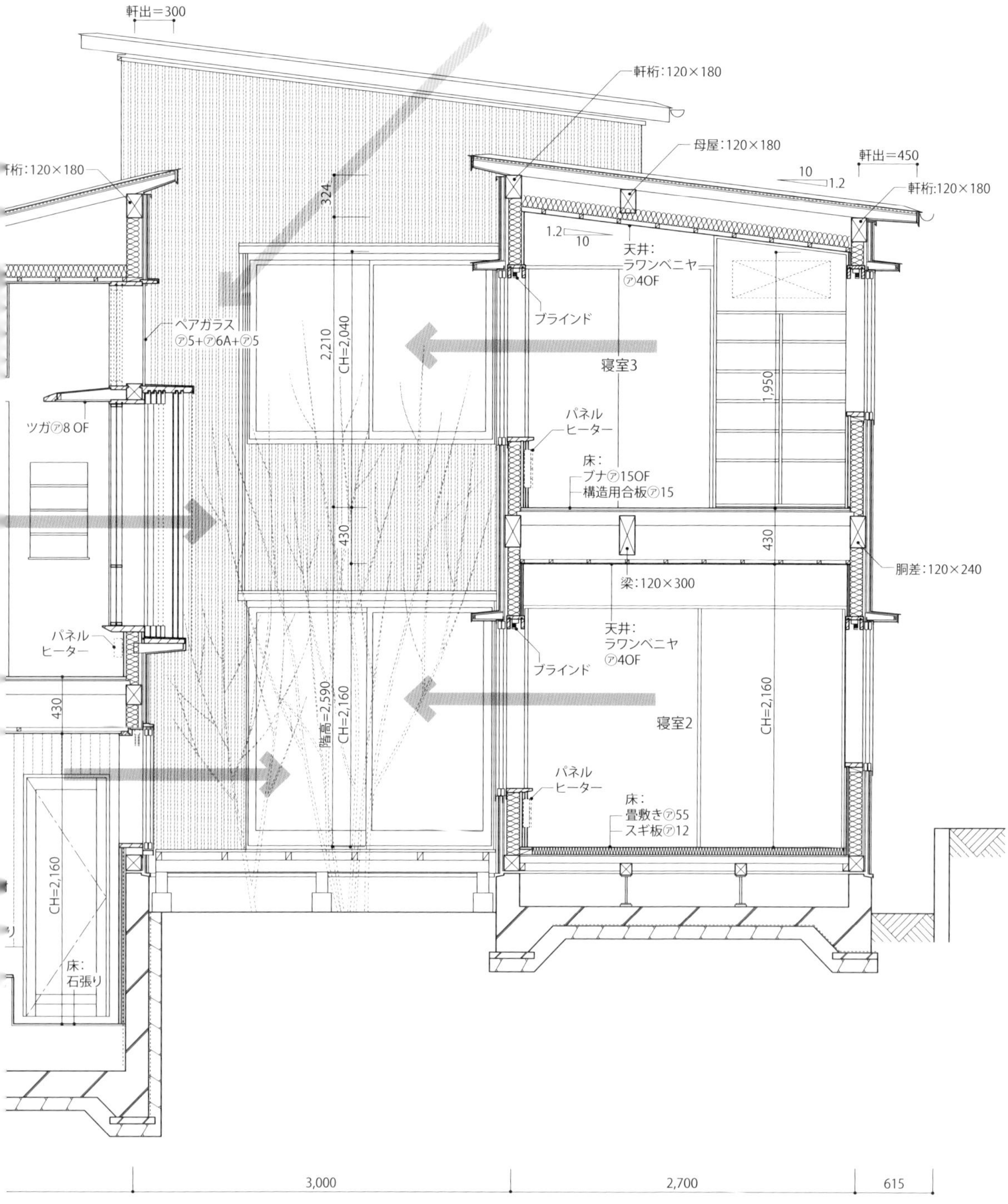
軒出=300
軒桁:120×180
母屋:120×180
軒出=450
10
1.2
軒桁:120×180
桁:120×180
324
1.2
10
天井:
ラワンベニヤ
㋐4OF
ブラインド
ペアガラス
㋐5+㋐6A+㋐5
2,210
CH=2,040
寝室3
1,950
ツガ㋐8 OF
パネル
ヒーター
床:
ブナ㋐15OF
構造用合板㋐15
430
430
胴差:120×240
梁:120×300
天井:
ラワンベニヤ
㋐4OF
ブラインド
パネル
ヒーター
430
階高=2,590
CH=2,160
寝室2
CH=2,160
パネル
ヒーター
床:
畳敷き㋐55
スギ板㋐12
CH=2,160
床:
石張り
3,000
2,700
615

図3
断面スケッチ

中庭と居間の段差は半階分なので、居間の開口部の窓台に座っても怖くない。また中庭に植えた植栽の枝葉が広がる高さと、窓台に座ったときの目線の高さとが合う

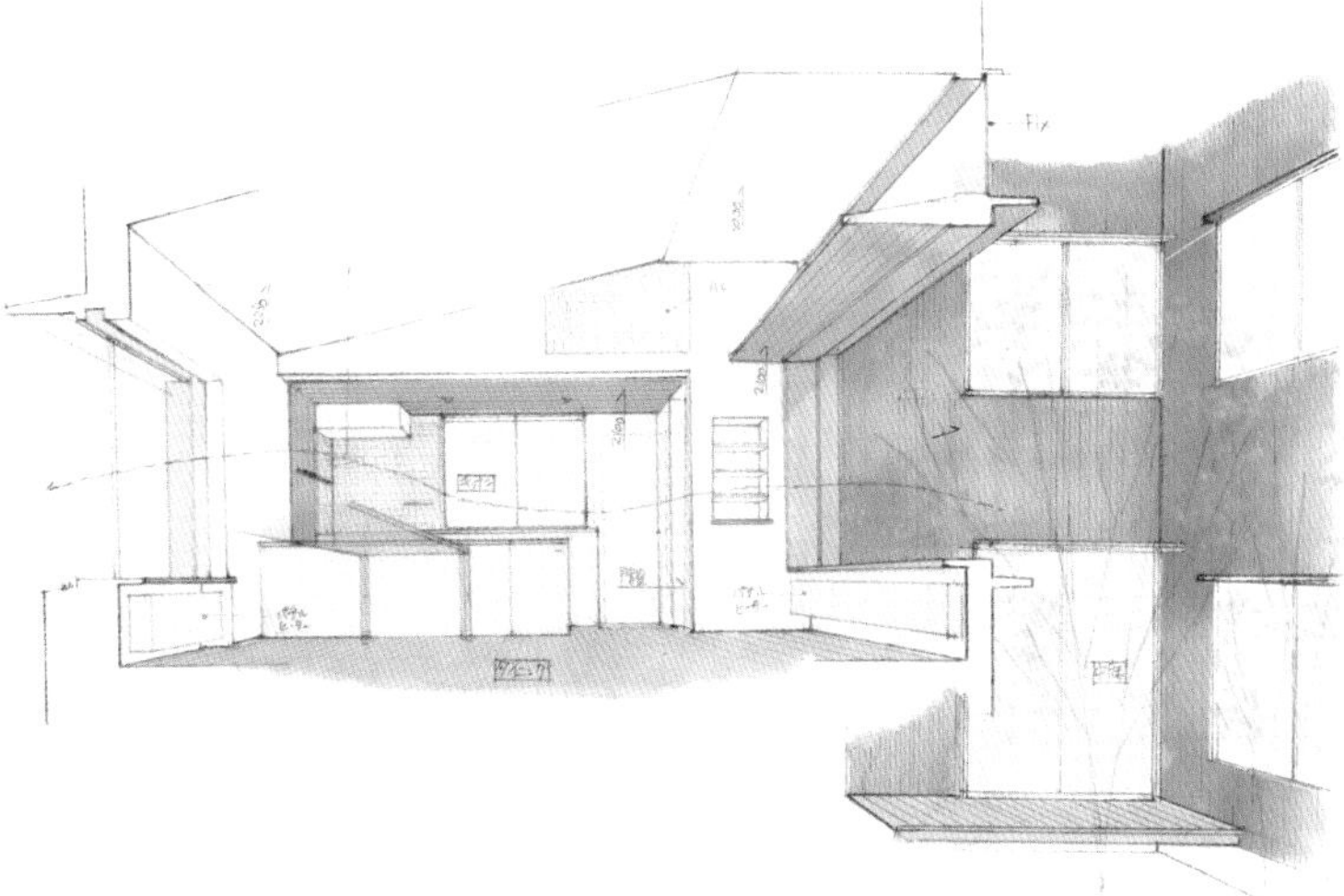

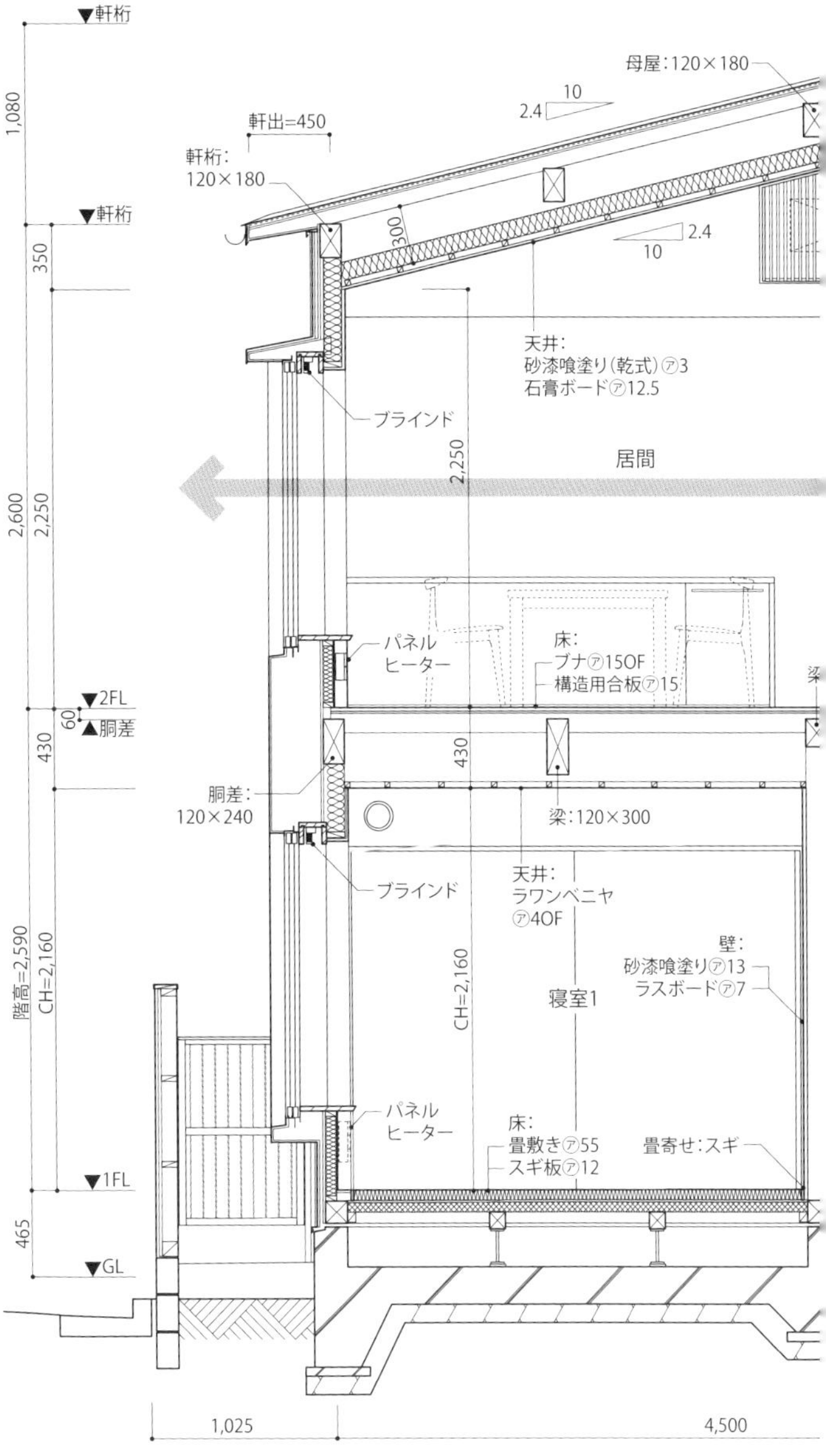

断面は、敷地の高低差を活かし、北棟から半階上って南棟につなぐスキッププランを採用しました。北棟、南棟の各室から中庭へと視線が向いていますが、段差があるために、視線が縦方向にずれて正対せず、開放的な開口部になっています。

南棟2階寝室からリビングの窓を見る。窓台には日が当り、気持ちよさそうである

上_2階ダイニングから中庭へと視線が抜ける。向かいの窓と高さをずらすことで視線がぶつからないようにしている。また、大きな窓に内庇を大きくつけて空間の重心を下げることで、落ち着きを演出している

下_階段を暗くし、その先のホールに中庭から光を取り込むことで、明暗をつくる。暗い部分をつくることで、光に引き寄せられる心的効果が生まれる。なお、ホールの先の暗いところには、トイレを設けている

樹木が奥行をもたらす

中庭の植栽は、奥行きを演出するうえで大きな効果がありました。人間がつくる物（建築や家具）は、目に入る情報量が限られてしまいますが、植栽は、枝振りの立体感や光の当たり方、風による動きなど、目に入る情報量が多い。中庭の幅は3mですが、植栽による情報量の多さによって、奥行き感が増幅し、空間に豊かさをもたらします。

２０１６年に竣工した、東京都練馬区の住宅です。西側が道路で、南側と北側には隣家が建ち、東側は将来建物が建つ可能性が低い畑があります。設計当初、南から光を入れようと考え、敷地北側に寄せた東西に長い建物を検討しました［図４］。しかし、イメージスケッチを描いてみると、室内空間が細長く単調で、南側の余白に対しても引きがなく、淡白な空間になると思い、この配置計画はやめました。

次に考えたのは、２つの平面が雁行するプランです［図５］。このプランならば、東西に視線の抜けが生まれ、南北の方向性も残るので、空間の方向性が少し複雑かつ豊かになります。ただ、まだ抜けが十分でなく、空間が浅いと感じました。

また、このプランでは、東側棟のリビングには光が入りますが、西側棟に設けたダイニングに光を取り入

Case Study. 2

［石神井の家］

芳醇な余白を求めて検討を繰り返す

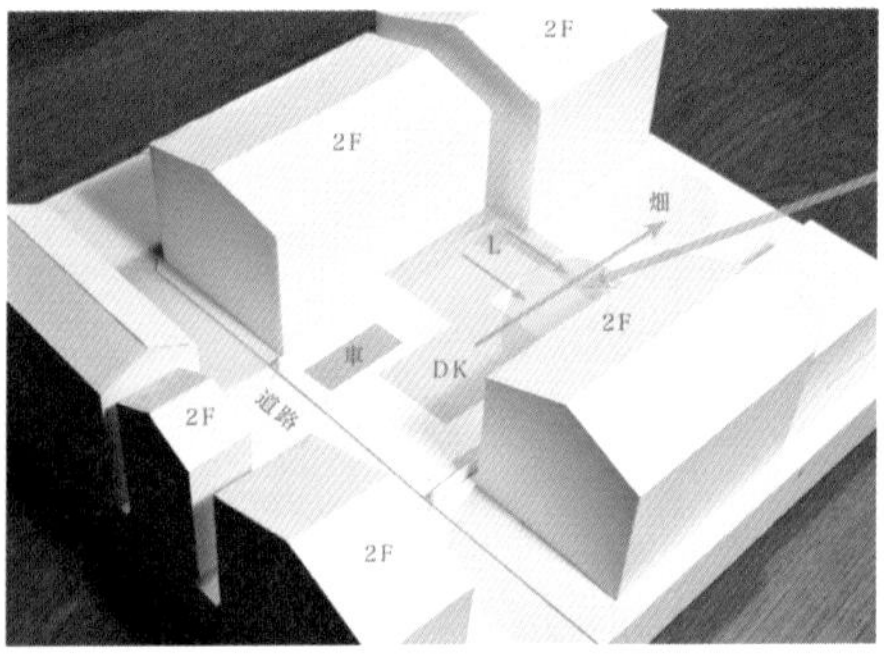

図5
雁行プランの配置と平面図(S=1:200)

雁行させることで視線の抜けが生まれてきたが、まだ物足りない。ダイニングへの光も不十分

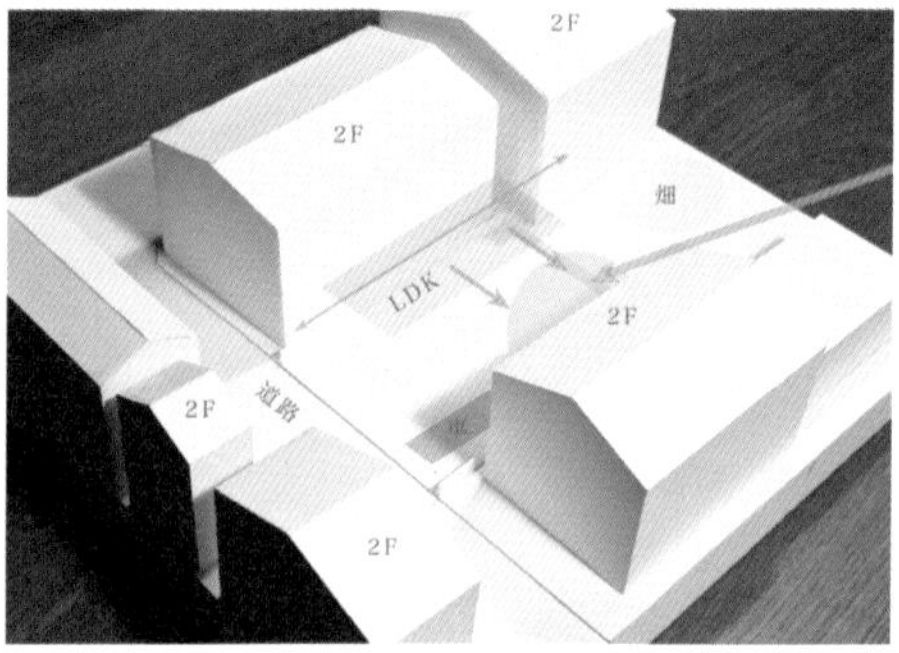

図4
最初の配置

南から光を取り入れるために建物を北側に寄せて東西に細長くしたが、庭に対して内部空間の引きがとれず、視線の抜けを確保できなかった

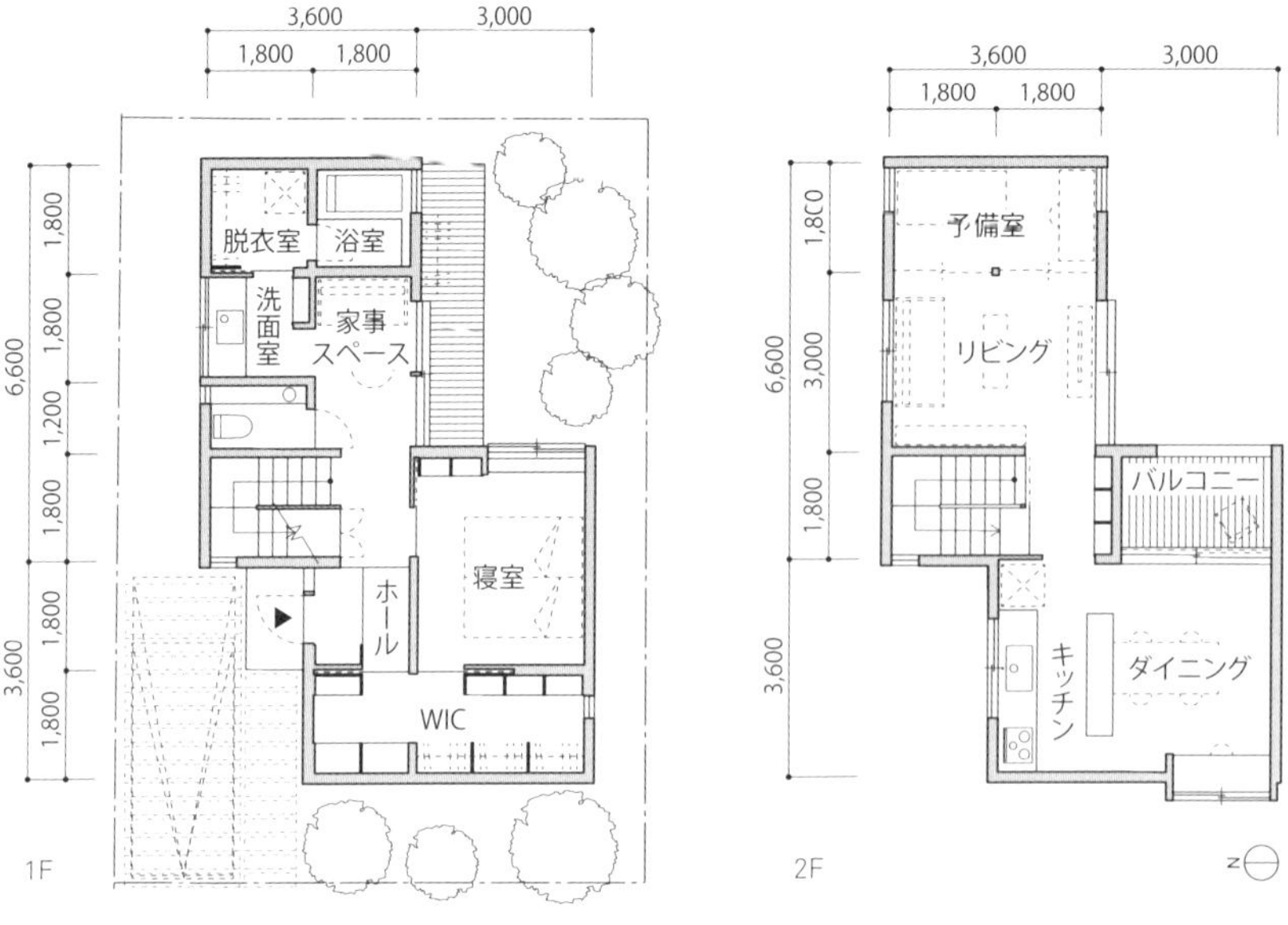

れづらいという欠点もありました。

　最後に考えたのは、建物を敷地奥（東側）に寄せ、南北は真ん中に置いた正方形の寄棟形状のプランです［図6］。西側道路に接する面を広く取り、駐車場と植栽地を設けました。街中の土地では、道路も視線が抜ける場になります。さらにその間に植栽のバッファをつくることで、西側の視線の「抜け」を少しでも豊かにしようという考えです。東側の畑とともに東西に視線が抜ける、東西方向に空間の軸をもつ建物になりました。

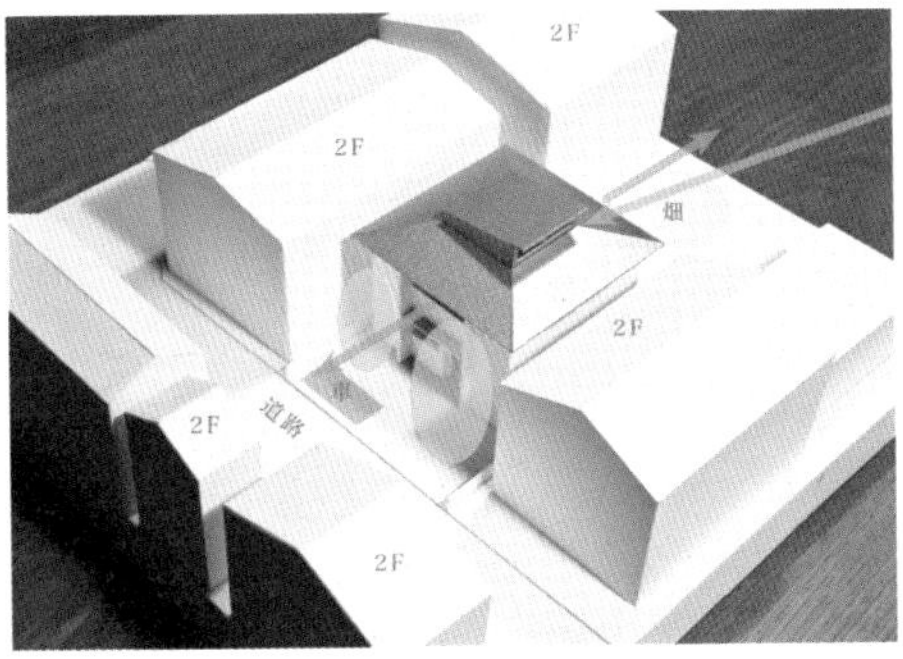

図6
最終プランの立体模型と平面図（S=1：200）

東側の畑と西側道路を外部空間として、「視線が東西に抜ける」という空間の方向性をもった計画。ポーチや物干し場、バルコニーなどの外部空間をへこませることで、外部への距離感を保っている

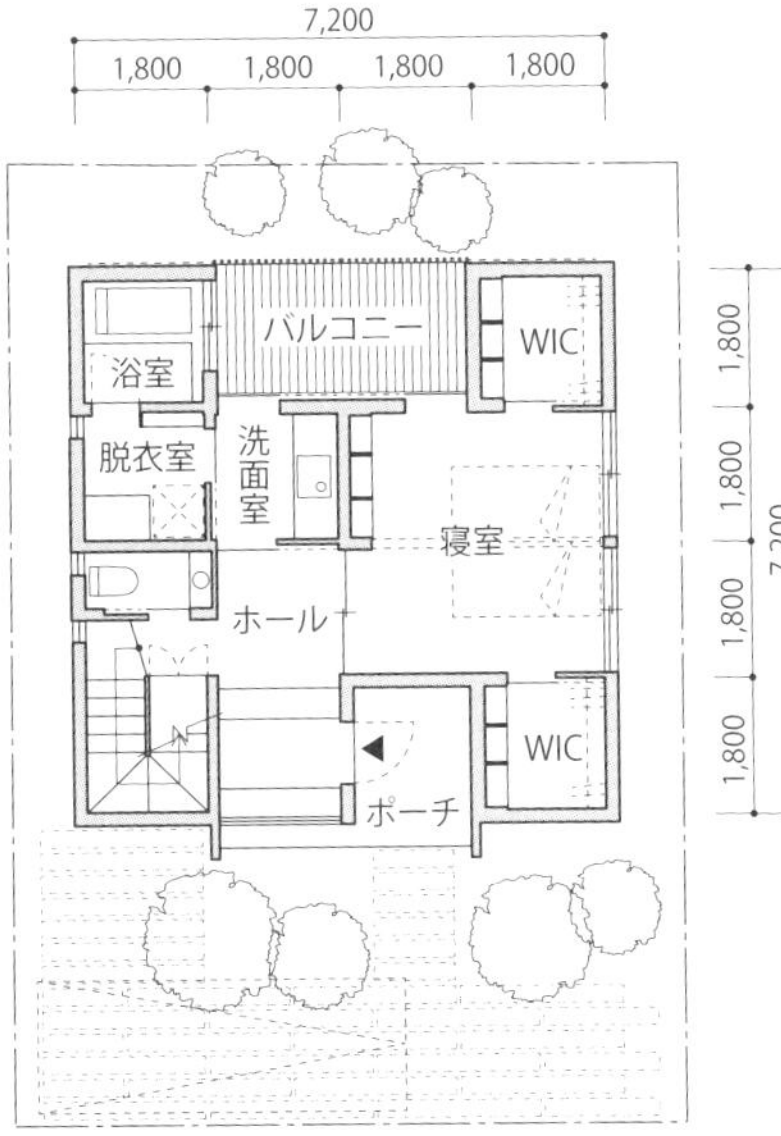

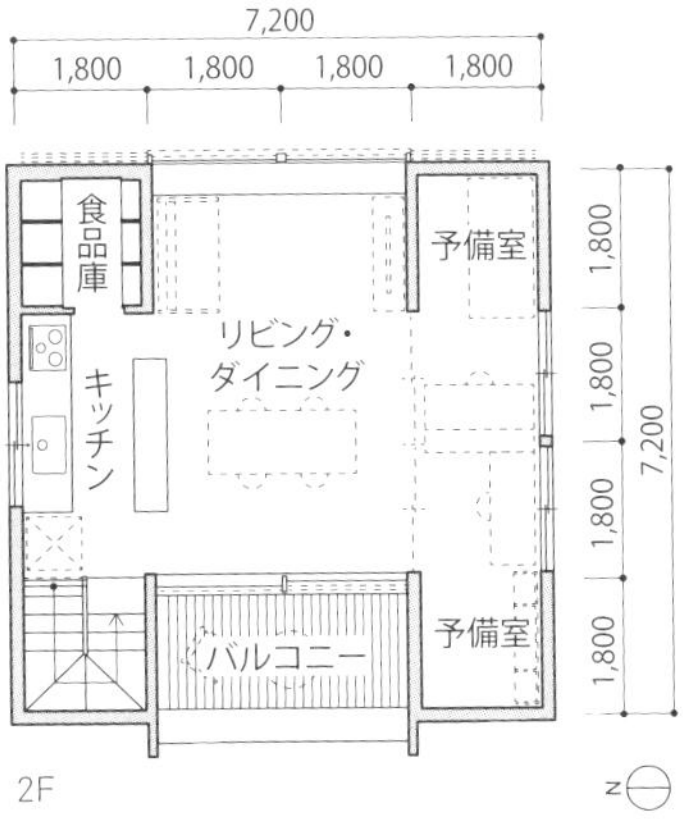

石神井の家

敷地面積	115.39㎡
建築面積	51.84㎡
延床面積	87.48㎡
	1F／42.12㎡
	2F／45.36㎡
施工	滝新
造園	舘造園
竣工	2016年

建物西側外観。袖壁やバルコニーを設け、開口部を延焼ラインから回避させることで木製建具を使用し、内外を緩くつないでいる。バルコニーや植栽は、室内への西日除けの役割も果たす

台所からダイニングを見る。ソファ越しに東の風景へ視線が抜ける

このプランで視線の抜けが確保でき、奥行のある家になりました。ただし、建物が南側に寄るため、採光のための引きがとれません。そこで建物中央部を少し持ち上げ、ハイサイド窓を設け、そこから光を取り入れるよう計画しました。

中央の天井が高くなるところを人が集まる場所=ダイニングとし［図7］、北側斜線やハイサイドのために高さを抑えられた建物の周囲=低くなるところに、台所、食品庫、ソファコーナー、子ども部屋、書斎など、1人で過ごす場所を設けています。建物西側にはバルコニーを設け、室内と外部が緩やかにつながるよう工夫しています。

1階はプライベートエリアとして、主寝室と水廻り、納戸で構成しています。洗面室や寝室からアクセスできる半戸外空間をつくり、共働きの夫妻が帰宅後に手洗いや洗濯物を取り込むなどの作業がしやすいように動線を工夫しています［図8］。

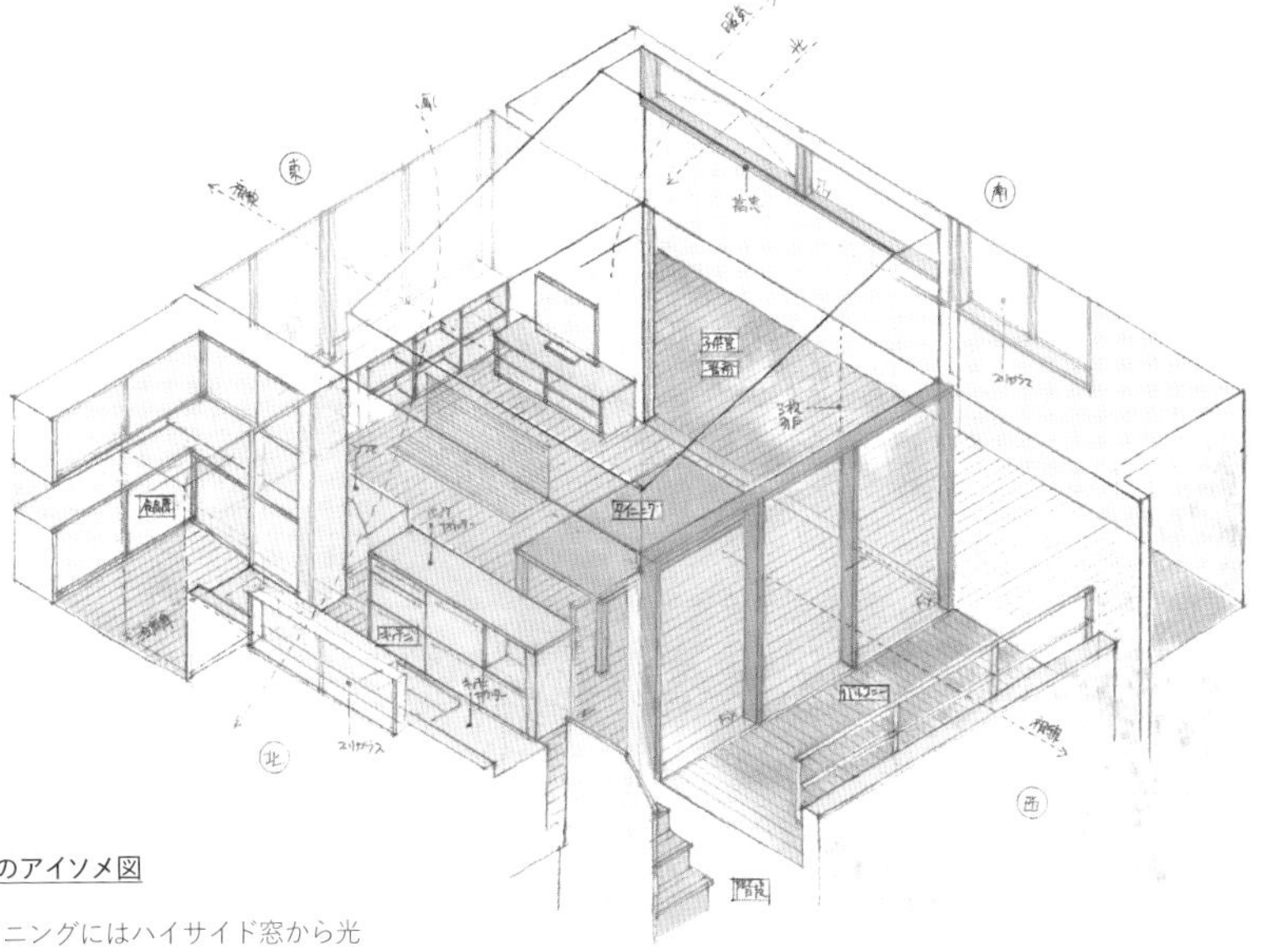

図7
2階のアイソメ図

ダイニングにはハイサイド窓から光が差し込むとともに、天井高を抑えたソファコーナーやバルコニーを通して、外に視線が抜ける

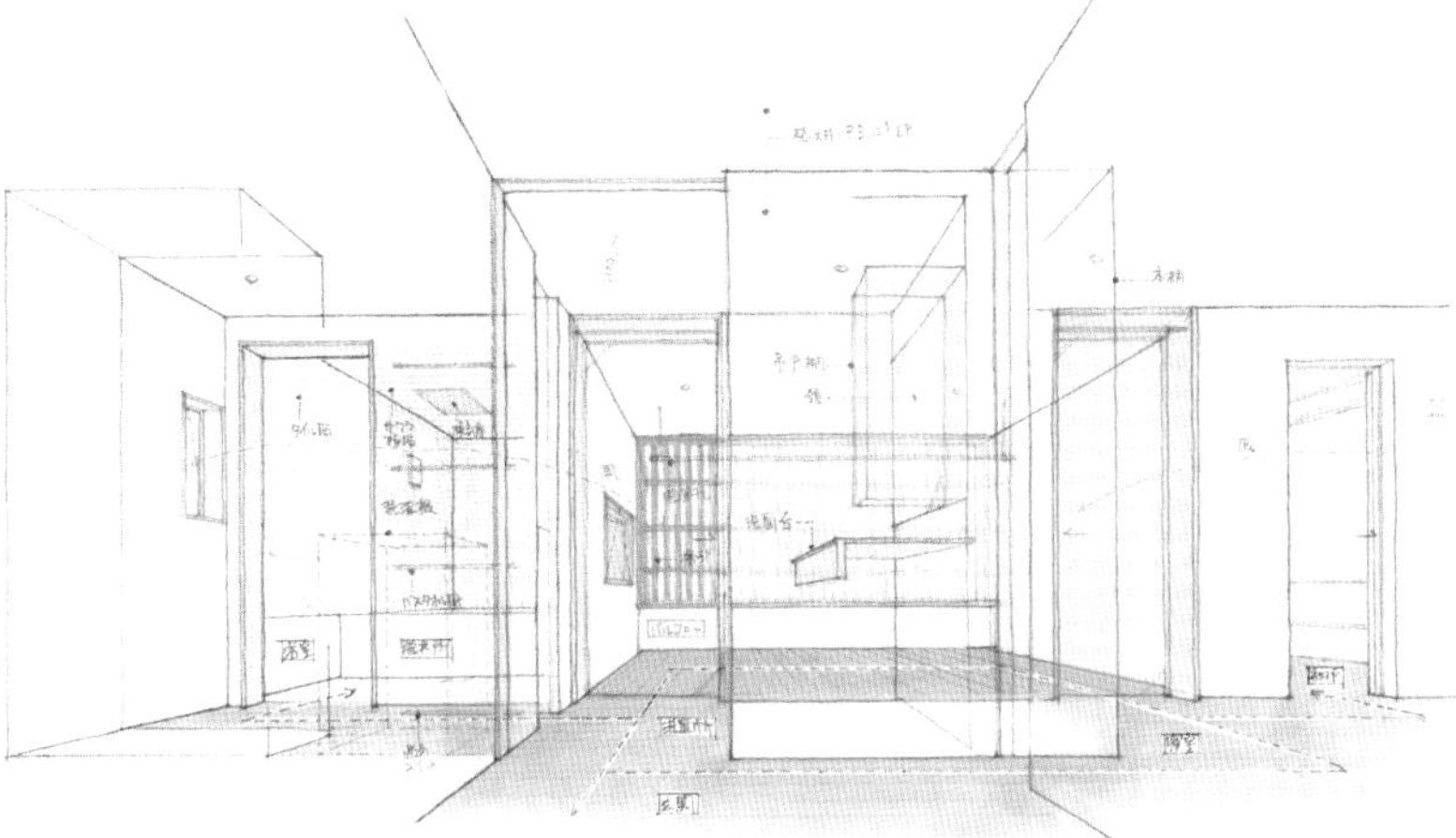

図8
1階のアイソメ図

玄関→洗面所→バルコニー→主寝室の動線を確保した回遊プラン。共働きのため、洗濯物を干す場に悩んだ。最終的に格子戸を付けて防犯性を高めた1階バルコニーに干し、帰宅後、まず手洗い、バルコニーに移動して洗濯物を取り込み、主寝室の納戸に収納するという動線を確保した。浴室の窓もバルコニーに向けることで防犯性に配慮している

格子戸付きのインナーバルコニーでつながる洗面室(左)と主寝室(右)

「宮前の家」(2019年)。リビングからダイニングを見る。ダイニングの手前に間(キッチンへの入口)をつくることが、空間に奥行を与えている

内部の余白も意識する

今回は、敷地の中に設ける余白や、余白に対する視線の抜けに関してお話ししましたが、家の中においても、居場所の「溜まり」や「つながり」などが居心地のよさに関わってきます。それらも、物と物の間にある「余白」といえます。

物と余白は常にかかわり合っていて、物の大きさや位置、あるいは素材が変わるたびに、余白の性質も変わります。常に余白の状況や全体のバランスを見ておく必要あります。「目に見えない」ものを大切に一つひとつ丁寧に物を設えていくことが、質の高い住宅へとつながっていくと、僕は思っています。

Lecture

3

住宅の骨格

佐藤重徳

Shigenori Sato

外側と骨格を手がかりにして

外側から建物を考える

住宅を設計するようになって30年くらい経ちましたが、僕はいまでもみなさんと同じように、設計がうまくなりたいと思っています。住宅設計とは、複雑でたくさんの条件や難しい法規などを1つにまとめる仕事です。しかも、クライアントから要望はさまざま。だから住宅設計はとても難しい。いったいどうすればうまく設計できるようになるのでしょ

「府中の住宅」
(2006年)外観

うか。
どんな建築家でも、設計するときに強く意識していることがあると思います。僕の場合は、それは「外側から考えること」と「骨格を考えること」です。いままで僕が、よい建築と思った建物は、この2つがうまく考えられていると感じています。「外側から」と「骨格」を意識するようになったのは、独立して7、8年くらいのころ。それまで僕は、住宅設計＝間取りやクライアントの要望に応えること、と考えていました。つまり建物の内側を第一に考え、設計していたのです。

そんな僕が、どのようにして「外側から」と「骨格」を考えるようになったのか——お話ししたいと思います。

「外側から考える」とは、建物本体の外側だけでなく、敷地の外側、隣家、道路、街並み、そして社会のことであり、建物は、それらへとつながっていると考え、意識的に設計することです。このように考えるようになったきっかけは、東京都江東区の下町、準工業地域で、小さな工場に囲まれた敷地に建てた「亀戸の住宅」を設計したことでした。この場所で設計するならば、この周辺環境を意識しないと居心地のよい住宅にならないのではないかと思い、プランを考え、うまくできたと感じました。このとき初めて、建物の外側を意識することの大切さを知りました。

最近は「社会」というと、暮らしや経済だけでなく、地球温暖化や持続可能な開発目標（SDGs）といった環境問題にまでたどり着きます。いつかは自分の住宅設計でも、そこまで考えていけたらいいなと思っています。

外側を考えるきっかけとなった「亀戸の住宅」(2004年)

その建物にふさわしい骨格を探す

次に「骨格を考える」について。
「骨格」でまず思い浮かぶのが「人体の骨格」ではないでしょうか。人体を考えるならば、健康で、丈夫な骨格でありたい。それらは、バランスのとれた美しい骨格、よい骨格だと思います。骨格が歪むと痛みや怪我の原因となり、体調にも影響します。僕は、建物にも人間と同じように骨格があると考えています。つまり、「よい骨格をもった建物は、よい建物である」と。

住宅は、暮らしを支え、包む器です。多種多様、複雑、たくさんの条件を整理して、建物を組み立てるためのよい骨格を見つけ出すことは、本当に難しい。その計画にふさわしい建築的な立体形態、構造的骨格を見つけ出したいと考え、日々、机の上で格闘しています。

ただここでいう骨格は、構造のことだけを指すものではありません。もう少し広い概念から始まる考え方です。周辺の景観や自然環境、敷地に立ったときの気持ちだったり、個々の暮らし方だったり、その土地がもつ習慣や歴史、大きくは社会問題まで、それらをつなぐ「プランの組み立ての軸となる文脈」と言い換えられるものも含む概念です。その文脈を建築的な物理的な骨格、すなわち構造的な骨格にする、ということです。

具体的に僕がどのようなものを「骨格」と考えているか、お話ししましょう。

名建築は美しい骨格をもっている

　僕は、国内外の「民家園」と呼ばれるところによく足を運びます。神奈川県川崎市の日本民家園には、移築、保存された「旧広瀬家住宅」という江戸時代の民家があります。

　訪ねるとまず、大地と一体となった美しい茅葺の屋根をもつ姿に心打たれます。中に入ると何か大きなものに包まれ、守られているような感じがして、大変に居心地がいい。暮らし方、建物のつくり方から生まれた田の字型の明快なプラン、素直に組まれた柱や梁からなる骨格が、暮らしを支え、包み込んでいます。民家という建物が人の住まいであるということで一層、その骨格という存在と意味が際立っていると思っています［図1］。

　こうした民家に限らず、名建築と呼ばれる住宅には、小さな建築でありながらも、それぞれに明快で美しい骨格があります。

　たとえば、安藤忠雄さんが設計した「住吉の長屋」。安藤さんは著書の中で「たとえ廃虚となり、基礎と1階の僅かな部分しか残らなくなったとしても、なお、語りかけてくるほどのエネルギーをもった建築を、僕はつくりたい」（『安藤忠雄の都市彷徨』78頁）と語っています。住吉の長屋では、小さく細長い住宅である長屋の箱を長手方向で3等分にして、その真ん中を庭、つまり外部として自然を取り込む場所としました。どんな小さな家であっても外とつながる場所をもつことが人の住む場所である。その信念をかたちにしていると思います。僕が住吉の長屋から読み解く骨格は、「中庭をもつ3等分の箱」です［図2］。

　ルイス・カーンの「マーガレット・エシェリック邸」は、「住宅の神殿」というテーマをもつ住宅です。カーンの「光をもった空間は神への捧げ

図1
「旧広瀬家住宅」

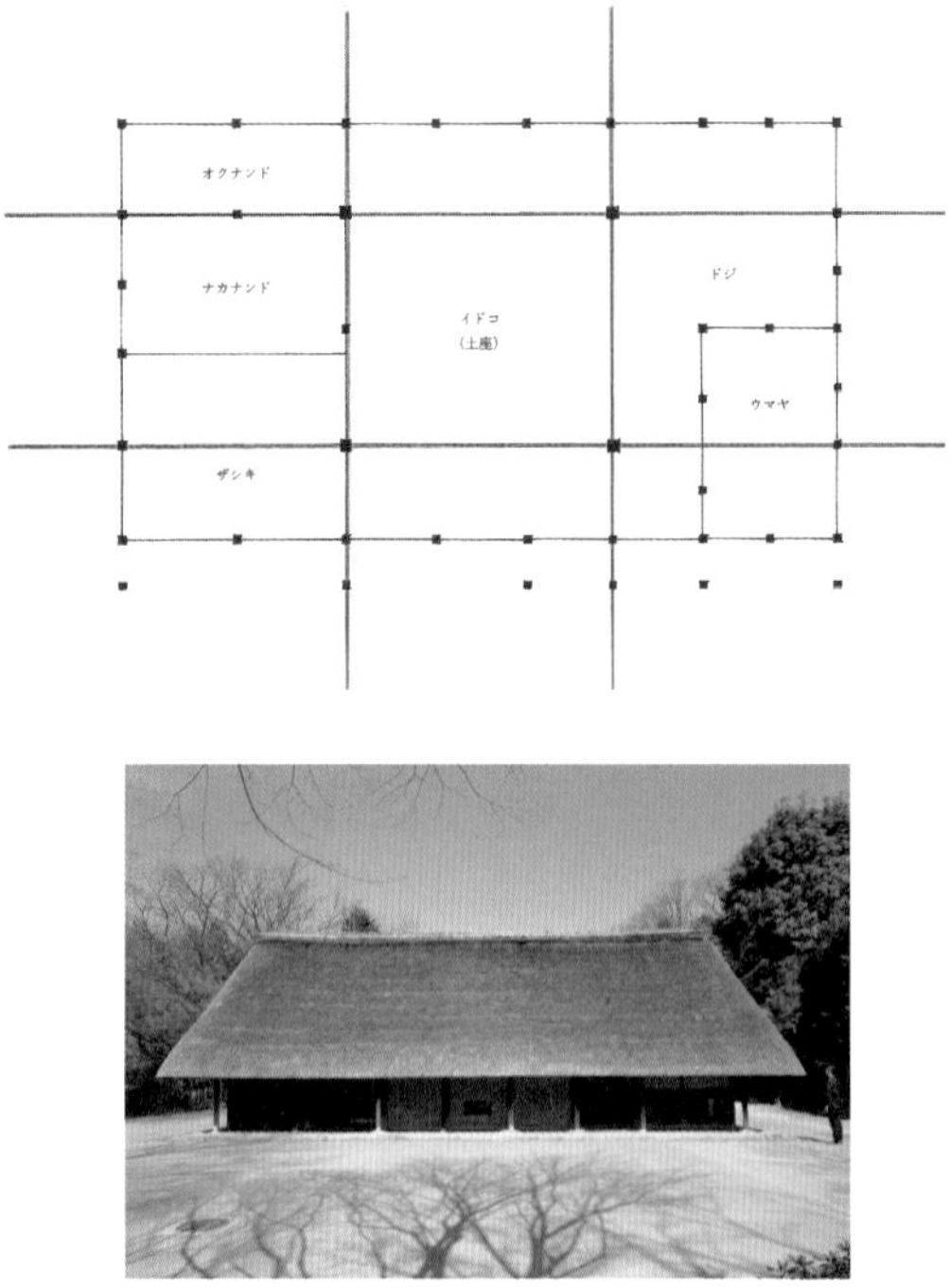

協力：川崎市立日本民家園

図2
安藤忠雄「住吉の長屋」（1976年）

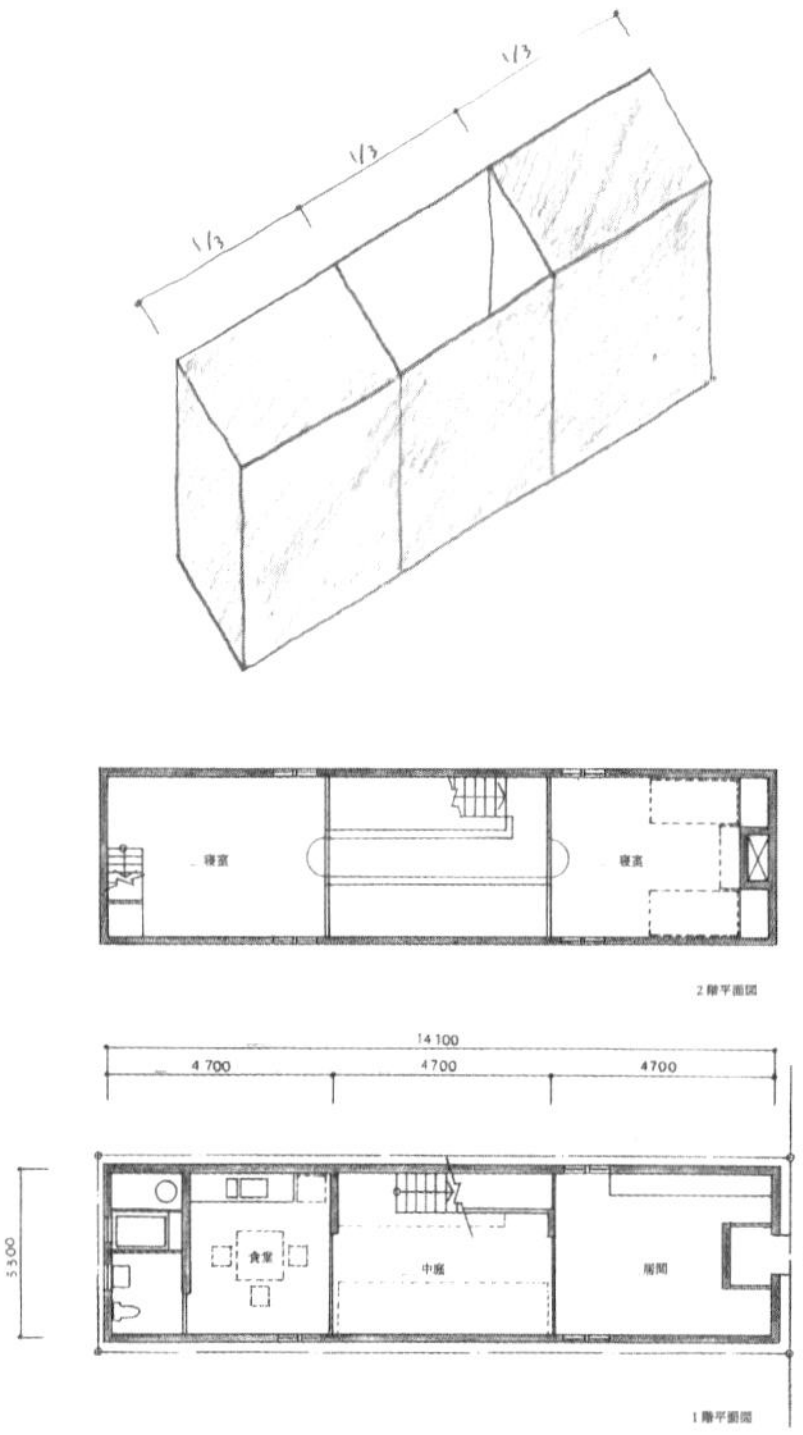

物」という哲学的な考え方に基づいて設計されています。水まわりや廊下、階段などサービス空間を2つのコアとして、居間・食堂・寝室などの居室空間と明快に分けています。そのことですっきりとした居室空間は、同じ開口部をもち、特別な光が射し込む、神々しい場所となります。この住宅は、居心地のために捧げられた骨格をもっています[図3]。

吉村順三先生の「軽井沢の山荘」は「小さく設計してもこんなに自然を取り込み豊かに暮らせる」という考え方からつくられています。一般に別荘は「お金持ちの人が豪華に、お金をかけてつくる大きな家」というイメージです。それに対して吉村先生は、4間角、たった16坪の正方形プランの中で「小さくてもこんなにも気持ちのよい建物ができる」ということを表現していると思います。そのなかには606㎜（2尺）のモデュールという骨格が隠されています[図4]。

そのほかにも、たとえばミース・ファン・デル・ローエの「ファンスワース邸」とフィリップ・ジョンソンの「自邸・ガラスの家」の骨格は、ともに、「透明ガラスの外壁と、水回りのコア」となります。身近な日本の住宅では、住宅デザイン学校の校長である伊礼智さんの「東京町家・9坪の家」や、若原一貴さんの「鎌倉の分居」は、正方形の組み合わせが、骨格ではないかと見立てています。

次に、僕がどのように「外側から」や「骨格」という考えを設計に落とし込んでいるのか。そのことについて2つの事例を挙げて説明します。「外側からを意識すること」と「骨格がよいものであれば、よい住宅になる」ということを、僕の設計した建物の写真を見ていただき、感じてもらえれば幸いです。

事例紹介にあたって、不採用案（ボツ案）も掲載しました。不採用案からは外側から考えていない設計、骨格が定まっていない設計のダメなところをまず感じ取ってもらい、採用案でそれらがどう変わったかをお話しできればと思います。

図3
ルイス・カーン「マーガレット・エシェリック邸」(1961年)

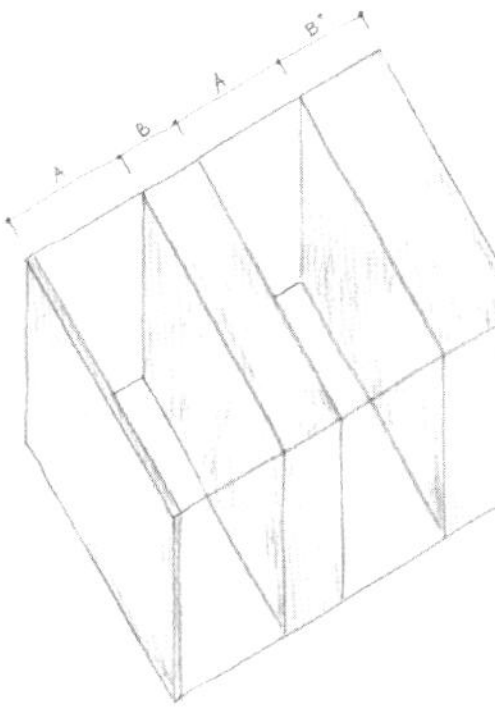

写真提供：丸谷博男

図4
吉村順三「軽井沢の山荘」(1962年)

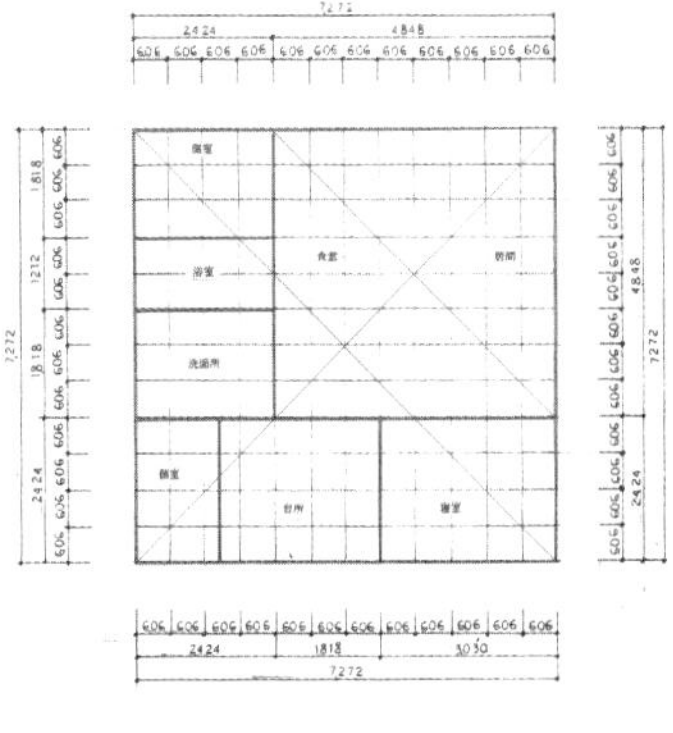

写真提供：伊礼智

「府中の住宅」の骨格イメージ。2枚のコンクリート壁が、南北に走る道路をつなぐ。文字どおり、この住宅の骨格となっている

Case Study. 1

［府中の住宅］

2枚のコンクリート壁を骨格に街や社会と住宅をつなぐ

東京都府中市に2006年竣工した自邸です。近くに大きな公園があり、敷地の南北に道路があります。敷地面積は32坪、鉄筋コンクリート造3階建てで、延床面積37・56坪。家族構成は夫婦と子ども2人。設計の要望は、建築家という職業を考えた住宅であること、子どもたちにピアノを教えるピアノ室をつくること、などです。

敷地探しに2年くらいかけました。東京では、敷地が見つかってから契約するまで、ほとんど時間がありません（1週間ということも……）。敷地を見つけてから自分の思い描く家をゆっくりと考える余裕がないので、あらかじめ2階建てと3階建てのプランをつくり、それらを持ち歩いて、敷地を探すことにしました。

2004年4月に、約100坪の土地を3分割した宅地分譲地が見つかりました。事前につくっておいたプランのイメージ、サイズとほぼ合致する敷地で、少しの調整（のちにボツ案となる・図5）でうまく収まりました。

土地を契約し、すぐに構造設計と実施設計を終わらせて、年明けには確認申請が下りるのを待つだけという状況でした。正月休みになって、ゆっくりと時間がとれたときに、図面を眺めながら、ふと「この場所に、このプランではないのでは……」という思いが強くなり、正月の休み明けに工務店に連絡して、予定していた工事を全部キャンセルし、確認申請も止めて、もう一度、敷地から考え直してみることにしました。

敷地の近くには、駅から続くケヤキ並木と、それと交わる桜並木、そして緑豊かな大きな公園があります。敷地はその公園につながる南北2本の道に挟まれていますが、敷地周辺の住宅は、豊かな緑があるにもかかわらず、防犯やプライバシーへの配慮から、高い塀や垣根で閉ざされていて、外へ開いていくという意識が感じられませんでした。

ちょうど子どもが小学校に通い始めるタイミングだったので、通学路を子どもと2人で歩いていて、大人が思っている景色と子どもが通学で見る景色にズレがあることにも気がつきました。楽しく通学すると思っていた道は高い塀が続き、横を猛スピードで車が走り抜ける。子どもにとって通学は、命懸けで緊張感の強いられる時間でした。暮らしを支え、街をかたちづくる住宅が、街並みや社会に背を向けていると感じました。この気づきから、周辺環境を意識して建物を外側から考えることが、この敷地での素直な設計だと考え、プランをまとめました［図6］。

2枚のコンクリート壁で南北の道路をつなげる動線をつくり、2つの道路という「社会」を建物でつなぐことを意図したプランです。「南北の道路をつなげる2枚のコンクリート壁」。これがこの家の骨格となりました。各階、すべて南北に行き来する動線を設けることで、暮らしの中で南北2つの「社会」が常に意識でき、その意識は、大きな開口部から植栽を通して公園へとつながっていきます。同時に開口部からは、内側の暮らしぶりが街並みへと拡がっていくプランになっています。

図5
不採用プラン

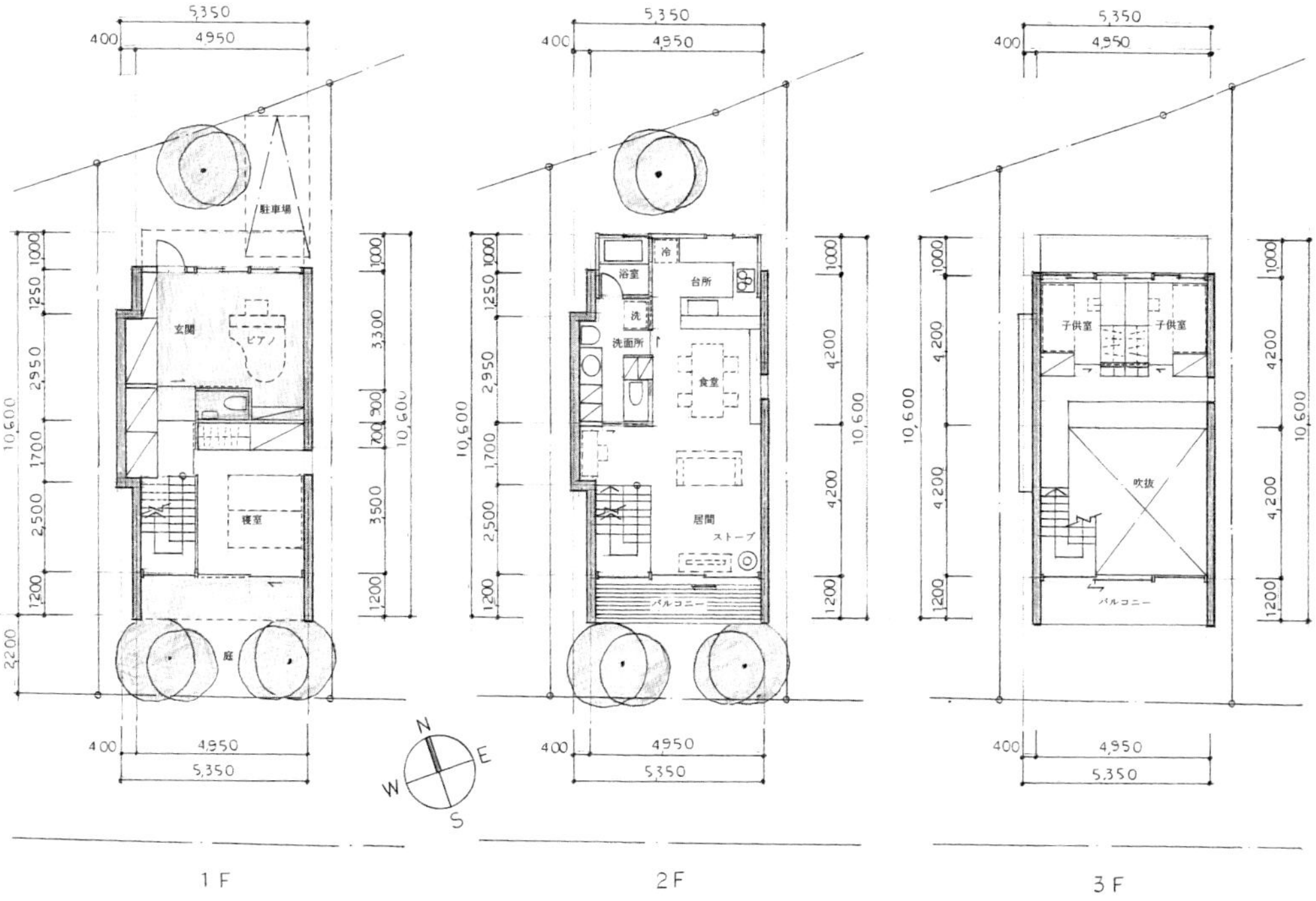

図6
採用プラン

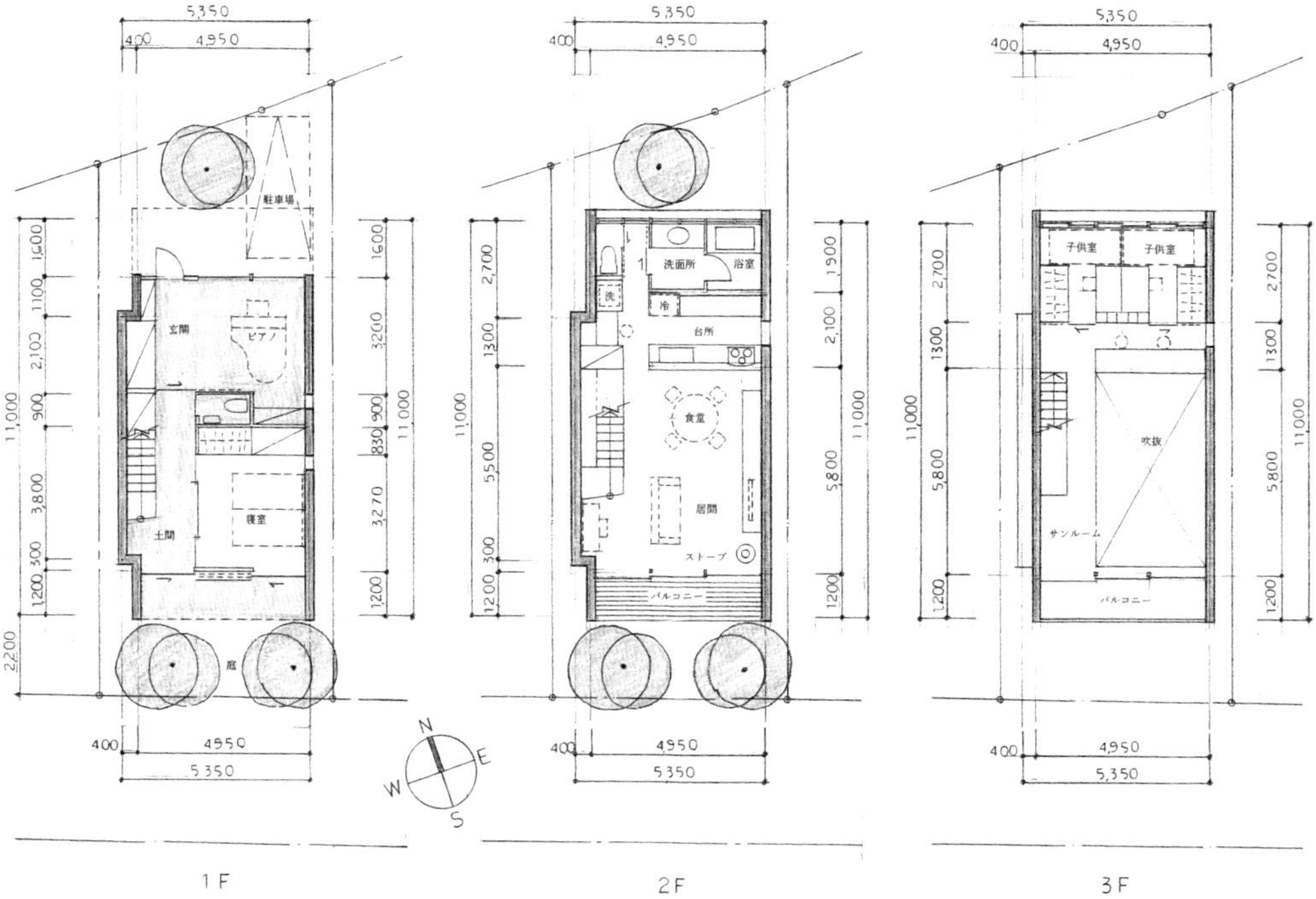

2階ダイニング・リビングの南方向の眺め。木製建具の大開口で、外部とのつながりが意識される

1階玄関土間。北側と南側、どちらの道路にもつながる

この設計を通して、住まいの居心地とは、街並みや社会の先にあるたくさんの物や事とつながっているという「大きな安心感」からくることに気がつきました。この「安心感」こそ、いま、街並みや社会に必要なものだと思っています。

府中の住宅

敷地面積　105.80㎡
建築面積　52.22㎡
延床面積　124.16㎡
1F／43.31㎡
2F／51.23㎡
3F／29.62㎡
施工　クリエイトA(嵐谷正明)
構造設計　構造設計舎(一條典)
造園:　WEED(森千秋)
竣工　2006年

上_1階ピアノ室。土間を介して、南側の開口までフラットにつながる動線となっている
下右_3階からの食堂・居間の眺め
下左_建物北側。2階の水回り横の窓から、北側の道路とゆるやかにつながる

Case Study. 2
［葉山の住宅］

その場所で
暮らす楽しさを
骨格に映す

神奈川県三浦郡葉山町に2011年竣工した住宅です。第1種低層住居専用地域で、南側に向いた約30坪の小さな矩形の敷地に建つ、延床面積30坪の木造2階建てです。家族構成は、設計当時はご夫婦だけでしたが、いまは、お子さんが2人増えて、4人暮らしです。

クライアントからの要望は多数ありました。たとえば、月1回程度の頻度で友人が7人くらい集まるので、大勢で楽しめること。猫が好きそうな陽だまりのある家にしたい。個別の用途で使用する部屋は不要で、快適なワンルームにしたいが、広すぎると落ち着かないし、冬の暖房効率などを考慮して適度な仕切りもほしい。食べることが好きなので、楽しめるキッチンがほしい、などです。1人のときも安心して楽しい気分で過ごせることなど、防犯面の要望もありました。

ほぼ南に面し、道路を隔てて川があり、その先に山があるという敷地でしたので、最初は誰もが考える間口が広い南向きの図7のプランを考えました。プランはすぐにできましたが、どうしてもしっくりきませんでした。必要な要素はすべて入っていますが、何かが違う、何かが足りない気がしていました。

3カ月の基本設計期間をもらっていましたが、ずっと違和感が消えませんでした。当然、このプランから抜け出す方法、代わりのプランも浮かびません。このままではまずいと思い、クライアントにプラン検討が難航していることを正直に話し、急

図7
不採用プラン

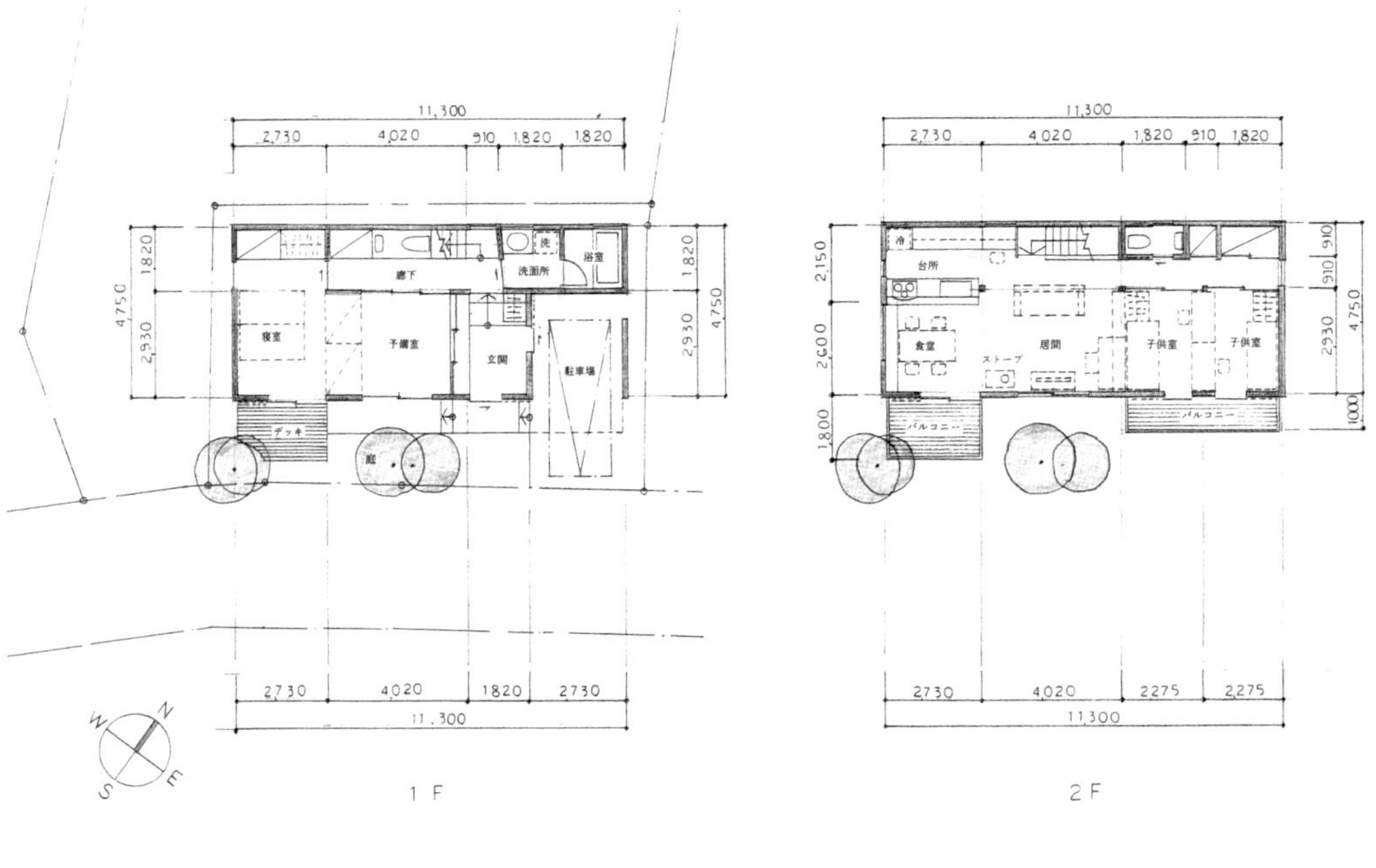

遮、打ち合わせの時間をもらいました。

　その打ち合わせでクライアントが、細かな要望とは別に、海も山もある、自然豊かな葉山に惹かれ、「葉山での生活を楽しみたい」という思いを強くもっていることに気がつきました。あらためて敷地写真を見ながら、期待していた南側の眺望は、電線が多く走っているために景観を楽しめないと思うようになってきました。

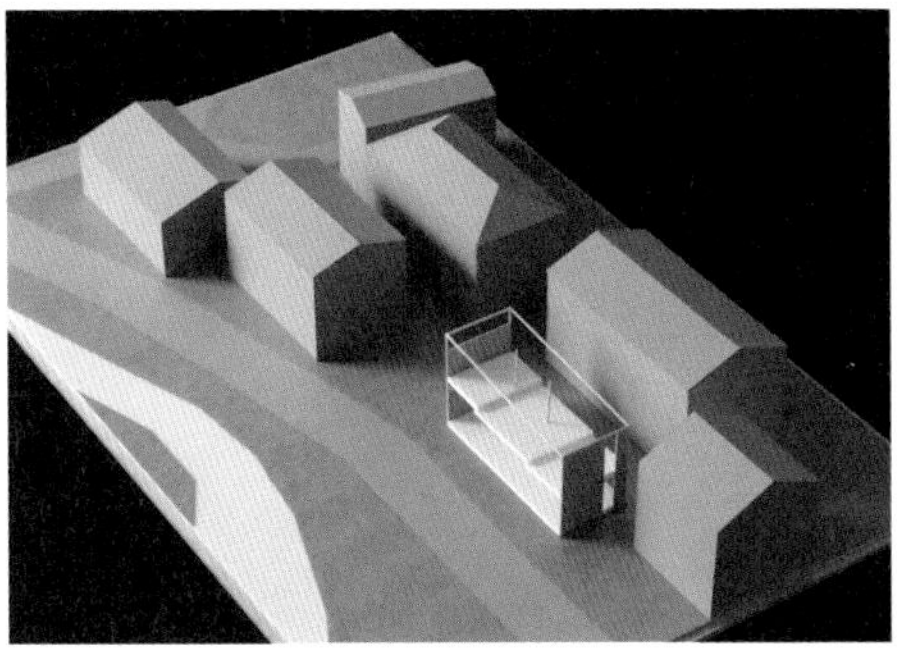

右_骨格の決め手となった西の山（写真左奥）
左_葉山の住宅の骨格イメージ

　そこで、再度、敷地を見に行き、西側の2軒奥の向こうに葉山らしい照葉樹林が生茂る山があることに気がつきました。敷地に立っても、隣家に遮られ、楽しめるか分からないような山です。そこで脚立を立てて上がって見てみると、2階であればしっかりと山を望めることが分かりました。南側に向かう気持ちを全部この西側の山に向けられれば、葉山の自然が暮らしの中で身近に感じられ、葉山に暮らす意味もある。「西側の山に向かう」という骨格が固まりました。

　図8は採用プランです。南側のデザインは不採用プランから大きく変更していませんが、2階の西側にハイサイド窓を設け、台所、食堂、居間の向きを、西の山が見えるように変更しました。

　道路と敷地に高低差があることから、段差のある家と考え、2階の居間の床レベルまで、西の山に向かって少しずつ上っていく断面計画とし

図8
採用プラン

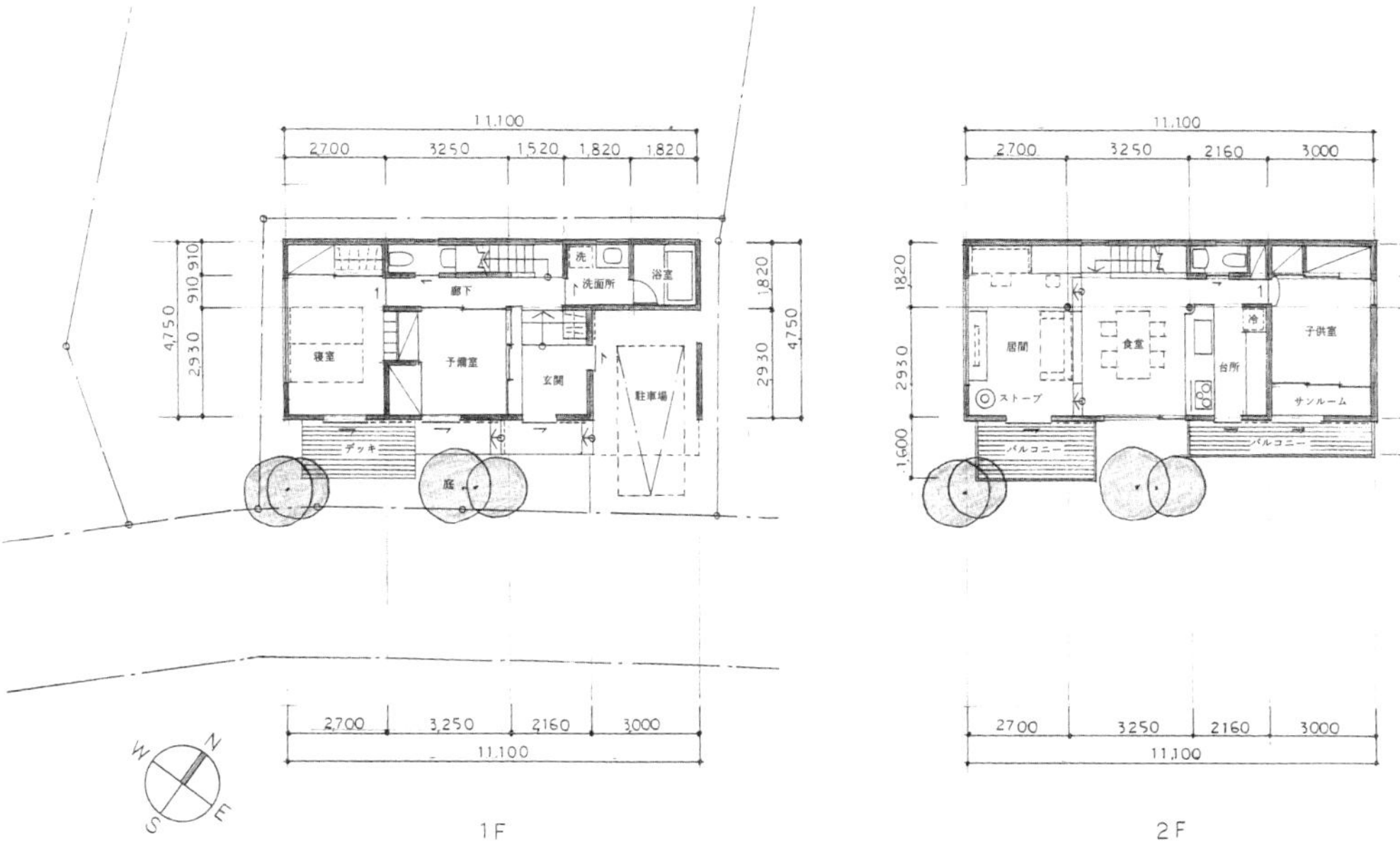

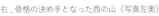

ました。山への意識をさらに高める効果として考えました。床レベルに変化があること、さらに構造的に必要な2本の柱を丸柱とすることで、各室は緩やかに区切られ、小さな居心地のよい場が生まれました。もちろん2本の丸柱の位置は、1階のプランにも重なります。一方でそれぞれの室は、1寸勾配の天井が連続する一体感のある大きな空間としました。クライアントの、大勢でも1人でも楽しめる空間という要望に合致したものになりました。

西の山へのベクトルを見つけたことで、この家の骨格が生まれました。不採用プランでは、視野を南側に向けることに固執して設計したことで苦しみました。視点を高くして、外側から敷地をきちんと観察していれば、早い段階で実施プランにたどり着けたと思います。

右_2階台所からの西方の眺め。壁ではなく、段差と丸柱で空間を仕切ることで、小さな部屋を連続させている。ハイサイド窓からは、西の山が望める
左上_2階居間からの南方の眺め。西から東へと下がる1枚の勾配天井で各部屋をつなげて、大きく暮らす
左下_玄関上がりに2段の階段をもつ。道路と敷地の高低差（76cm）をきっかけに、連続的に室内階段を設け、建物全体をスキップフロア構成とした

葉山の住宅

敷地面積	101.24㎡
建築面積	55.29㎡
延床面積	96.75㎡
	1F／43.98㎡
	2F／52.77㎡
施工	山洋木材（山本正文）
構造設計	構造設計舎（一條典）
造園	WEED（森千秋）
竣工	2011年

住宅は暮らしの器です。

暮らしは何でできているのかを、「内側」だけで考えず「外側から」考えることも大切です。

器は、何でできているのか。

そのためには、暮らしを支え、ストーリーをもった「建築としての骨格」が大切です。

暮らしが何でかたちづくられているかを考え、そこに住む人やその場所、その環境にふさわしい骨格を見つけることができれば、よい器となり、豊かでおおらかな居心地をもつ住宅になると、僕は考えています。

よい骨格は、よい器になり、大きな居心地へとつながっていく

「葉山の住宅」2階、西の山に向かうベクトルが生む住空間。丸柱が仕切る個々の空間、床のスキップ、1枚の勾配天井が葉山の自然へ導く

Lecture

4

内外の関係

荻野寿也

Toshiya Ogino

建築と庭をセットで考える

2021年7月、青森県の奥入瀬渓谷を歩いてきました。本当に気持ちのよい場所で、私はここが大好きです。コロナ禍でしたが、たくさんの人が来ていました。

今、森林浴の効果が見直されています。効果を数値で表した医学的な

論文も書かれています。

建築家・落合俊也さんの『すべては森から』（建築資料研究社）や、日本医科大学教授で森林セラピーの第一人者である李卿《りけい》さんの『森林浴』（まむかいブックスギャラリー）は、森の中の環境が人にとってどれだけよいものかが分かりやすく書かれた本です。ぜひ読んでいただきたいと思います。

建築の分野でも、緑との関係を見直す動きがあります。世界的に見てみると、たとえばシアトルを拠点に活動する建築家トム・クンディヒ（Tom Kundig）の設計には、敷地の自然（原風景）を傷つけず、そのなかに建築を置くという考えが見られます。もちろん、こうした考え方は古くからありました。たとえばフランク・ロイド・ライトの「落水荘」（１９３６年）は緑の絡んだ建築で、水の音まで計算して設計された建物です。日本では、石井修さんの「ドムス香里」（１９８１年）や「目神山の住宅群」は、建物を目立たせず緑の中に佇ませるという手法をとっています。吉村順三さんの「軽井沢の山荘」（１９６２年）も緑のなかに建物を置いた例だといえます。

森の中にあって、森を傷めず、建築がある。そのような空間で生活することは、すごく気持ちよいことだと思います。今回お話しするのは、造園設計の視点から考える、森の中に佇む家のような気持ちよい空間をつくるためのヒントです。

森の中に置くように建てる

荻野景観設計の社屋。室内の１スパンが庭になっている。竣工から６年後の様子

建物に風景を創造する

原風景を再生する

造園設計を始めて20年ほどになりますが、一貫して実践してきたことは「原風景の再生」。その土地の自然の姿を造園で描く、ということです。日本では宅地開発のたびに、その土地の風景が破壊され、コンクリートの擁壁などで固められ、既製の塀や門扉で飾られた街並みがつくられてきました。そんな凡庸で無個性の風景に、木を植え林をつくり、原風景を取り戻すことが、私たち造園の仕事だと思っています。その土地の原風景を住まいのどこか一部に創造したいといつも考えています。人家と自然が一体となった里山のような雰囲気が理想です。

「三井ガーデンホテル京都新町別邸」(2014年)。原風景の再生をテーマとした庭。落ち葉も風情になっている。中庭のため風の抜けが悪く、多少の病気や虫が発生するため、年5回、軽い剪定と薬剤管理をしている

“その土地の造形美を生かして”

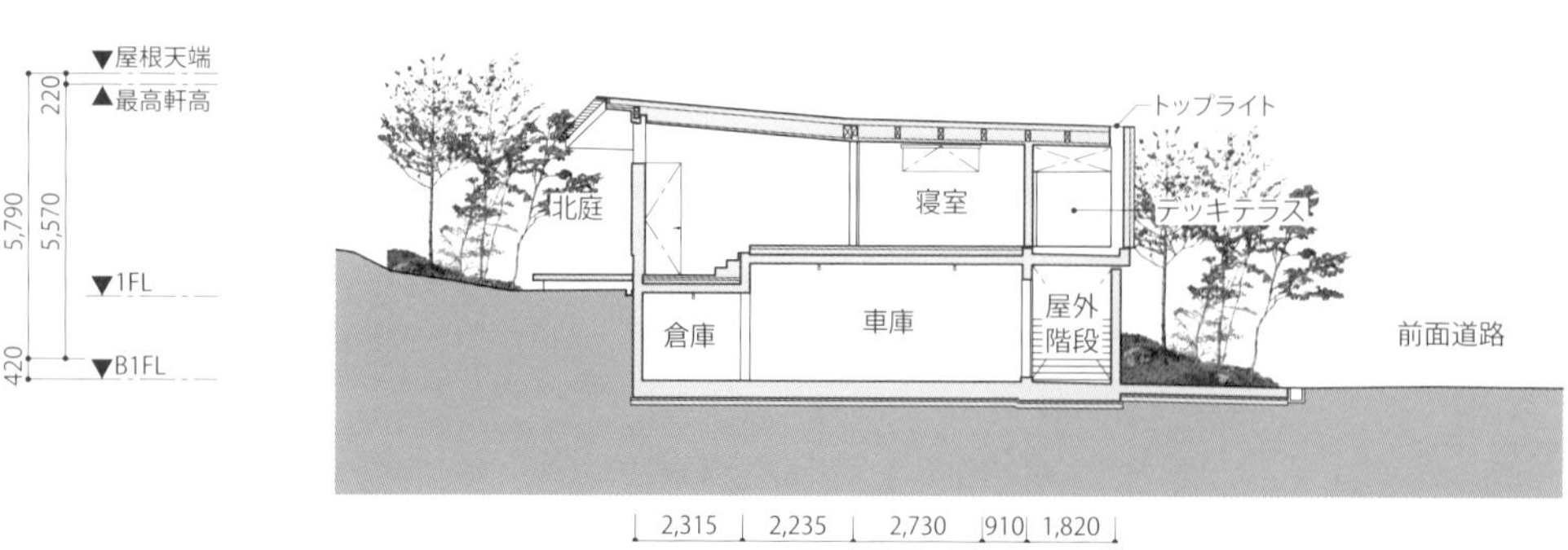

図1
南北断面図
(S=1:250)

もとの地形を生かす

再生する風景は、緑だけではありません。「富田林の家」（建築設計：三谷勝章）は、奥に向かって上がる斜面に建つ住宅。建物を取り囲む地形に沿うように植栽し、雑木林に建築が佇む風景に見えることを意識しました。建築のプロポーションを活かしながら、開口部から木立の一部が見えるように高木を中心に植え込んで風景をつくっています。マイクロクローバーの大地に、建築と植栽が浮かび上がるように見えます。敷地境界に塀を設ける代わりに、地面の造形と建築の壁・屋根が外構となり、視線を操作しながらダイナミックな風景を見せています。外庭、中庭、奥庭へと庭が接続し、一体的な空間をつくっています。

高さ4〜6mの樹木を偏りなく全体に配植し、前庭・中庭・奥庭の各所で、道路や室内からの視線の高さを確認した。盛土によってレベルが変わるため、工事前にそれぞれの位置で高さを実測したうえで樹木を選定した。また、落葉樹を主体とすることで、透明感のある植栽がマイクロクローバーの明瞭なグランドラインを強調している

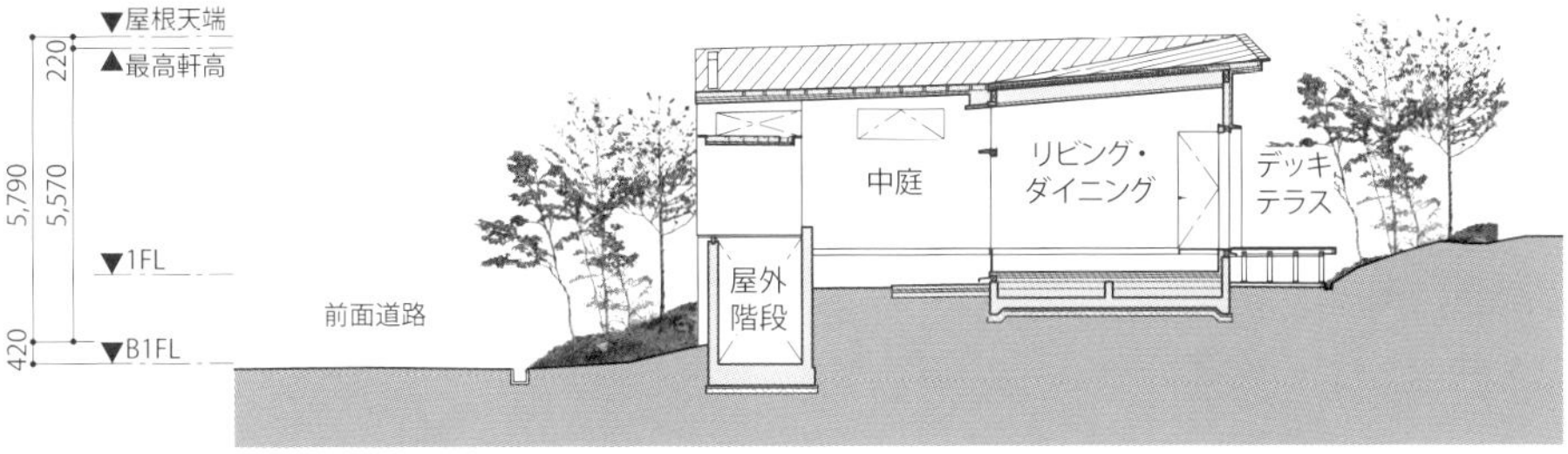

集い、楽しむ
外部空間をつくる

庭で火を焚くことを考える

最近の仕事を通じて気がついたことが、「火を焚きたい」と思っている住まい手が多いことです。バーベキューだったり、小さなキャンプファイヤーだったり、庭で火を焚きたい、そのために郊外に家を建てたい、建てるという人が多くいます。ライトも「暖炉（ヒース）＝火」を重要のものと考えていました。

社会のデジタル化が急速に進むなかで、原始に戻っていこうとする衝動があるのかもしれません。ヒトがヒトになる前の、森の中での生活を求め、さらにそのなかで火をコントロールするという楽しみを味わいたい――そのような望みがあるのでは と、私は考えています。

だから最近は、造園のなかに「火」をどのように取り込むかを考えています。造園設計の依頼を受けてプランを送ってもらうと、まず食べる場所（キッチン、ダイニング）を探します。そこが住宅で一番大事な場所だと思うからです。そして、その延長上にデッキを置いて、火を焚くスペースをつくれないかを検討します。極端な話、庭の眺めは、その後で考えればよいと思っています。

上＿「下田の家」（建築設計：伊礼智設計室）では、リビング・ダイニングのある2階部分の屋根を突き出して、バーベキューのできる外部空間＝中間領域をつくる提案をした。庭は1階にもあるが、キッチンのある2階から1階まで降りてバーベキューするのは、手間がかかってやらなくなると思ったから。西側に向いたバルコニーの外壁に添わせて、西日に耐える高木を何本か入れて景色をつくり、ウッドデッキには1階ピロティに植栽した7mクラスのアオダモを貫通させている。アオダモが木漏れ日をウッドデッキに落とし、西日が気持ちいい光に変わった。たった1本の木でも、空間は面白く変化することを実感した

左＿「におの浜の家」（建築設計：伊礼智設計室）。アサギテラスと母屋をつなぐ中庭に石を敷き込み、ファイアースペースを設えた

「掛川の家」のウッドデッキ。落葉樹の透明感ある枝葉が、中庭に心地よい揺らぎを生み出す。砂利で川の流れを表現した

“庭は最高のおもてなしの場”

人を呼びたくなる仕掛けをつくる

「掛川の家」（建築設計・施工：扇建築工房）の庭では、京都の奥座敷・貴船の川床をイメージして造園設計しました。もとは深い軒下に縁側を設けるプランでしたが、縁側を延ばして大きなウッドデッキとする計画を提案しました。ウッドデッキと建物との間にできた隙間に緑を植えています。

キッチン、畳リビングの延長にウッドデッキがあります。部屋の中で使用しているテーブルを外に運んで、デッキの脇に設置した手水鉢に氷を入れてクーラーにすれば、ワインやビールを冷やして大きなパーティーもできます。このようにちょっとした仕掛けをつくるだけで、人を呼びたくなる住宅になります。仕掛けづくり（遊び心）こそが、外部空間の設計の肝といえるでしょう。

庭に出ていきたくなる仕掛けも必要

庭を楽しむためには、飲食ができるデッキスペースやくつろげるベンチを設けるなど、積極的に庭に出た

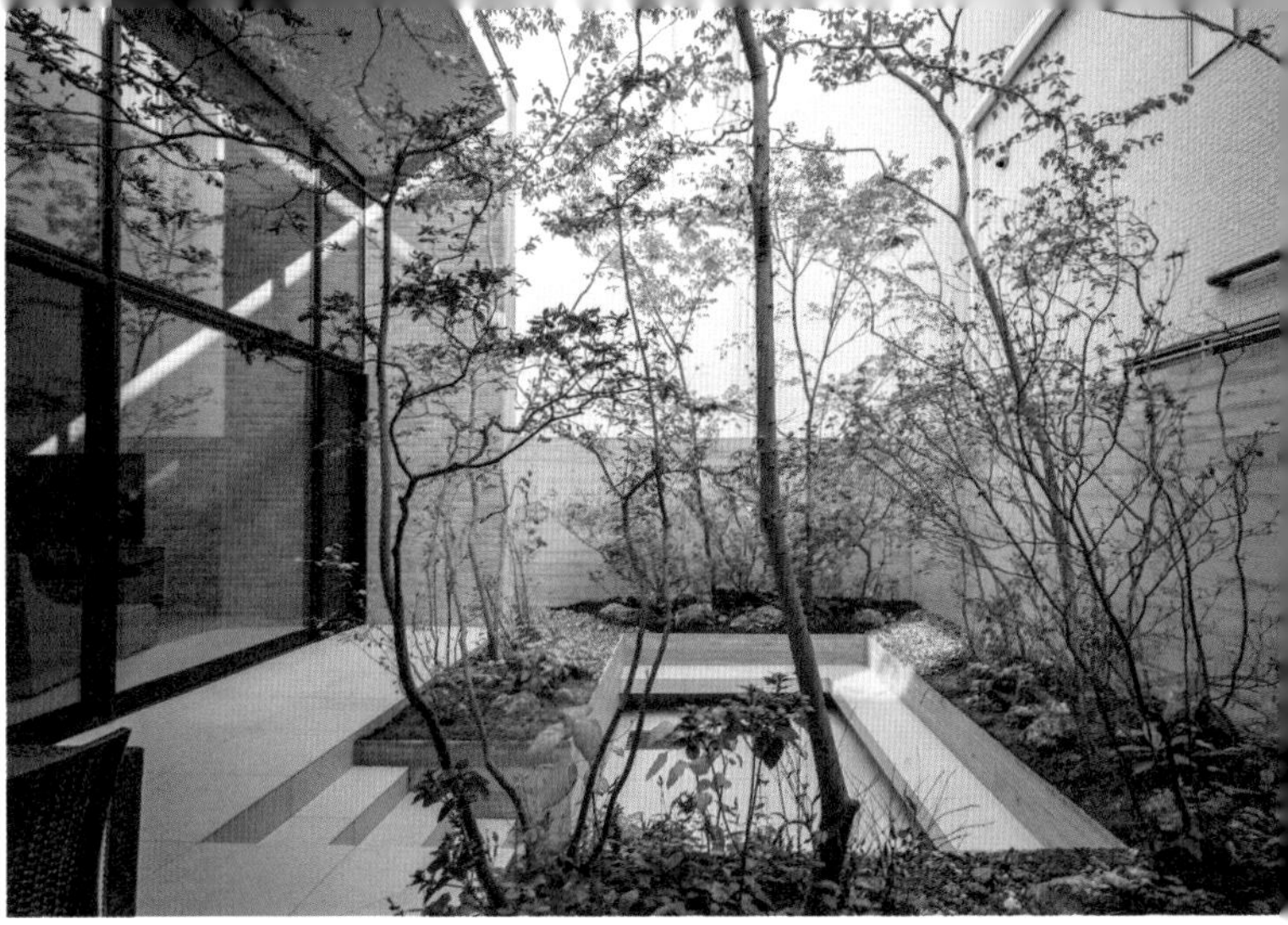

右_アウターリビングの提案。「高井田の家」(建築設計:シンプレックス)
左_2フロア分を吹抜けにして、高木を植え込み、砂利や自然石の石組みも配置している。地面の高さを上げることで、ソファに座ったときに地表面の緑が目に近くなり、より緑の潤いを感じることができる

図2
「町×apartment」断面図(S=1:150)

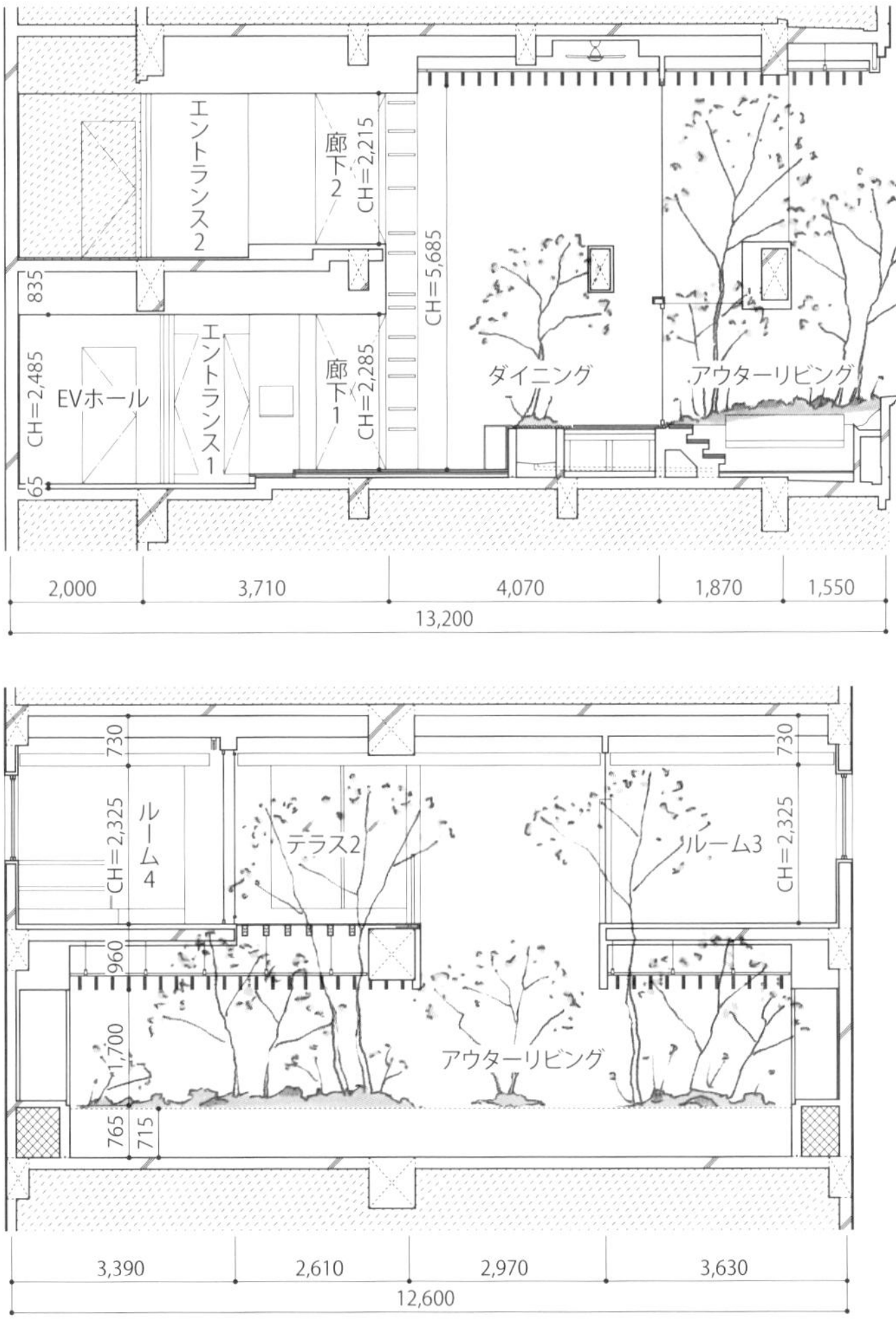

くなるような工夫も大切です。
「町×apartment」（建築設計：UID）は、築20年のマンションの4〜5階をリノベーションした例です。4階バルコニーの面積を既存の約2倍に拡大し、5階バルコニーを減築して吹抜けに高木を植えるという大胆なプランです。新たな地形をつくるようにバルコニーの床レベルを上げ、土を入れて地植えしています。地面のレベルをあげているため、ベンチに座ると地面が目線に近く、自然に浸かるような感覚が味わえます。

“外も家のように——”

周辺環境をプランに落とし込む

敷地を体感する

「シーナリーの家」（建築設計：IFOO＋シーナリーハウス）は、大分県別府市にある湯けむり展望台の近くにあります。山の稜線や周りの森林の美しいロケーションを生かし、キッチン、ダイニングと続く場所にウッドデッキを設けて、そこで展望を味わいながらバーベキューを楽しめる計画を提案しました。この建物でも、遠景の山の稜線、近景の林の緑を全部取り込むように窓の配置が計画されていました。

住宅を設計するときに、現場に行かずに平面だけで考える設計者がいますが、図面は現場で描いたほうが絶対いい。ライトは、落水荘の図面を建物を建てる石の上で描いたというのは有名な話ですが、山の稜線がきれいなこと、周りの森林が美しいこと、こちらの方向からはウグイスの声が聴こえてくること、などを現場で体験しながら図面を描くことが大切だと思っています。

本当はテントを張って、敷地に2、

西側の開口前に植栽することで、西日が差してきたときに樹木の影が障子（写真では引き込まれている）に映り、色っぽいきれいな陰影を見せる。こういう演出ができるのも、現場で太陽の傾き方を把握しているからこそ

“木漏れ陽もプランに生かして”

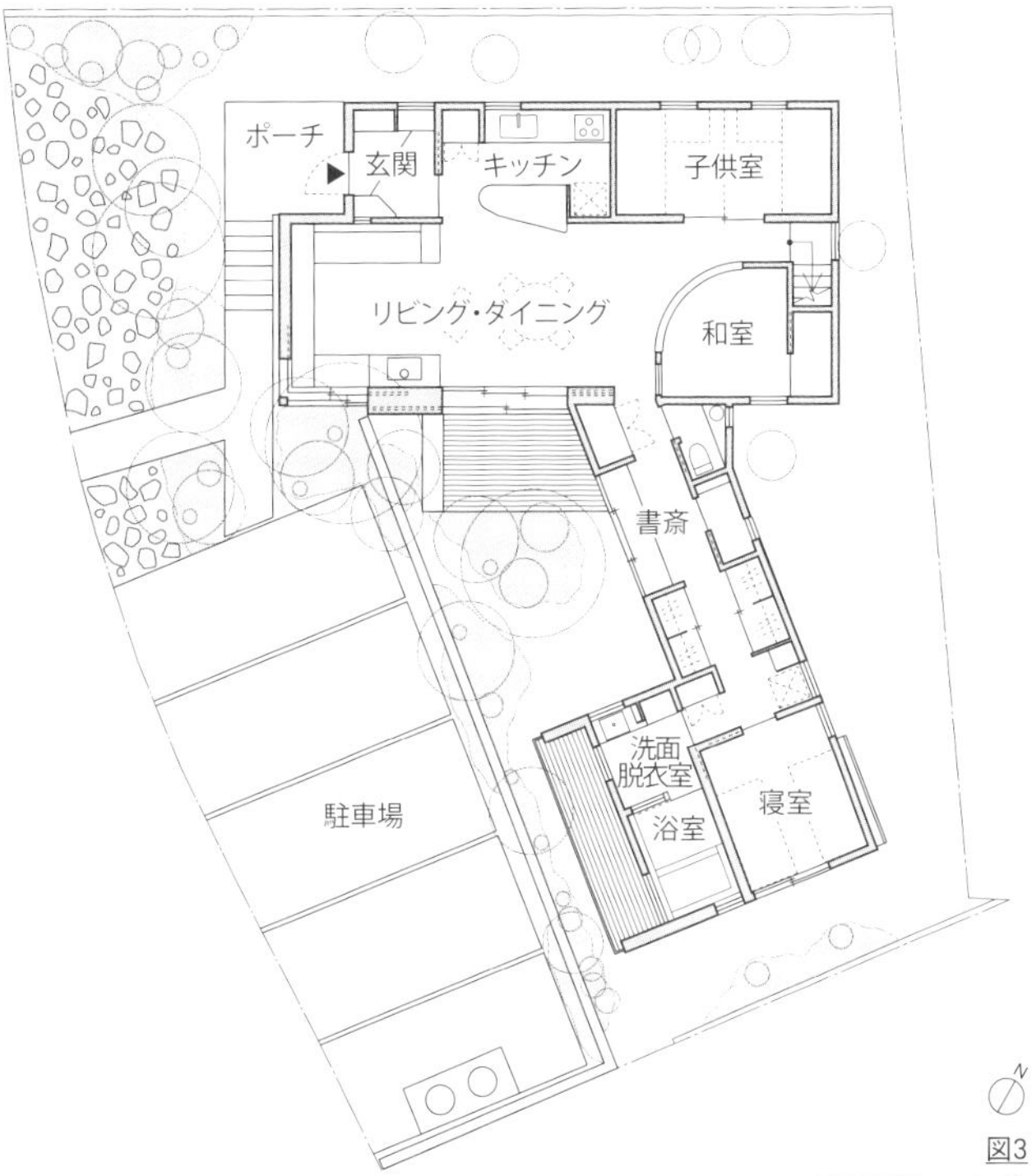

図3
平面図（S=1:250）

3日泊まるくらいしたほうがよい。そうすると、夜、隣家の照明が何時頃に点くとか、光の入り方や目線の重なり方などを正確に理解でき、窓のとり方を間違えないようになると思います。

横への吹抜けをつくる

窓のとり方では「横への吹抜け」という考え方も大切です。視線が抜ける開口をつくって圧迫感を感じさせないこと。視線の抜け、外のつながりがあると室内側も広く感じるものです。遠景（山の稜線）、中景（近所の緑）、近景（庭）がうまくつながることで、そこに住む人の生活を豊かにしてくれるはずです。

景色をいかに取り込むかは、戸建住宅の設計の醍醐味です。住まい手にプレゼンテーションするときにも、ここの景色が美しい、あの山の稜線がきれいなのでこの窓から取り込んでいますということを伝えると、共感を得られやすいと思います。

上_2階の和室空間は、池から続く軸線上にある。風景を意識的に眺め楽しむ空間、小さな空間を活かした提案。庭を開放的なスペースとすることで、1階のリビング・ダイニングからそれらを望みながら、手前の池、奥の稜線まで楽しめる空間になった
左_コンクリートテラスの周りを植栽で覆い、木漏れ日や心地よい木々のゆらぎを感じる空間になった。斜面部分は自然石で土塁をしている

“アプローチを豊かな庭に”

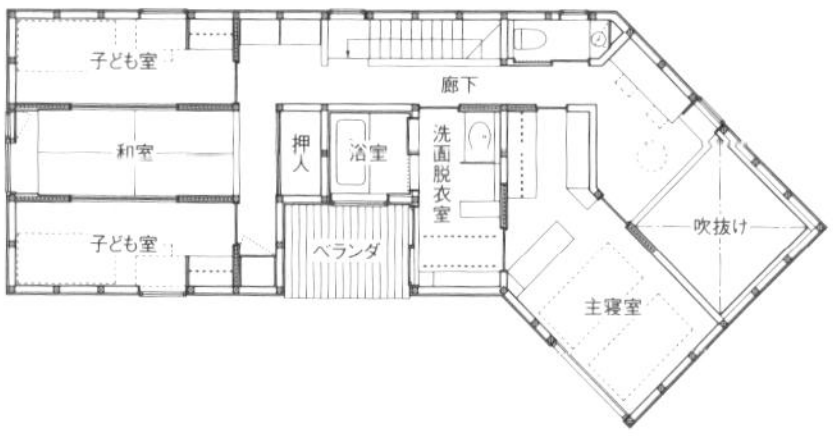

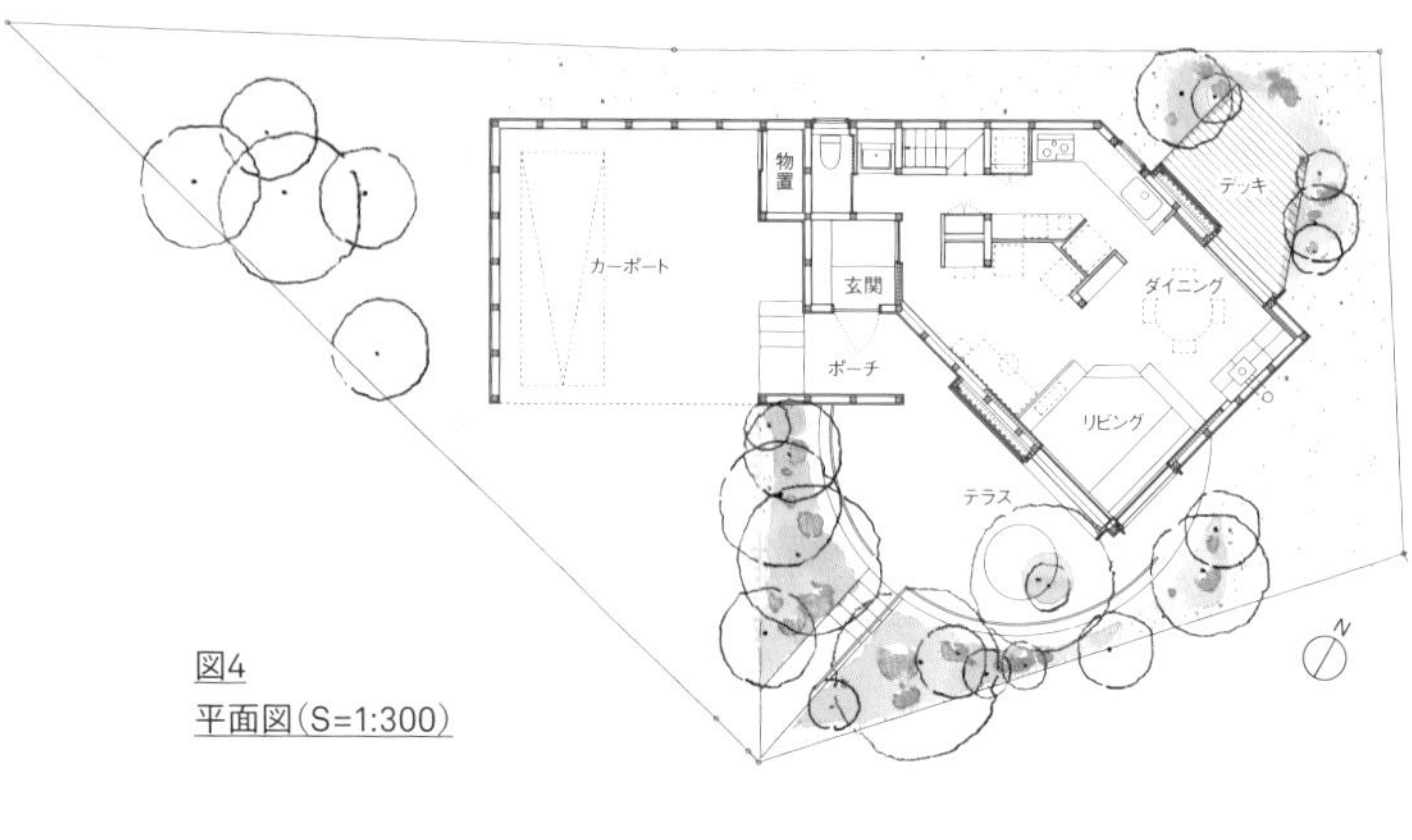

図4
平面図(S=1:300)

いちばん魅力的な景色を選ぶ

「池畔の家」(建築設計：暮らしの工房)は、道路を挟んで公園の池が広がる近景があり、遠景には山の稜線が見える恵まれた敷地に建っています。当初のプランは、それを意識してか2階にリビング・ダイニングが

あり、1階には寝室などが計画されていました。

しかし、敷地の前の池越しに遠景の稜線を望む1階からの眺めもすばらしかったため、「1階の景色も楽しみませんか」と提案するところから造園計画をスタートさせました。

町と家のあいだを楽しくする

1階リビング前に設けた大きな円形のコンクリートテラス（アプローチテラス）は半径4m。周囲には塀を立てず、樹木でやわらかく目隠しをつくっています。リビング窓のそばに小さな円（直径1500㎜）をくり抜いてヤマボウシを植えています。この木には、目隠しとなるだけでなく、テラスに木陰をつくって温度上昇を抑えたり、来客を玄関に誘導する見えない動線となったりすることを期待しました。

敷地の高低差を生かし、基礎と一体化させてテラスの床を200㎜持ち出すことで、浮遊するかのような軽やかさが生まれました。

1階リビング前に設けたアプローチテラスは、町からも部屋からも目が届く子どもたちの遊び場

夜も庭を楽しむ

夜も楽しめる庭をつくるためには、設計段階で庭の照明計画をする必要があります。せっかく庭が見える大開口を用意しても、ガラスに室内の照明器具や家具などが映り込んで、夜は庭がほとんど見えないという事態を避けるためです。

夜の庭をきれいに見せるポイントは、室内の照明の調光と、外部の照明の取り付け方です。室内の照明が明るすぎると、ガラスに光が反射して鏡のようになり、庭が見づらくなります。

壁の上部に埋め込みの間接照明を設ける事例をよく見かけますが、これも光が強すぎるとガラスに光のラインが映ってしまいます。使用状況に合わせて調光できるようにすると、こうした問題は起こりづらくなります。

外部の照明では、樹木の足元からアッパーライトで照らすだけでは、足元に置いた石や、植えた苔や山野草が見えません。第一、自然を再生した庭を下からの光で浮かび上がらせて見るのは不自然です。外部の照明に上から照らすスポットライトを準備するだけで、見え方が自然になります。

建築設計時には、ここに緑が必要だと思う場所があれば、上からの照明もぜひ一緒に計画してみてください。月明かりのような自然な照明が理想です。

「明石の家」（建築設計：arbol）。和室からの眺め。外部にスポットライトで照度を確保することでガラスの映り込みをなくし、夜も庭を楽しめる

内部空間を緑と絡ませる

グリーンコアで緑を絡ませる

「香花園の家」（建築設計：NOMA／桑原淳司建築設計事務所）は設計者の自邸です。1棟の平屋のなかに3つのグリーンコア＝中庭のある住宅で、造園への要望は、「森の中で暮らしたい。森のようにしてほしい」というものでした。玄関を開けると1つ目のコアがあり、奥に残りの2つのコアが見えます。ガラス越しに緑の影が室内に落ち、風が吹くとそれらがすべて揺れて、本当に森の中にいるように感じます。

「SGY」（建築設計：彦根建築設計事務所）では、中庭を開放的な場所として位置付け、食事などができるウッドデッキを提案しました。中庭なのでカーテンが不要で、生活が外へと広がっていく横の吹抜けとなっています。この住宅では、床の高さが変化するため、緑の見え方が少しずつ変化する面白さもありました。

「丹波の家」（建築設計：arbol）は、郊外の家でよく取り入れられる借景の考えを採用していません。逆に建物外壁で囲まれた、外の視覚的ノイズのない住み手のスタイルが引き立つ暮らしのなかに、原風景を感じさせる中庭を用意しています。

丹波の原風景ともいえる里地里山の雑木林の景観を手本に、木漏れ日に包まれる空間を植栽で描きました。デッキに腰掛けながら花の香りや潤い、豊かな苔やシダ、大地とつながる石、木々の揺らぎや爽やかな風など、四季を通して変化する庭の表情を日々の暮らしの楽しみの一つにしてもらう計画です。

「円側の家」（建築設計：畑友洋建築設計事務所）は、駐車場から階段を上がると中庭に出て、どこからでも建物に入れるプランになっています。建物のどこが外なのか内なのかがよく分からない、建物のいろいろなところが外部の緑とつながる面白い建物です。

「SGY」（建築設計：彦根建築設計事務所）。リビングから中庭を見る。床が1階床レベルよりも800㎜下がっているので、庭と空が窓越しに見える。一部連窓となった開口部や両脇の化粧柱、窓下の腰壁を濃色系で統一しているので、壁面全体が庭を切り取るフレームのように見える

“緑の美しさに感動する日常を”

上_「香花園の家」リビングからの眺め。フロアレベルの違いが庭からの眺めに変化を生み出している
下右_「丹波の家」借景の考えは取り入れず、むしろ外から居住空間が見えないようにプライバシーを確保。閉じた都会的な空間が繊細な樹形を際立たせている
下左_「円側の家」内と外にまたがって豊かな関係を取り結ぶことができるように、円環状に連なっている

「森のすみか」(建築設計：UID)設計段階で天井を開いた部分に合わせて高木を植栽することで、もともとある樹木に合わせて設計したように見せた

緑が暮らしを豊かにする

庭には、住宅をより魅力的なものにする力があります。

緑を眺める安らぎ、火を炊く喜び、あるいは緑を育てることで子どもの情操教育になるといった効果、そういったものを含めて住まい手に設計のプレゼンテーションができれば、打ち合わせも楽しくなるでしょう。

庭は南側でなくても、北側の庭やコートハウス、あるいは「庭座」（庭上に設けられた座席）でも眺めるための窓がしっかりと計画できていれば、十分に楽しめる庭になります。

もちろん、庭をもつことは、住まい手にとって楽しいことばかりではありません。緑を植えたら、水やりや落ち葉拾いなど、メンテナンスが必要です。そうしたこともきちんと伝えて、「庭をつくる覚悟」を住まい手にもってもらうことも大切です。

魅力的な庭をつくるためにも、まずはいい庭をたくさん見てください。庭を見るときに大切なことは、庭と建物がつながりを感じること。一流と言われる建築は、内部と外部をどのようにつなげるかを、よく考えています。私自身、造園設計はそこがすべてだと感じながら、日々仕事をしています。ぜひ、庭好きな設計者になってください。

「三井ガーデンホテル京都新町別邸」の7年後の姿。葉や苔の緑が増え、原生林のような趣が生まれた

Lecture

5

性能と意匠

伊礼 智

Satoshi Irei

見えないものをデザインする

「里山の平屋暮らし」（2019年）の北側の開口部。北側には、すばらしい景色が広がっていたので、大きな窓を設けている。熱損失はあるがフルオープン可能。よい季節に思いきり里山の風景を取り込む設計

見えない空気と熱のデザイン
―奥村昭雄のトライアル―

この章のタイトル「見えないものをデザインする」は、恩師・奥村昭雄から教わったことです。当時はよく分かりませんでしたが、30年以上住宅設計に携わってきて、最近ようやく少しそれができるようになってきた、と感じています。

奥村先生は、東京藝術大学名誉教授を勤められ、2012年に亡くなられました。ご存じ、OMソーラーを考案された建築家です。藝大の建築学科を卒業後、吉村順三設計事務所に入所してからは、熱のデザインに力を発揮されました。1964年に、吉村さんの後を継いで東京藝大で教鞭をとられ、僕はその奥村研究室の最後の学生です。

吉村順三流の設計を学びに研究室の扉を叩いたのですが、奥村先生は空気と熱のデザインに没頭していました。『奥村昭雄のディテール　空気・熱の動きをデザインする』（彰国社）は、後に僕の師となる丸谷博男さんが中心になってまとめた奥村先生のディテール集です。当時大学院生だった僕も、編纂に参加しています。この経験が、自分の設計に大きく影響を与えていきます。

ディテールをまとめるにあたって、奥村先生の設計した建物を実際にたくさん見学しました。なかでも「星野山荘」（1973年）は、奥村先生の代表作の1つです。

1階が鉄筋コンクリート造で、その上に木造が載る混構造2階建ての別荘で、断面を見ると、「空気と熱のデザインのためにつくられていること」が一目瞭然です［図1］。部屋の真ん中にポット式石油ストーブがあり、それだけで全館暖房をするという設計です。煙突を改造して二重にし、吹抜けの上部にあるシロッコファンで熱回収して、煙突に空気を絡ませながら温め直して床下に送り込んでいます。

とても面白いトライアルで、OMソーラーの原点となった考え方です。奥村先生は、建物内にたくさんの温度計を設置し、温度を測定・記録しながら、効果を検証し、次の設計に活かしていきました。

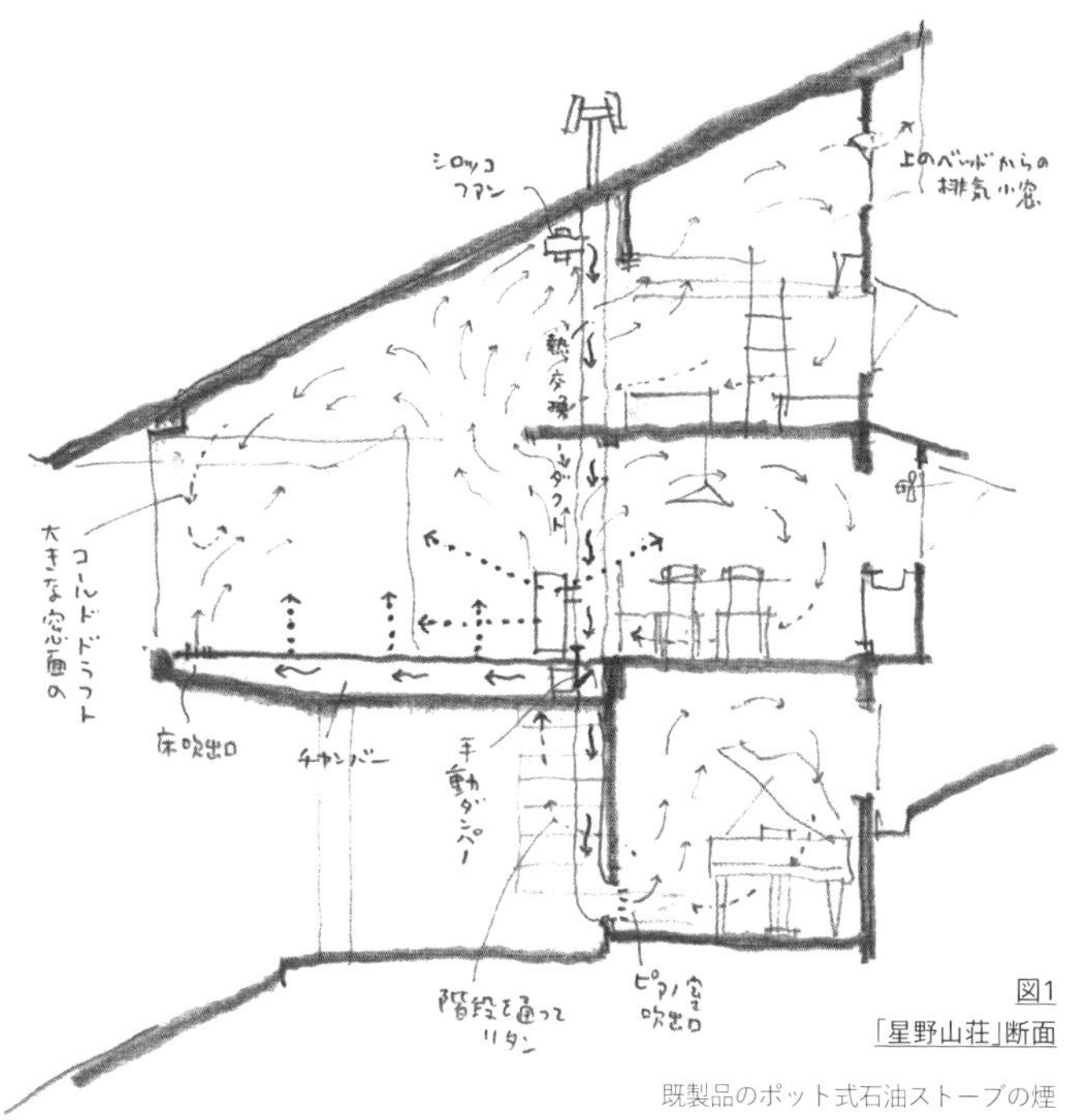

図1
「星野山荘」断面
既製品のポット式石油ストーブの煙突を改造して二重にし、煙突の熱を回収して床下に送り込んで床暖房にするシステムを採用している

『奥村昭雄のディテール 空気・熱の動きをデザインする』（彰国社刊）

熱の法則に素直に設計する姿勢

また、星野山荘よりも少し前、奥村先生が吉村順三設計事務所時代に担当した虎ノ門にある「NCRビル」（1962年、現・日本財団ビル）では、日本初のダブルスキンにトライしています。

サッシを二重にして、その間の空気を使って外と室内の熱や空気のやりとりをするというものです。たとえば、外気温が0℃で室温が20℃の場合、サッシとサッシの間の空気を10℃くらいにして、建物を空気で包むと省エネになるということです。

外のサッシが熱線吸収ガラスになっていて、夏は二重サッシ間の空気で熱を取り去り、冬は冷たい外気を遮断する役割を担います。ほかのビルと比べてみたところ、35％くらい省エネになったと聞きました。

ほかにもテナントの外資系企業のためにパーティション開発にもトライされています。昔の建築家は何でも設計したのだなということがよく伝わる仕事です。いまの自分にはとてもできません。

「蓼科山荘」は、まるで家全体が家具のような質感。手前の照明は住まい手と奥村先生の手づくり

暖炉の本も書かれています。暖炉の中の熱計算を一貫してまとめたのは、奥村先生が世界初ではないでしょうか。よく燃える暖炉の方程式など、計測しながら緻密に分析・考案されていて、暖炉設計の目安が分かります。僕も暖炉を設計するときには参考にしていました。

一方、奥村先生は、「家具デザイナー」という側面もおもちでした。あるいは、デザイナーという範疇では括りきれないかもしれません。原木の買付けから、製材、デザイン、製作まで、全部に携わっていましたので。自分のデザインした家具をつくるための道具（治具）まで自作していました。

このほかにも、木の成長のかたちをコンピュータ上でシミュレーションする研究や、「ハムレーくん」という冷燻の生ハムをつくる燻製器の製造まで、「建築」という枠に収まらない多種多様な研究に取り組んでおられました。

奥村先生から学んだこと

奥村先生の姿を間近にして、僕が学んだことはたくさんあります。そのうちの4つを紹介します。

まず「見えるものだけでなく、見えないものまでデザインすることが大切」ということ。見えないものまできちんと考えられた建築がよい建築だと思っています。

2つ目は「建築を科学する」こと。僕は科学的な思考が苦手で、当時はデザインを感覚的に語っていましたが、あるときそれを一喝され、「物事は科学的に考えなければだめ。そうでないと信憑性に欠ける。物事はできるだけ科学的に考えるようにしなさい」と教わりました。

3つ目は「足るを知る」こと。僕は奥村先生から初めてパッシブデザインという言葉を聞きました。自然エネルギーを利用し環境を活用しながら建築をつくるパッシブデザインについて、熱心に語っていました。そのなかでときどき「足るを知ること。欲張ってはだめ。取りすぎてはいけない」ということをおっしゃっていました。

僕は、パッシブデザインに奥義が

あるとしたら、この「足るを知る」という言葉だと思っています。たとえば、自分のことだけを考えて、効率よく太陽光発電用パネルを設置するために片流れの高い屋根をつくるのではなく、自分の取り分は減っても、北側隣の敷地に建つ住宅にも日が当たるように配慮する、ということです。ですから僕は、「パッシブデザインとは？」と聞かれたときは、「足るを知ることだ」と答えるようにしています。

もう一つ、大事なことですが、「トライアルの先に目安や法則を見つける」ということです。いろいろとチャレンジしたときには目安を見つけること。そのために奥村先生は、よく効果を測定されていました。

設計に目安があることは大切だと思います。たとえば、これくらいOMソーラーパネルを載せると、これくらいの熱エネルギーが得られるという目安があります。それを毎回細かく計測するのは大変です。あとから続く人たちにとって、目安を見つけることはとても大事だと学びました。

空気と熱のデザインを洗練させる
―丸谷博男のパッシブデザイン―

奥村研究室を出た後、僕は奥村先生の弟子でもある丸谷博男さんの事務所に入所し、長くお世話になりました。「吉井町の家」（1995年）は、独立直前に丸谷さんと二人三脚で設計した住宅で、いまの僕の設計に大きな影響を与えています。

丸谷さんは、この住宅について次のように語っています。

『求められたのは夫婦二人の「終の住処」。そのため、最小動線で最大効果を得られる住宅をつくることを考えた。訪問客は少ないので靴を脱ぐためだけの玄関は不要。玄関をできるだけ多義的な空間として設計した。老後を考えて、ランニングコストがかからない家とすること。できるだけ少ないエネルギーで暮らせるように工夫した。

また、工事中に夫人が病気で倒れるという出来事があり、計画は予測通りにいかないと痛感。夫人が退院後、あらためて寝室のベッドのあり方など、設計を見直した。』

加えて、塀はつくらないほうが人や地域との出会いを生む、とも語っています。住宅が紹介された『TOTO通信2000年1月号』には、夫人の言葉が残っています。

『塀がないことで、近所の散歩の方々がこの家を覗かれていくし、そこで話も始まる。小学校の生徒は、その日につくったものを見せてくれたりして、初めて来たこの土地に自然に馴染むことができている』

担当者としての僕の工夫は次のようなことです。

1―車椅子対応の住まいにする

2―身体に優しい仕上げにする

3―自然エネルギーを利用し、少ないエネルギーで全館暖房を行う

4―建具など操作しやすい納まりにする

5―「年寄りの住まいだけれど少し洒落た感じにしてね」に応える

夫人からは、夫の将来の介護を考えて車椅子対応にしてほしいと依頼されていました。丸谷さんが最小限の動線にこだわられていたので、それを車椅子対応で実現できるよう段差を徹底的になくしました。

「吉井町の家」外観。内・外壁には、当時開発途中（未発売）の珪藻土を塗った。開口部にはアルミサッシを入れて木枠で囲っている。屋根にはOMソーラーの集熱パネルと、2つのトップライトが見える。ともになるべく美しく段差ができないよう納めている

図2
「吉井町の家」平面図

最小限を考えた動線。中央の階段の周りを回遊し、どの部屋にも行けるようになっている。このプランはとても気に入っていて、いまでもときどき、これをブラッシュアップしてプランを考えている

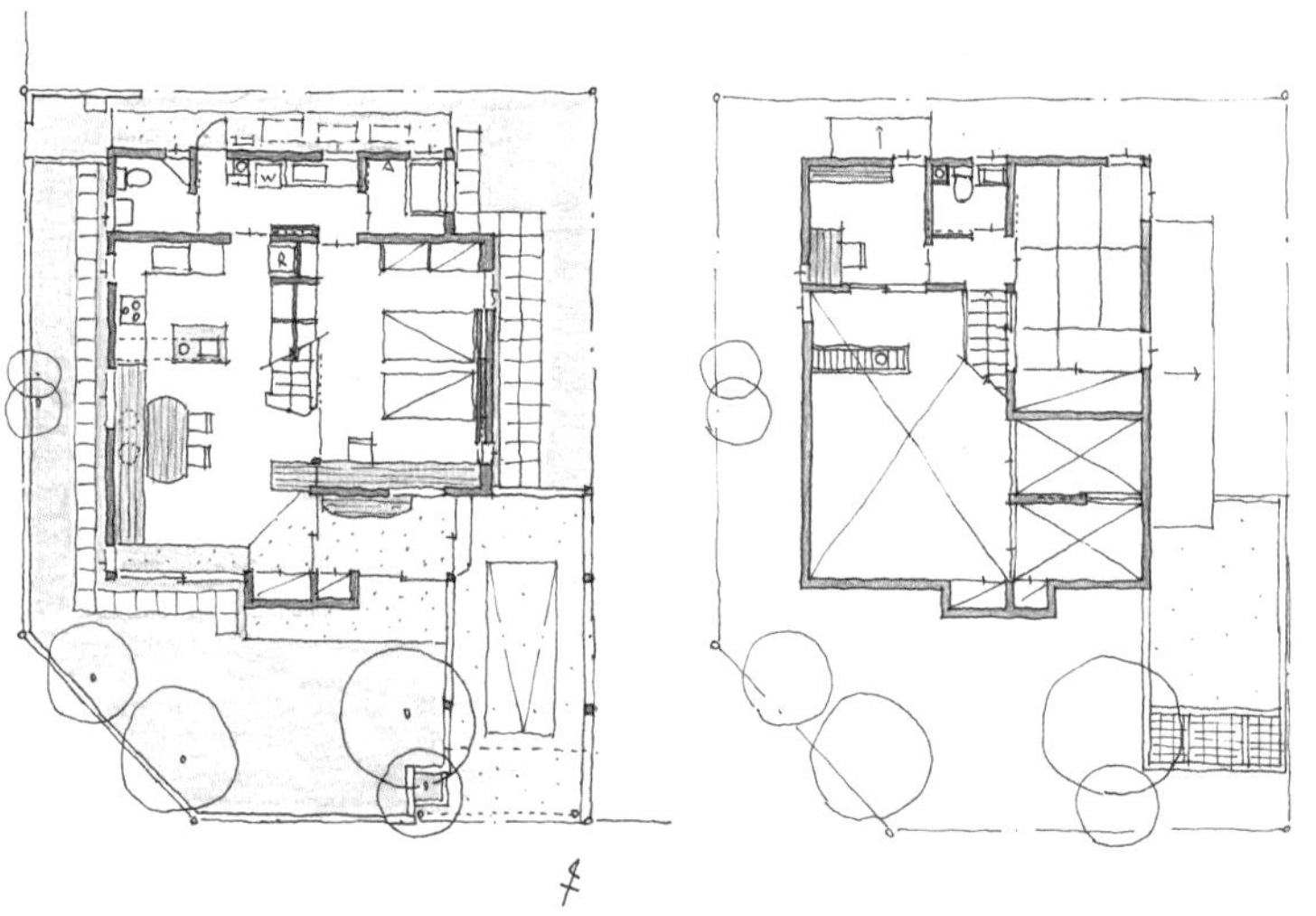

大きなワンルーム空間。リビングの中央にポット式石油ストーブがあり、その熱を回収して床暖房にも利用している

図3
「吉井町の家」のシステム図

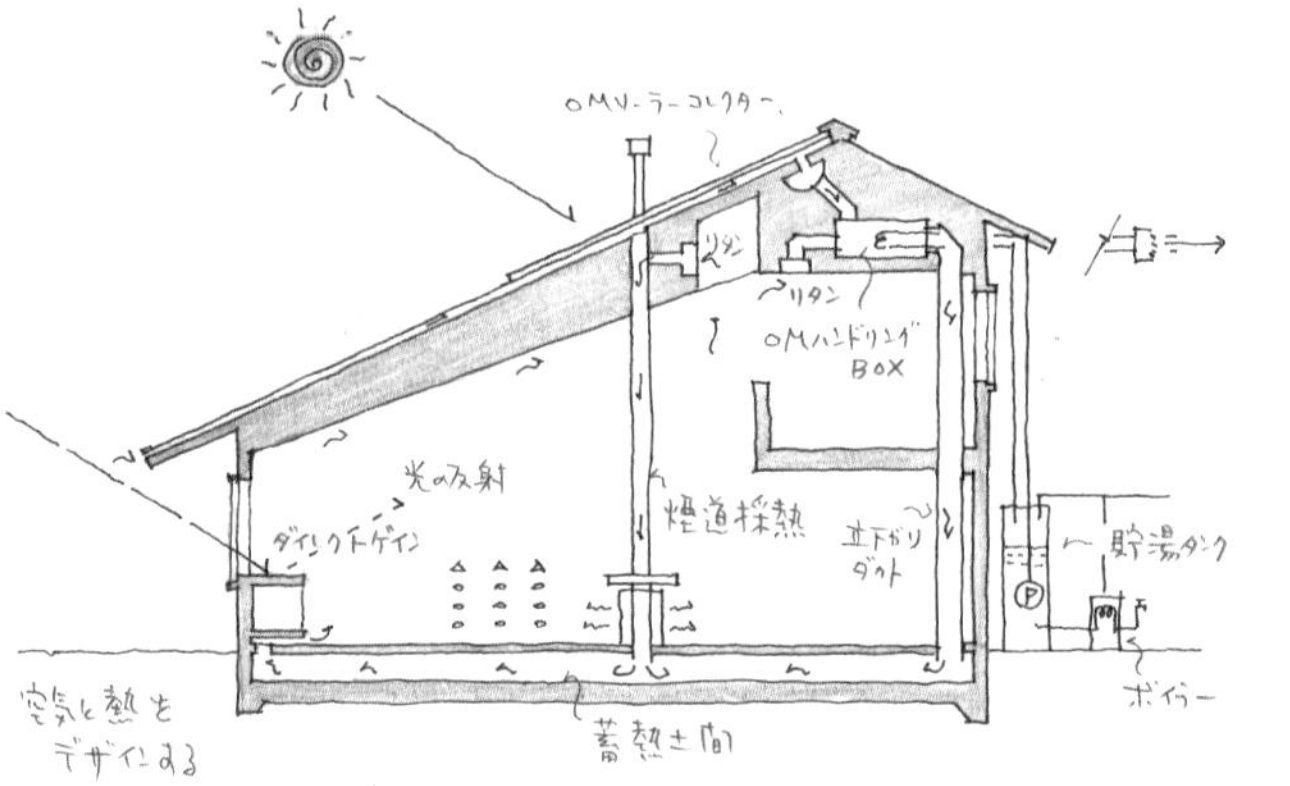

次に工夫したのは身体に優しい仕上げ材を用いること。当時は、まだ一般に発売されていなかった珪藻土で内外装を仕上げています（素材開発に丸谷さんが関わっていました）。

ランニングコストのかからない家という課題に対しては、OMソーラーとポット式石油ストーブ組み合わせ、自然エネルギーを利用しながら、少ないエネルギーで全館暖房する計画としました。

住まい手は高齢だったので、歳をとると手指は思うように動かせなくなります。この住宅では引戸を多用して戸袋に収めていますが、回転引手のような細かい金物を使わなくても操作しやすい納まりを考えました。

夫人からは「年寄りの住まいだけど、少し洒落た感じにしてね」ともいわれていたので、一生懸命に洒落たデザインを目指しました。

この家は、1階だけで生活が完結するようにプランニングされています。2階にはご主人の書斎と和室があります。和室は子どもたちが帰省したときに宿泊できるように設けま

玄関から室内には段差がなくスムーズに入ることができる。玄関はサンルームとなっており、トップライトから注ぐ光は、障子を開ければ主寝室まで届く

した。1階と2階は、吹抜けを介して立体的につながったワンルーム空間です［図2］。

ワンルームのため、空気や熱の操作はとても楽でした。OMソーラーで、外の新鮮空気を屋根で温めて床下に送り込んで蓄熱しながら床暖房します。天気が悪いときは、これも奥村先生が考案した、ポット式石油ストーブに手を加えた「煙道採熱方式」で吹抜けの上部の空気をリターンで取り込み、煙突に絡ませて温度を上げて床下に送り込んで床暖房する計画です［図3］。

南面の開口は掃出し窓にせず、家具を置き、その上にモルタルを打って、タイルを敷いています。窓辺に緑をたくさん置く予定があったことと、太陽光をタイルに反射させて奥まで届かせることで、昼間にできるだけ照明をつけないで暮らせるようにしたいという丸谷さんの考えに応える納まりです。タイルは少し蓄熱するので、窓のゴールドドラフトを少しでも緩和するという狙いもありました。

さらなる心地よさを求めて
―私のパッシブデザインの変遷―

こうした経験をへて、僕がどのように「見えないもの」を考えて設計をしてきたのかを、5つの事例を挙げながら紹介します。

「東京町家・9坪の家」は対角線に視線を抜いている。小さな家のプライバシーを守りながら、町に開く

図4
現地調査で描いたスケッチ

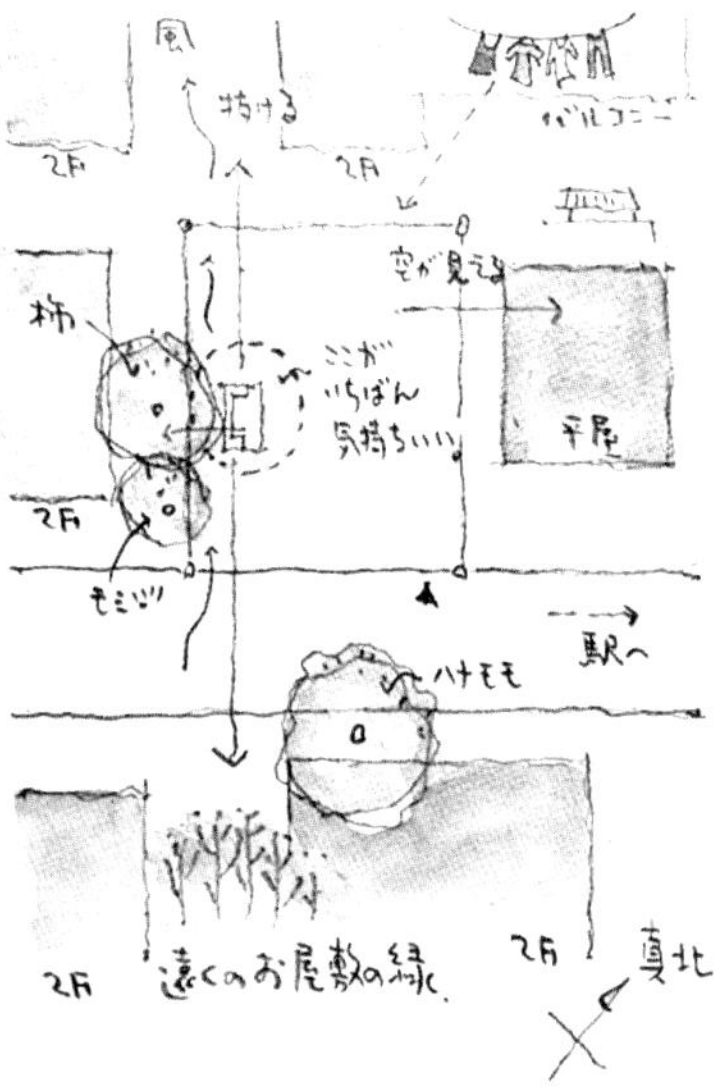

現地調査をもとに作成したイラスト。敷地でいちばん見晴らしが利き、南側も家と家の間から視線が抜け、遠くにある屋敷の庭の緑が見え、風も抜けそうだと感じた場所にソファを描いている。背後には隣家のカキの木やモミジが、斜め方向にはハナモモの木が少し見える場所だ。ここから設計を始めた

図5
最初にまとめた1階プラン

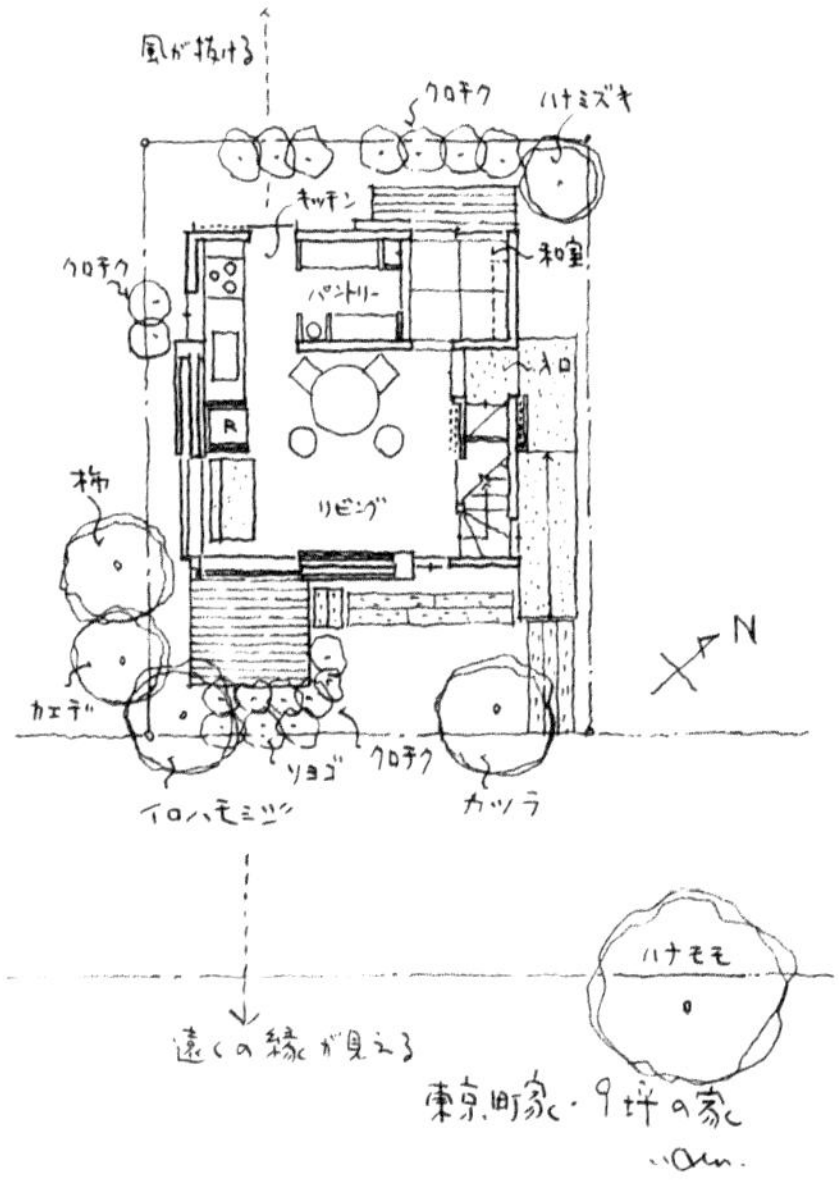

現地調査のイラストをもとに固めた1階のプランのスケッチ。最初のスケッチで考えた位置にソファがある。リビング・ダイニングからハナモモの方向まで、対角線に視線が抜けている。小さい敷地では、できるだけ対角線を有効活用し最大視線をとるように意識している

Case Study. 1

［東京町家・9坪の家（2005年）］

パッシブデザインの原点

おそらく僕がある程度知られるきっかけになったのが、この住宅です。自分のパッシブデザインの原点だと思っています。

　敷地は東京都練馬区の住宅地。プランは、建坪9坪、3間×3間の2階建てでロフト付き。OMソーラーが入っていますが、方位が40度近く振れていて、本来はOMソーラーには向かない敷地でした。シミュレーションでも省エネ率21％。OMソーラーを採用する目安は省エネ率30％なので、最初は反対し、その予算を別に使いましょうと伝えましたが、住まい手から「効率の問題でなく太陽を感じて暮らしたい」と言われ、設置しました。

　この住宅でも、少しイレギュラーなOMソーラーの使い方をしています。OMソーラーは、夏期に貯湯タンクで熱交換することで、風呂の湯をつくることができます。ある程度の大きさの屋根があれば、50℃のお湯が浴槽2杯分つくれますが、この住宅はOMソーラーの導入目安を満たしておらず、効率が悪いのでお湯をつくってもあまり意味がないということで、給湯をやめてシンプルなシステムにしました。

　ただそうすると、夏は排気しているだけでもったいない。何かに使えないかと考え、ハンドリング機器が風呂場の真上にあることに注目し、排気側にタイマー付き切り換えダンパーを設置して、浴室に乾燥した温

東京町家・9坪の家

敷地面積	74.84㎡
建築面積	29.74㎡
延床面積	59.48㎡
	1F／29.74㎡
	2F／29.74㎡
施工	相羽建設
竣工	2005年

外壁は小波のガルバリウム鋼板。庇は、見付け60㎜の標準納まり。どこから見ても60㎜に見える

リビング開口。正面が道路で、道路との距離が近すぎると感じ、開口はあえて真ん中からずらし、斜めに視線を逃がしている。正面に開口部を開けた場合、ここのリビング・ダイニングは居づらい空間になった

風を送り込んで洗濯物を乾かす仕掛けを提案しました。夫人から風呂場に洗濯物を干したいという要望もあったので、それに応える解でもありました。

　予算がとても厳しく、分譲住宅のディテールを使用しないとおそらく予算が追いつかないだろうと考え、この住宅にもソーラータウン久米川で標準化した納まりを採用しました。ところがオープンハウスをすると、いろんな人が見にきてくれて、たくさんのメディアが取り上げてくれました。

　その理由がいまだによく分からないところもあります。新建築社の編集者は「この家は、小さくコンパクトに生活のすべてが残っている。そこが魅力的だ。普通、小さな住宅を設計するときは、いろいろと生活を切り捨てるものだから」と話していました。おそらく自分らしい設計の一つなのだろうと思っています。標準納まりを使うことで、肩の力を抜いて設計できたこともあるかもしれません。

2畳の和室。京都の俵屋旅館に泊まったときに、次の間が2畳だったのがとても良く感じられ、それから設計に取り入れている。最初に取り入れたのがこの住宅。オープンハウスで見学に来た方にも好評で、初めて設計に取り入れて20年近く経つが、いまだにリクエストが多い

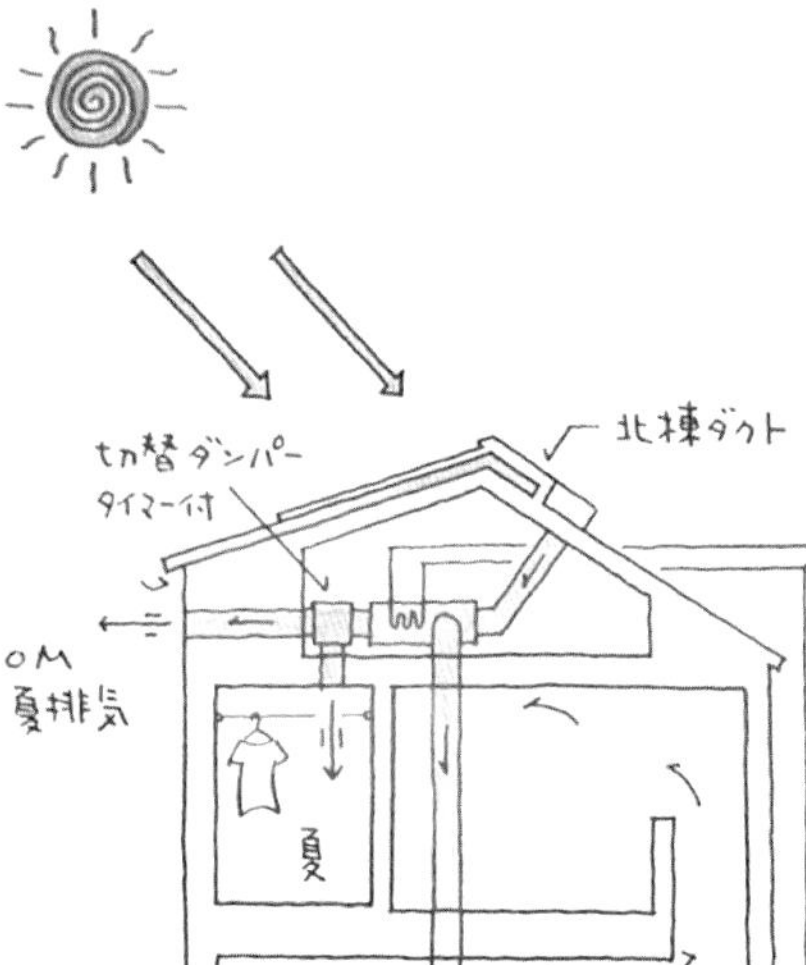

図6
ソーラーシステムの概念図

ダンパーで風向を切り替え、温風を浴室に送る

浴室天井のガラリから温風を吹き込む

Case Study. 2

[i-works 2015 つむじ(2015年)]

開口部の断熱性能を上げる

1階リビング・ダイニング。インテリアは「大工の手」という活動の中で自身がデザインした家具も取り入れている

i-works 2015 つむじ

敷地面積	305.00㎡
建築面積	52.88㎡
延床面積	93.36㎡
	1F/52.88㎡
	2F/40.48㎡
施工	相羽建設
造園	小林賢二
竣工	2015年

僕のデザインの特徴である「木製建具を使ってフルオープンにする設計」は、断熱・気密性能に課題がありました。フルオープンの開口を多く手がけた吉村順三さんは、木製建具でも気密にこだわって工夫していましたが、そのぶん建具が重くなり、開閉が大変です。

一方、当時僕が設計した木製建具は、開閉は楽ですが、隙間風が入ってくる。その欠点を解消しようと考えて実践したのが、相羽建設の「i-works 2015 つむじ」です。開口部の断熱性能を上げて、初めてHEAT20 G2にチャレンジしました。

「つむじ」は、相羽建設のつむじの庭に建つモデルルーム。中央の柱は構造上必要ですが、外周以外の壁はすべて自由に配置できます。オプションで下屋がつけられる仕様となっています。

この住宅で自分に課したのは、これまでのデザインを活かしながら、開口部の断熱・気密性能を高めること。そのため、フルオープンのにこだわり、建具にはアイランドプロファイルを採用しました。アイランドプロファイルは、断熱や気密など性能の高い木製建具です。ハンドル部分を完全に中に入れ込みたいと考えていつもと違うドイツ製のものに変更しています。

開口部は、熱的に弱点となるため、室内側に建具を何枚か入れて断熱性能を高めています。外側には視線を遮り、プライバシーを守るためにガラリを設けました。室内からは視線が抜けますが、外からは室内があまり見えません。のちに計測して、日射遮蔽にも有効であることが分かりました。

U_A値（外皮平均熱貫流率）は0・44。初めてトリプルガラスを使用しましたが、真冬にブラインドなしで窓のそばに立っても寒さ、冷たさを感じることがない、その性能を体感しました。

G2レベルの家とはこういうものかという目安ができたことは、大きかったです。

上_外観。外壁は、そとん壁の左官仕上げ。戸袋にも塗り込んでいる。奥村先生の夫人で、東京藝術大学建築学科の女性第1号でもあった奥村まことさんの設計に少し似ており、原点回帰だと言われることも
下_玄関。広島県のユダ木工と一緒に開発したもの。すでに市販されている。鎧戸と網戸、戸袋がセットで、取り付けるだけで施工が終わる。引戸だが、断熱性能が高い（U値＝1.92W/㎡KH-5等級）

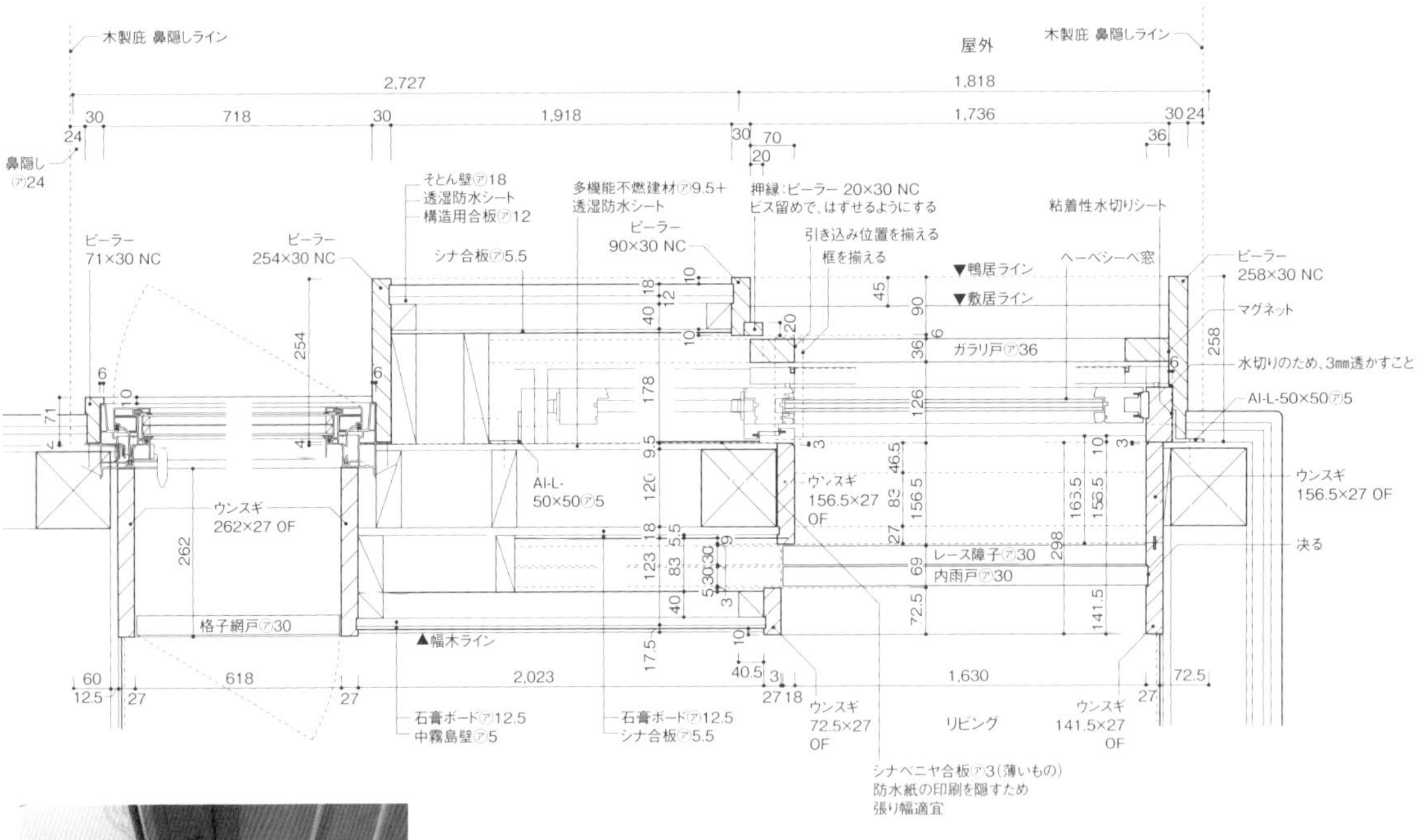

象の鼻のような標準ハンドルは壁の中にすべて仕舞えないので、仕舞えるものを用意してもらった。僕の設計から使用するようになったため、「iハンドル」という名がついた。大きな建具には不向き

図7
枠まわり平面詳細図(S=1:15)

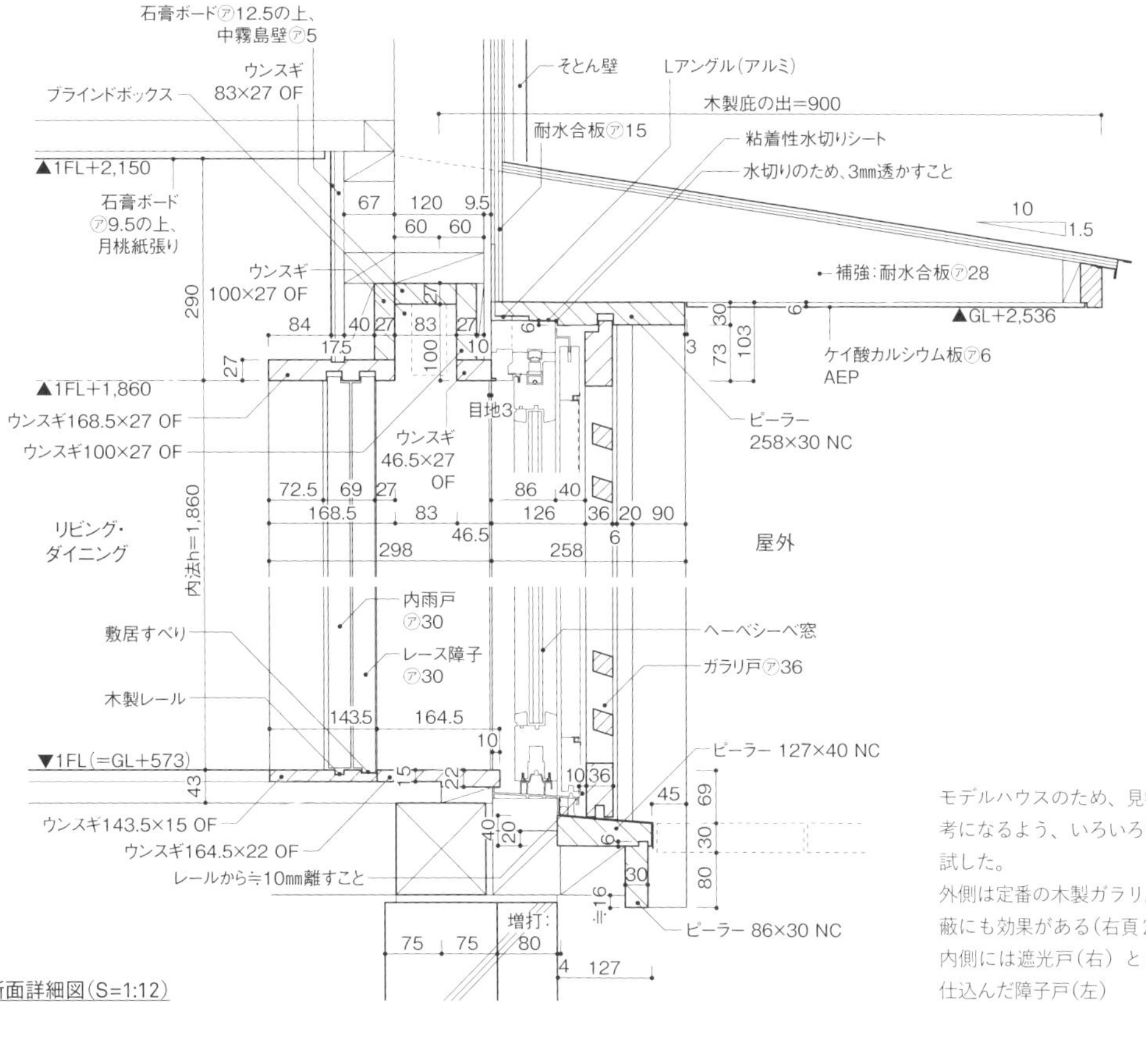

図8
枠まわり断面詳細図(S=1:12)

モデルハウスのため、見学者に参考になるよう、いろいろな建具を試した。

外側は定番の木製ガラリ。日射遮蔽にも効果がある(右頁2点)、室内側には遮光戸(右)とレースを仕込んだ障子戸(左)

Case Study. 3

[丸正・渡邊工務店モデルハウス(2018年)]

町とつながるエコハウス

2018年に設計した甲府の丸正・渡邊工務所のモデルハウスは、いま工務店の社長が住んでいます。パッシブデザインアドバイザーの野池政宏さんとのコラボレーションで、自分の勉強のためにも、まずは野池さんの得意技を全面的に受け止め、それにこちらの必殺技で応えようと意気込み、設計に向かいました。

課題は、大きく3つ。

まず、駐車スペースを5台確保すること。東京ではあり得ない条件です。5台分のスペースを街並みといかになじませるかという課題がありました。

次に、西側が道路であること。僕は、道路側がコモンスペースであり、そこに向かう佇まいがとても大事だと考えています。西日の差す西側道路と建物とをどのように関係づけるか、悩みました。

最後は、日射取得の最大化と日射遮蔽の徹底、です。野池さんとのコラボなので、アドバイスをもらいながら向き合いました。

プランのベースは、3間×6間、総二階です。工務店のモデルハウスなので、今後の仕事に生かしやすいよう設計しました。許容応力度計算で耐震等級3を確保しています。断熱性能も、わずかにG2レベルに及ばずとも高性能です(翌年、断熱地域区分が変わりG2となる)。それでいて、木製建具を使っていて、季節のよい時期はフルオープンで庭とつながれます。

また、街と家との間を考え、街に開いた住宅を目指しました。駐車場側のウイングで、街と家との間のバランスをとっています。

現代民家のような佇まい。外壁の仕上げは、シラス製品を使用。西日の入る2階子ども部屋には、通常の倍のピッチで羽根板を入れたガラリを設けて、日射遮蔽している。車5台分の駐車スペースの端(建物の反対側)に外物置をつくり、耐震壁を確保している

駐車スペースの奥に見える壁は、沖縄では「ヒンプン」と呼ばれ、目隠しでもあり、人の動きを振り分ける装置でもあり、魔除けでもあります。僕は、ヒンプンには、街と家との間を、グラデーションを描くようにつなげる役割もあると思っています。ヒンプンをカーポートの壁面から80cm程度ずらして配置し、ヒンプンの手前の街側にも、奥の庭側にも木を植えて町との関係を馴染ませています

1階の掃出し窓はフルオープンでき、ウッドデッキにつながります。野池さんから、開口を大きくして、もっと日射を取り込みたいとのアドバイスがあり、2本引きの大きめな開口にしました。普段の設計よりは開口が大きく、部屋も明るめです。

この住宅の暖房は、暖房用床下吹き出しエアコン1台だけ。あと住まい手の意向でペレットストーブを1台入れていますが、エアコンだけで十分暖房が可能です。

冷房は小屋裏に取り付けたエアコンだけ。小屋裏をチャンバー扱いにして、夏はここから冷房を各部屋に落とす計画を立てました。小屋裏の床に開閉可能な孔を開け、主寝室や子ども部屋、リビングに冷気を届けるようにしてあります。

リビングと庭をつなぐ開口。ウッドデッキには、庭と家の間にベンチを設けた。西側道路と距離を保つことで、通行人はあまり気にならない

野池さんのアドバイスを受け、日射取得のために吹抜けの上部にも窓を設けて、メンテナンスのためのキャットウォークも設置した

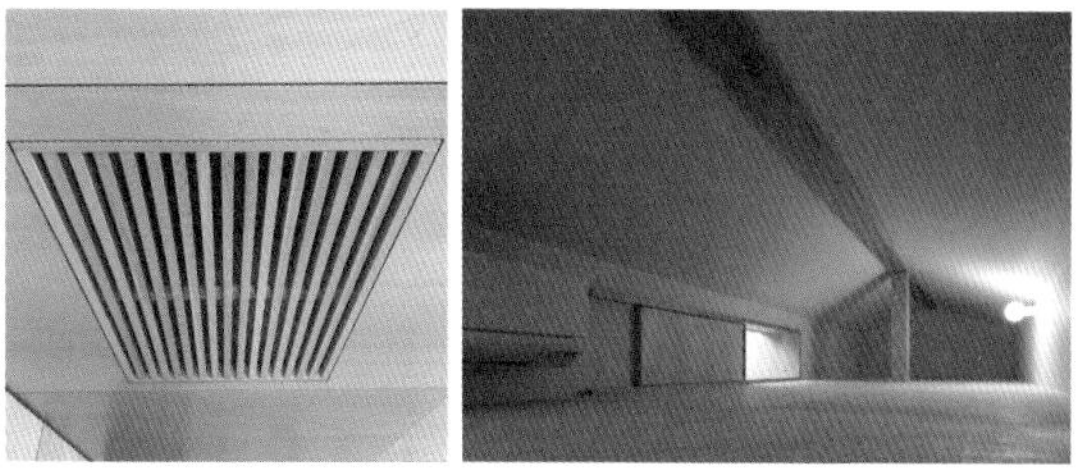

右_小屋裏に取り付けたエアコン。冷房はこのエアコン1台でまかなう
左_冷気を落とすための通気口

２０２１年８月５日、室内の温度状況を住まい手が計測してくれました。この日は外気温が最高37・7℃あり、小屋裏エアコンが効くか心配でした。

昼間の設定温度26℃、夜、就寝前には27℃に上げて、ワンシーズン連続運転する全館冷房です。1階のリビングは27-28℃とほぼ均一、2階も26-27℃の間で均一でした。湿度が60%を切っているので、この気温でも快適に過ごせたと思います。

リビングは建具1本の片引き込み戸にしている。開口面積と性能、操作性、コストなどのバランスがよいため、最近はよく採用している

丸正・渡邉工務店モデルハウス

敷地面積	326.40㎡
建築面積	76.19㎡
延床面積	119.00㎡ 1F／64.46㎡ 2F／54.54㎡
施工	丸正渡邉工務所
造園	荻野寿也景観設計
竣工	2018年

Case Study. 4

［新潟・魚沼の家（2018年）］

豪雪地帯のパッシブデザイン

「魚沼の家」は、新潟県魚沼に建てた、工務店・フラワーホームの社長宅です。敷地は冬期に累積26mの雪が積もる豪雪地帯。2mの積雪荷重を見越して計算しました。許容応力度計算をして耐震等級2を確保しています。

住まい手からはZEHにしたいとの要望があり、屋根材を兼ねるエコテクノルーフ（太陽光パネル）を搭載しました。断熱は充填断熱＋外張り断熱で、UA値は0・28。フルオープンできる木製建具をいくつか入れましたが、C値は0.7です。

延べ床面積は45坪くらいですが、小型の薪ストーブ1台で全館暖房をしています。冷房はロフトに仕掛けた壁掛けエアコン1台です。

この住宅の設計テーマは、「一石二鳥（あるいは三鳥）」。たとえば、採用した四畳半グリッドの設計は、ほどよいスケール感をもたらす架構

雪の中に佇む「魚沼の家」。屋根の雪は太陽光パネルで滑り落とすことを想定していたが、パネルの接合部の5㎜ほどの出っ張りが雪止めになって積もったまま。耐雪荷重2mで設計しているので荷重の心配はない

四畳半の骨格がはっきり見える空間。その中にリビングやダイニングをつくっている。小さい子供たちが暴れ回っても負けないように全部板張りで仕上げている

であると同時に、積雪荷重に耐えるための柱をたくさんもつ骨格でもあります。母屋には四畳半が9つあります。グリットがイメージできるよう、全部化粧柱にして現しています。2階には寝室があります。子どもが3人。将来は仕切りますが、まだ小さいので、いまは大きなワンフロアにして使っています。

第一種換気で、熱交換した新鮮な空気を上から吹き出し、床下から回収するという空気の流れをつくっています。これにより、冬は薪ストーブの熱が床下にも回り、底冷えが少し緩和されます。夏もロフトからの冷房風が換気システムと同じルートをたどって下まで降り、床下から回収されて上に戻る循環が生まれています。これも一石二鳥の効果。空気の動きと熱の動きがとてもうまくいったと思っています。

屋根は片流れにし、崖地に雪を滑り落とす計画です。太陽光パネルが載っている部分の雪はよく滑り落ちるという読みでした。ただ実際は、少し失敗しました。同じ屋根勾配でも、太陽光パネルが載っていないところは滑り落ちていますが、太陽光パネルに5㎜の出があり、そこに雪が引っかかり、崖下に落ちませんでした。それどころか雪が引っかかり雪庇をつくり、それが横のケラバに広がって煙突を押して、真冬に煙突が曲がるという事態になりました。暖房は薪ストーブだけです。住まい手から電話が来て、ストーブメーカーに連絡しましたが、修理は翌

南側の窓から室内を見る。1階の天井は張らず、2階の床にJパネルを使うことでコストを抑えながら水平剛性を高め、耐震性を確保している

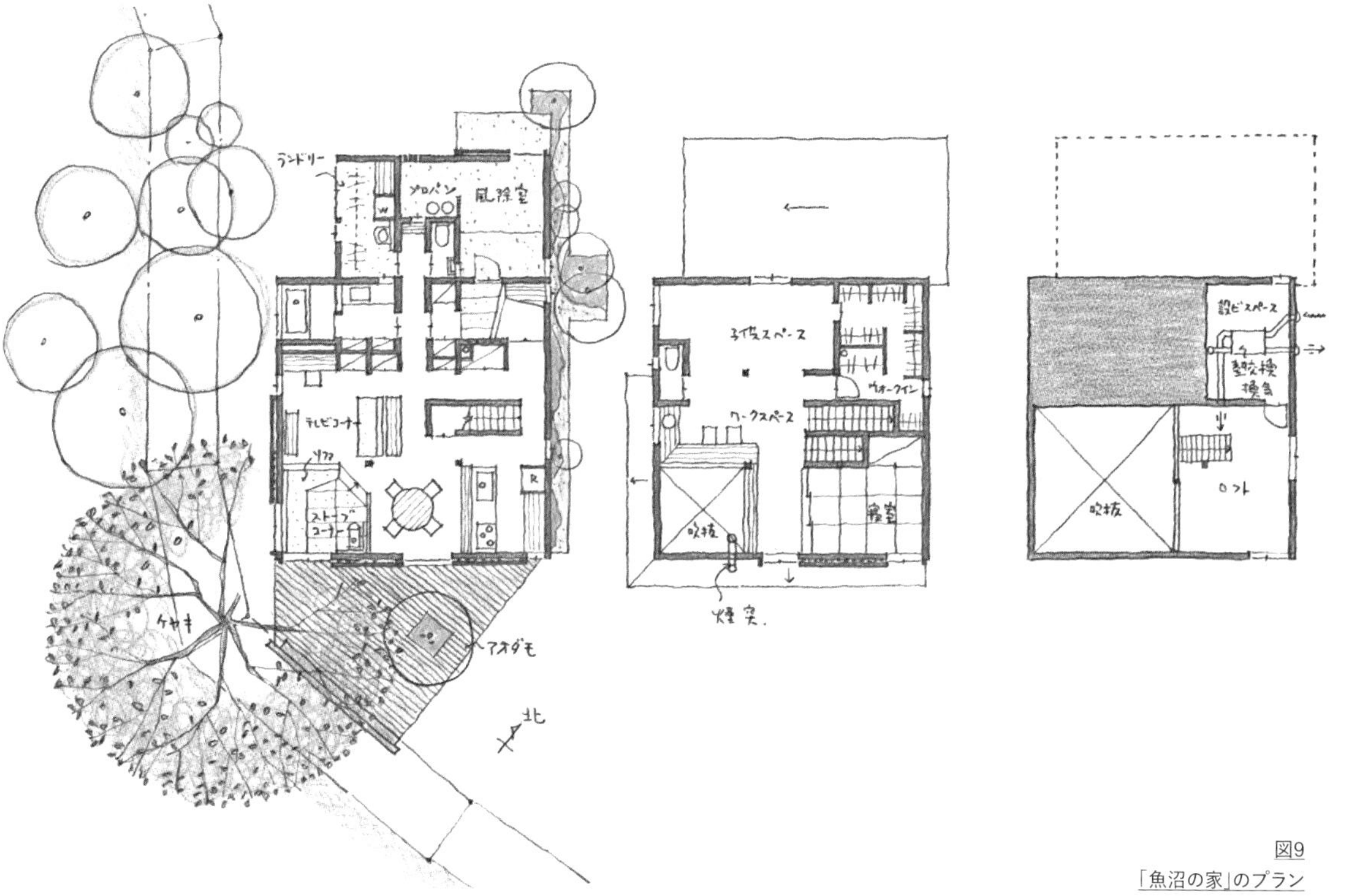

図9
「魚沼の家」のプラン

図9
「魚沼の家」断面図(S=1:100)

夏と冬の空気と熱の動きを表した断面図。高い断熱性能とリビングが功を奏して、熱と空気のデザインが上手くいった

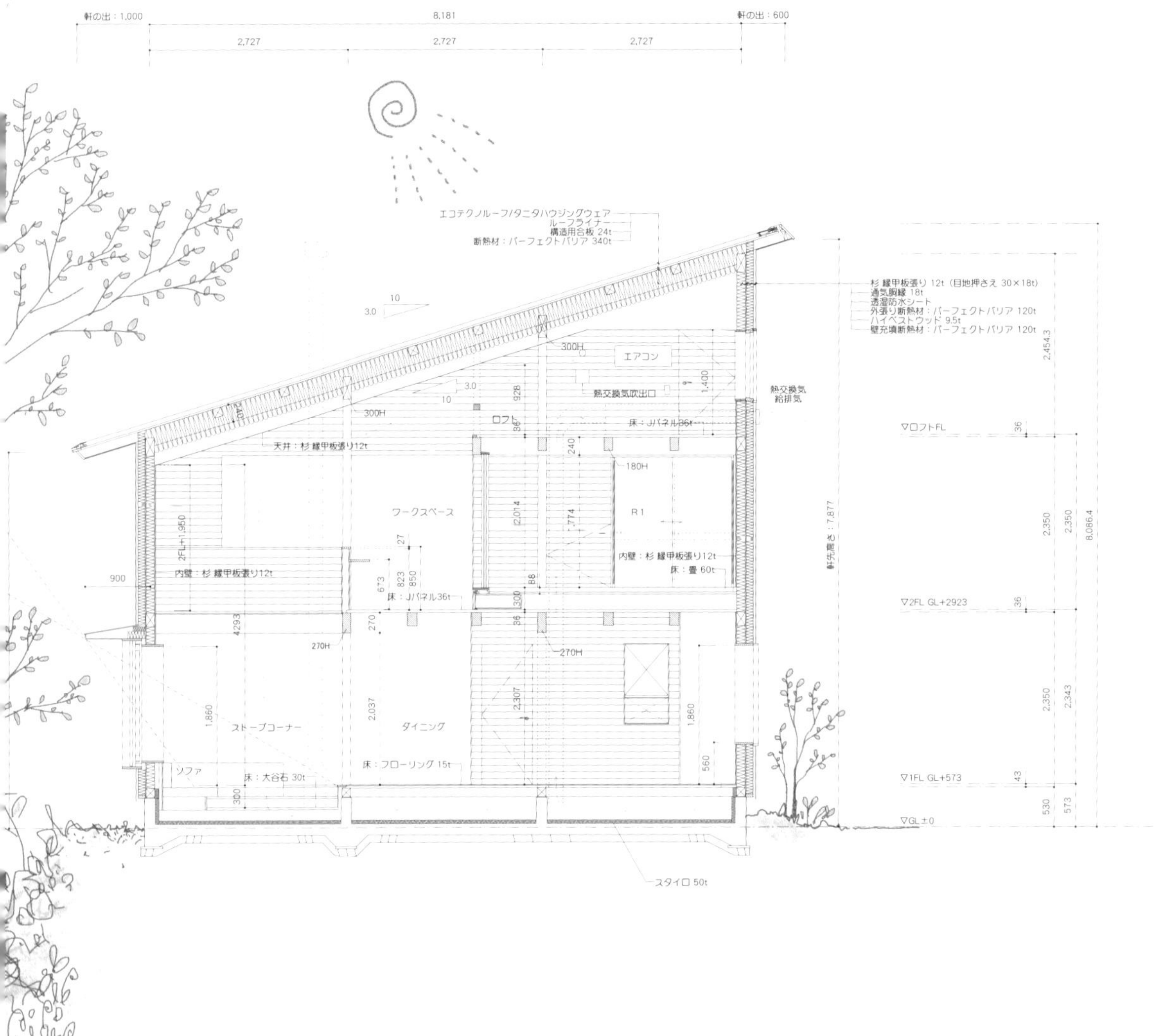

床レベルを1段下げ、ストーブを囲むようにつくられたリビング。窓際にゆったりサイズのソファを造り付け、夏も冬も居心地のよい場所になっている

日になるとのこと。その日は夫人と子ども3人は、夫人の実家に避難し、夫のみ残って一晩過ごしました。

あとでそのときのことを聞くと、真冬で無暖房なのに室温は16℃以下にはならなかったとのことでした。断熱のありがたみを実感した経験です。

住まい手から吉村順三さんの「軽井沢の山荘」のイメージにしたいという要望があった。外壁は地元魚沼産のスギで、200㎜ の幅広の赤身を使用。ウッドロングエコで10 年くらいの経年を感じさせるように仕上げている。南にあったケヤキの木は枝だけ整理し、夏場の日射遮蔽に活用した

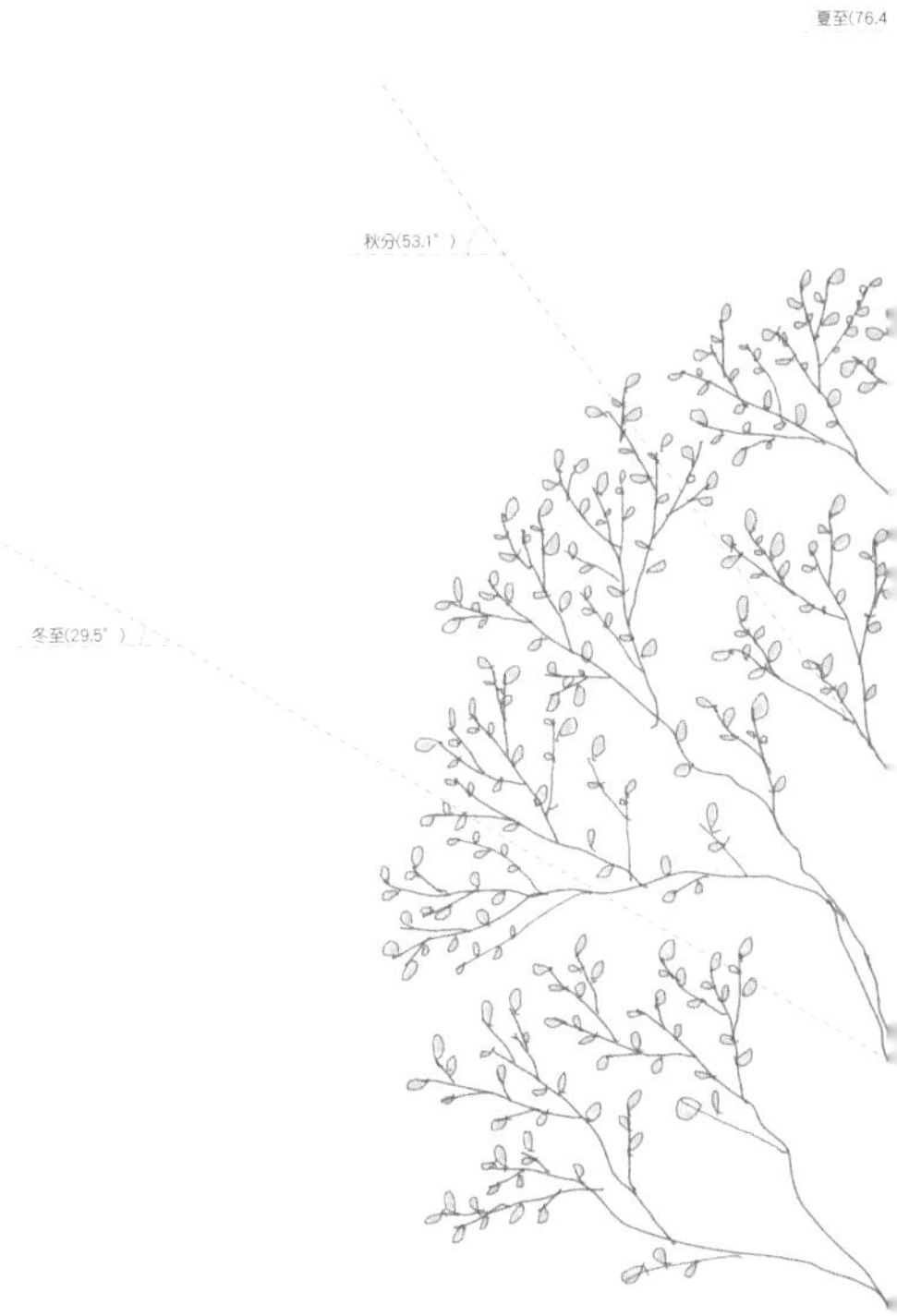

Case Study. 5

［里山の平屋暮らし（2019年）］

省エネ設備を活用した里山の近未来エコハウス

北西側外観。屋根に設けた物見台が特徴。室外機や貯湯タンクは木製の戸の中に格納し、建物の周りに設備が一切出ていない

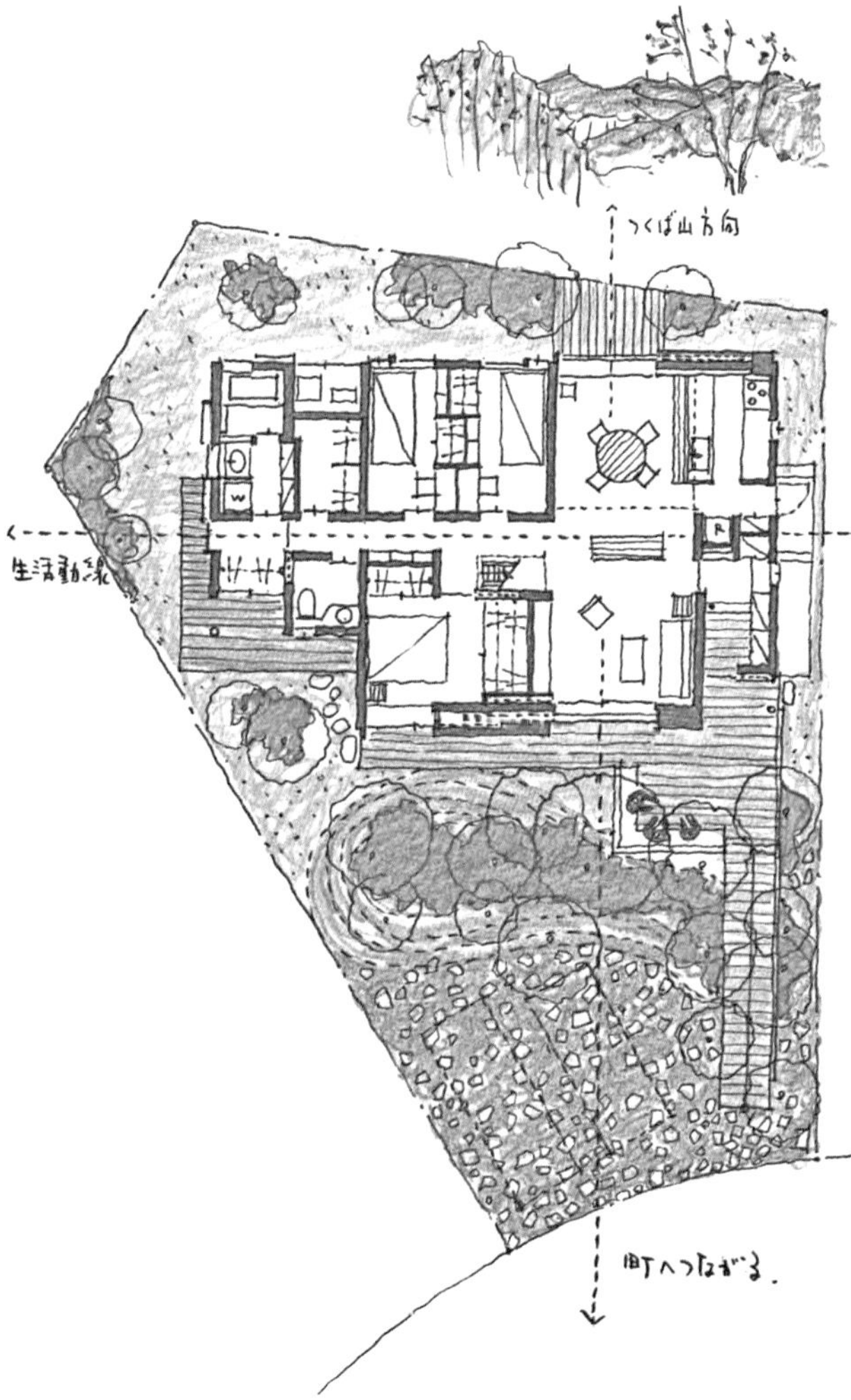

図11

「里山の平屋暮らし」平面図

里山に暮らすので、どこからでも外に出られることを意識している。「平屋」と謳っているが、実際はロフトのような2階がある

里山の平屋暮らし

敷地面積	320.99㎡
建築面積	109.43㎡
延床面積	120.43㎡
	1F／102.26㎡
	2F／18.17㎡
施工	柴木材店
造園	荻野寿也景観設計
竣工	2019年

「里山の平屋暮らし」は、「里山住宅博 in つくば」に設計したヴァンガードハウスです。自然住宅にこだわる工務店・柴木材店のモデルハウスで、ヴァンガードハウスとは先進的な住まいのこと。「平屋で最新設備を搭載した省エネ住宅を考えてほしい」と言われ、東京大学の前真之さんがOMソーラーと共同開発した省エネ設備「OMX」を搭載しました。

敷地は、筑波山に最も近く、東西にも視線が延びる場所を選びました。南北方向は街から筑波山の景色に、東西方向には生活動線がつながっていくプランです。断熱性能はG2レベルを目標とし、リアルZEHを目指しました。

外壁には、焼スギのイメージで、黒く塗ったスギ板を張りました。外部に置く設備は、OMXの室外機と貯蔵タンクの2つで、ガラリで隠しました。おかげで、何の設備もない素朴な山小屋がポツンと建っているような雰囲気が生まれました。

上_南東側外観。建物と駐車場の間に設けた築山が、大きく開くリビングの開口をさりげなく隠す
下_リビングに設けた大開口。ウッドデッキにはベンチを設けて、外部とのつながりをもたせている

Satoshi Irei

室内は大きなワンルーム。ロフト部分にOMXの心臓部である室内ユニットが納めました。OMXの室内ユニットを巨大で、ダクトの数もかなり多い。僕は最初、OMXの導入に反対でしたが、建主の強い要望があり、ダクトを少し整理することで、ロフトに使用できる部分を残すことができました。

住宅性能は以下のとおり。リアルZEHで、一次消費エネルギーは27・5GJ/年。外皮性能は、UA値0・34。5地域なのでG2レベルを実現しました。隙間風だらけの設計をしていた僕としては、とてもうまくいきました。竣工後、前先生が夏場にサーモグラフで撮影したところ、熱環境的に合格点だそうです。

上_子どもたちの隠れ場所。隠れて本を読んだりして、奥の棚を登ると屋根の上に出られるようにした
下_ロフトには、OMXの心臓部である巨大な室内ユニット(W1,809×H581×D830㎜)を納めている

Doctor's Report

夏の冷房を検証。家全体を"まろやか"に冷やす

「里山の平屋暮らし」は、東京大学大学院前真之研究室が協力し、全館空調のOMXによる空調計画を行っています。設計段階から各部屋の温度シミュレーションや風量計算を行い、空気の流れを解析。できるだけ風量が少なく、小さなエネルギーで快適な空間をつくる冷暖房を追求しました。

　完成後の2019年の夏。早速、灼熱の猛暑日に現地に出向き、冷房の様子をサーモカメラで撮影したのが左上の写真です。家全体が27℃で、ムラなく冷房されていることが分かると思います。

「ぬるい冷気は、重たくないので室内をゆっくり循環します。そのため、温度ムラが少なく、まろやかで穏やかな温熱環境になります。OMXは、風量毎時600㎥、冷房能力は2000W。この日は、冷房の設定は26℃、吹出し口から出ている冷気は20℃でした」と前先生。シミュレーションどおりの空調が行われていたようです。

　外気温の影響を受けにくく、室内の熱を外に逃がさない高断熱高気密住宅は、24時間冷暖房と相性がよい。そのためエネルギー的にも人体にも負担が少ない「まろやかな空調」が実現します。

「高断熱住宅において、24時間冷房する場合は、壁の中の夏型結露について考える必要があります。外の高温多湿な空気が壁の中で室内の冷えた空気に接すれば結露する可能性は十分にあります。しかしこの家は、吸放湿性にすぐれ乾燥性能が高いセルロースファイバーで断熱されているので、その心配は少ないでしょう」(前先生)。

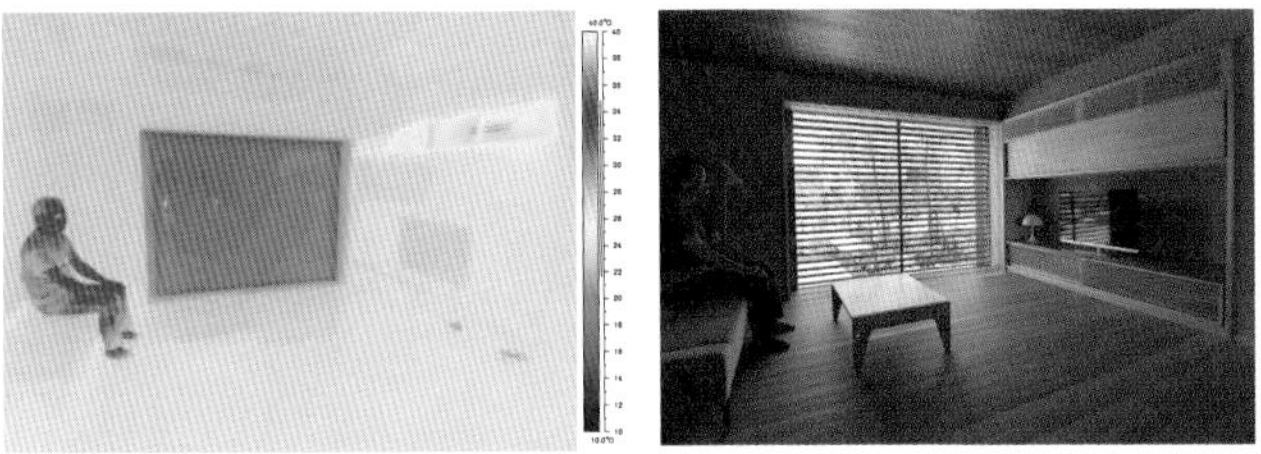

テレビボード上部から冷気が吹き出しているのが分かる。リビング全体は27°C前後でムラがない

リビングの窓の外は、40°C以上の灼熱地獄

吹抜けのあるダイニングでも、冷気が足元に溜まることなく、全体をまろやかに冷やしている

調査・測定：東京大学大学院前真之研究室（劉行、山本遼子、溝口暉人、大平豪士）

伊礼智設計室でプランについてヒアリングする前研究室の学生。設計段階から参加した

庭から北側の景色まで、視線が抜ける。南北の抜けが里山の自然と建物を一体にしている

見えないものまでデザインする

僕は、見えないものまでデザインすることがとても大事だと思っています。もちろん、見えるものも大事ですけど。

見えないものまでデザインされた設計には、写真では分からない空気や熱の体感、手触り、足触りのよさ、木の香りなど五感に対してダイレクトに伝わってきます。見えないものまでデザインしないとよい住宅にならないと奥村先生や丸谷さんから教わりました。写真よりも実物がいいねと言われるような仕事を、これからもしたいと思っています。

Lecture

6

プレゼンテーション

関本竜太

Ryota Sekimoto

伝わる住宅のつくりかた

「KOTI」(2018年)外観

住宅設計で心がけている5つのこと

①違和感を大切にする

Point
・何事にも疑問をもつ
・自分の感覚を信じる
・他人の感覚にも謙虚に耳を傾ける
・日々の生活でも観察を怠らない

あるものを見たり、ある言葉を聞いたりしたときに、そこに〝違和感〟を感じとれるかどうかは、私たち設計者にとって、大切な資質です。特に住宅は、住まい手が毎日暮らす器です。ちょっとした違和感でも、毎日のことになると、やがて大きな違和感になります。ここでいう違和感とは、あるものに対して「おやっ？」と疑問をもつことで、必ずしもマイナスなことに限りません。

違和感を感じ取れるようになるには、普段からアンテナの感度を高めておく必要があります。人やものに対して興味をもち、相手の言葉に「なぜそう思うのだろうか？」と考えたり、あるデザインを見て「この意図はなんだろう？」と思いを巡らせたり、「ここあそこでなぜ仕上げが違うのだろう？　自分ならばこうする」と自分に置き換え、何事にも疑問をもち、可能ならばそれを相手に投げ掛けてみる。返ってくる答えで違和感の正体が分かり、相手への理解が深まり、面白いな、なるほど、と感じることにもつながります。

　自分の感覚を信じることも大切です。感覚には正解がありません。自分がそう思うのなら、それはたぶん正しいと信じていいのでしょう。もし、相手が自分と違う考えならば、「相手はそう思わない」ということだけを素直に受け止める。要は自分の軸をもつということです。誰かが言ったからではなくて、自分の感覚に従い、こういう空間が気持ちいいと思うこと。私は自分の軸をもって設計することを、大切にしています。

　自分の感覚を信じ、他人の感覚も謙虚に受け止め、日々の生活でも観察を怠らない。電車に乗っているときや、人の建築を見学しているときなど、仕事を離れた場面でも、私はいつも細かい所を観察し、なぜここはこうなっているのか、どうしてみんなここに疑問をもたないのだろうと考えています。その考えを一つひとつ大切にすることが、自分の感覚の軸を養うことにつながるとも思っています。

ハウスメーカーの均質な住宅が建ち並ぶ風景。
誰も気づかず素通りする日常の違和感

②自分の基準を誰よりも高く

Point
・自分自身の仕事の倫理観をもつ
・思考は客観的に予測は悲観的に
・自分への厳しさは自信につながる

「自分の基準を高く」とは、自分に厳しく仕事をするということです。そのためには、自分の仕事に倫理観をもつことが大切です。

　〝違和感〟の話にもつながりますが、人はそれぞれ大切にしているものが異なります。住宅設計でも、温熱が大事な人もいれば、構造がいちばんという人もいる。デザインが重要という考えもあるし、デザインでもインテリアだったり、街とのつながりだったり、こだわるところが違いますよね。

　倫理観とは、大切にしていることへの思いを突き詰めて、それを信念として強く持ち続けることだと思います。何事にも左右されない〝軸〟を

板金屋が「リオタハゼ」と名づけた板金端部の納まり。現場では毎回、ハードルが上がる

もつことにもつながります。

「思考は客観的に、予測は悲観的に」。これは仕事遂行上のリスク回避のためには必要な姿勢です。ブレない軸をもつことが大切といいましたが、一方では、私自身は人の目をすごく気にします。私は、仕事は自分自身のものではなく、誰かに依頼されるもの、相手があってのものだと考えています。相手から見て自分の仕事はどう見えているのか、自分の対応はどう見えているか、自分の言葉はどのように聞こえているだろうか、いつも考えています。それも、すごく悲観的に。

相手は怒るかなとか、満足しないかもしれないとか、起こり得る最悪のことばかり考えています。施主検査の１週間前ぐらいは現場でもかなりピリピリしていて、目は吊り上がっているかもしれませんね。

仕事では、自分の感覚を住まい手の気持ちに重ね合わせて、どんなに細かいことでも見逃さないように心がけています。

言葉にすると身も蓋もありませんが、私は「お金で解決できることはお金で解決すべき」とも考えています。自分もスタッフも人間なので失敗はあります。でも、世の中にはお金で解決できないこともたくさんあるのです。たとえば住まい手の信頼は一度損ねたら、お金ではどうにもなりません。訴えられたり、ＳＮＳで炎上したりすれば、社会的に大きなダメージも受けます。そうならないために、常に悲観的になって、先回りして手を打つようにしています。

そのおかげで、住まい手から大きな指摘を受けることは今ではほとんどありません。それはそうですよね、自分のほうが細かいのですから。自分へ厳しく向き合うことは、仕事のリスク回避と同時に自信にもつながります。

③ 一を聞いて十を知る

Point
- 問題解決は単発で終わらせない
- 言葉ではなく、思考をトレースする
- 相手の考えを先回りする
- 世の中は気づきにあふれている

小さな問題が起こって、それを解決する。設計の仕事はその繰り返しです。大切なことは、そこから何を学ぶかということ。

問題と解決を一対一で考えず、この問題が起こったということは、別の場所にも問題が起こる可能性あるのではと想定する。すべての問題はじつはつながっていて、そして、いろいろな気づきにあふれています。不思議なことに、ある住まい手がぼそっと言った一言と同じことを、ほかの住まい手も言うことがよくあります。まるで示し合わせたかのように一斉に、同時多発的に同じことを言い始めるのです。

だから問題と解決は一対一で終わらせてはいけないのです。一つの問題から連想し、関連することを全部洗い出すことが大切です。

住まい手の感覚、意識に思いを馳せて問題を考えられるようになると、住まい手が求めるもの、ダメだと思うことなどが次第に分かるようになります。

思考がトレースできるようになれば、相手の考えに先回りして提案できるようになるので、住まい手は、「自分より設計者のほうがよっぽど細かいところまで考えている」と考え、全幅の信頼を寄せてくれるようになります。そのことで、結果的に設計がより自由になるのです。

洗濯コーナーの天井に設けたバー。家事をこなす主婦は、瞬時に意味を理解し共感する

④手段と目的を分けて考える

Point

・気を抜くと手段は目的化する
・目的を明確にすると手段は自由になる
・自分自身がつくったルールに縛られない
・常に柔軟な考え方、対応を心がける

設計をしていると、時に手段が目的化することがあります。軒を深く出したい、外壁をこう見せたいなどと設計の方向が見え、それを実現するための手段を検討し、ディテールや素材を試行錯誤した結果それがうまく納まったとします。

この「うまく納まった」が、実は落とし穴なのです。なぜなら成功体験は癖になるからです。一度うまくいくと、そればかりをやりたくなるのが人間です。結果、そのときどうしてそう考えたのかという文脈が断ち切られ、手段が目的化することになります。

住宅は一つひとつが、異なる建物です。ある建物でうまくいったことが、別の建物でも同じ効果、同じ答えを期待できると考えることは、そもそもおかしなことです。今回の住宅はこの部分が前回の住宅と違う、アウトプットをこう変えたほうが今回の住宅らしい解決になると柔軟に考え、対応するようにしています。ルーティンや自分のルールに縛られずに設計すること。「どうしてそう設計するのか」という目的を毎回丁寧に考えることで、手段としてのディテールは自由になるのです。

⑤大切なことはストーリーで判断する

Point

・大切なのは自分の言葉で説明できること
・伝えたいことは寸劇をまじえて
・人との出会いやつながりを大切にする
・最後に残るのは情緒や感情

敷地近くを流れる小川には夏に蛍が飛ぶと聞き、「蛍沢の家」と名づけた。プランとの関連はないが、このことでこの家のストーリーは豊かに着地したと感じた

手段と目的の話ともつながりますが、住宅にかける住まい手の思いも人それぞれです。住まい手の思いに寄り添ったストーリーで考えることが大切です。

私がスタッフや学生によく話すのは、映画監督になったつもりで設計しなさいということ。住宅設計を一つの映画に見立て、自分が監督になった気分で、ファーストテイクをどう撮るか、カメラはどこに構えるかなどを思い描きながらプランや、周りの環境との結びつきを考えるということです。

そうすることで設計が言葉となり、住まい手にプレゼンテーション（以下、プレゼン）するときも、「この扉を開けると、中庭にパーッと視界がひらけるんですよ」という具合に、より伝えやすくなります。私の場合、まるでそれが寸劇のようなプレゼンになるので、〝寸劇メソッド〟とも呼んでいます。

住宅に最後に残るのは、動線計画やディテールではなく、情緒や感情だと思います。情緒や感情に訴えかけるストーリーを考えることが、住宅設計ではとても大切なことだと思います。

伝わる〝プレゼンテーション〟の極意

設計の仕事をしていると、プレゼンの機会がたくさんあります。プランの提案だけでなく、初回の面談に来た住まい手候補への対応も、ある意味プレゼンです。あそこの設計事務所は堅苦しい、設計者が嫌な感じの人だ、となっては、イメージとしてもマイナスです。住まい手候補には、印象よく、楽しんで帰ってもらいたいと思います。

どうしたらプレゼンがうまくいくのでしょうか。勉強家の方なら「たくさん本を読め」と言うかもしれませんが、私の上達法はテレビを観ること。特に「お笑いと住宅設計はよく似ている」というのは私の持論でもあります。お笑い芸人のプレゼン力は本当に優れていて、設計に応用できることもたくさんあります。そこで、私の考えるプレゼンや設計に活かせるお笑いの3大要素を深掘りしていきたいと思います。

1 — 緊張と緩和

お笑いは、「緊張と緩和」だと言われます。緊張している場面にフッと緩和が入り込むと、ドッと笑いになる。緩和は安心と言い換えてもいいかもしれません。人は安心すると笑います。これが活きるのは、打ち合わせの場面です。たとえば初回面談。設計事務所に訪れる住まい手候補は緊張しています。この緊張をいかにほぐすかが、面談成功のカギです。

私がよくやるのは、席に着く前から会話を始めるということ。お笑いでいう、「つかみが大事」というやつですね。実はこのとき私も緊張しています。初対面の人と話すとき、緊張しない人はいないと思いますが、互いに緊張し、席に着いて「ええ、このたびは」なんて始めたら、もうダメ。緊張はますます高まってしまいます。だから相手が部屋に入ってきたらすぐに話しかけることです。お笑い芸人が、「どうも〜」と大きな声を出して舞台袖から登場する、あれです。話す内容は、天気のことでも何でもかまいません。そうすると、相手の緊張もほぐれ、面白いことを言わなくても、場の空気は緩んでくれます。もし、自分はしゃべるのが苦手、人と対応するのが苦手と思うなら、こういう定番の「つかみ」を持つといいかもしれません。

会話では、「馴れ馴れしく」を基本としています。もちろん敬語は使いますが、初対面でも友達みたいに話しかけます。古い友達が訪ねてきたみたいな感じで話が始まれば、相手も心のバリアを外してくれます。こういう話をするとよく、「そんな対応は失礼では?」と思われますが、これはとても効果的な方法なのです。

あとは、「否定から入り肯定で着地する」。これも、私がよく設計打ち合わせやプレゼンでする話し方です。たとえば住まい手から要望を聞いて、頭の中に「コストが高くなる」「納まりが悪い」とか、否定的な言葉がぱっと浮かんだとします。そういうとき私は、その否定的な要素を包み隠さず、すべて話すようにしています。実現するにはコストが上がり、デザイン的にも悪くなる、など。そこまで話すと、だいたい場は気まずくなりますが、続けて、「でもまあ、それはそれで面白いかもしれませんね。やってみましょうか」と肯定的な声かけをすると、少しホッとして場が和みます。

いったん否定的な意見を伝え、緊張を生んだうえで、最後は肯定して気持ちを緩和する。気持ちがポジティブになって、設計が動き出す。このつかみをつくるところまでをルーティンにすることが重要です。

2 — フリとオチ

「フリとオチ」は、お笑いではいちばん大事な手法ですが、これは設計にも応用できます。じつは、設計者がいつもやっていることでもあります。住まい手の要望や敷地条件（＝フリ）に対して、どういうプラン・空間（＝オチ）を提案するか。設計とは、突き詰めればこういうことです。お笑いでは、フリに対して普通のオチで回収すると「普通やな」と言われます。住宅でも、敷地が南面の好条件の敷地（＝フリ）に、ただ南側に開いただけのプラン（＝オチ）では「普通」になります。

普通ではない（あるいは、スベらない）オチには、飛躍がつきものです。それは論理を超えていくものであり、AだからBではなく、AだからD、といったサプライズがあると、それは大きなオチになります。

もちろん、すべてにオチをつけるのは無理です。たとえば、一部の窓は特に驚きのない、普通の窓ということもありえます。

ただ、デザインでオチがつかない場合でも、伝え方でオチをつけることもできるのです。「ここの窓は一見普通ですが、・・・こういうストーリーのためにあえて設けたのです」など。設計では、全力で与えられた諸条件・要望というフリに、最大のオチをつけることを考えたいところです。

3｜天丼（たたみかけ）

お笑いでいう〝天丼〟とは、同じギャグやボケを二度、三度とたたみかけること。これも設計に活かせる要素です。

敷地条件に対して、何らかの有効なルールやヒントを見つけ、それをたたみかけてプランを練り上げていく。「いい風景だな」と思ったら、余計な要素を加えずに、どんどん天丼していき、それだけでプランを構成するといった具合です。

徹底してオチを繰り返すことで、建物のテーマが明確に浮き立ってきます。「いい風景を楽しむ」というオチを重ねることで、住む人の心の中に「抜けのある風景の望める、開放的な家」という印象がより強化されます。プランに小ネタをいろいろとちりばめるのではなく、1つの強いルール、シンプルなルールを見つけて、それを繰り返すことで、より伝わる筋の通った建築をつくり出すことができると考えています。

プレゼンや設計にお笑いの3大要素を活かすとは、言い換えれば、住まい手の本音を引き出し（緊張と緩和）、難条件に期待を超えた提案で応え（フリとオチ）、その意味をより強化し、増幅して（天丼）、強く印象に残る住宅をつくること、といえそうです。

崖地というフリに、絶景のリビングというオチで応える「DIVE」(2014)。フリとオチとの間には落差がある。論理の飛躍が起こることが大切。そのことのよって、敷地条件(フリ)と眺望（オチ）とがともに引き立て合うことになる

Case Study. 1
[KOTI]

路地の先に建つ、街とつながる住宅

東京都葛飾区の住宅密集地に建つ住宅です。敷地までは下町情緒のあふれる細い路地が続きます。敷地に着く前から、もう物語（ストーリー）は始まっているのです。敷地に着く直前で路地が少しクランクして、右にスライスしています。曲がった先にどんな風景があるのか、わくわくするようなアプローチ（フリ）に対して、どのような建物（オチ）がいいのかを、考えるところから設計は始まりました。

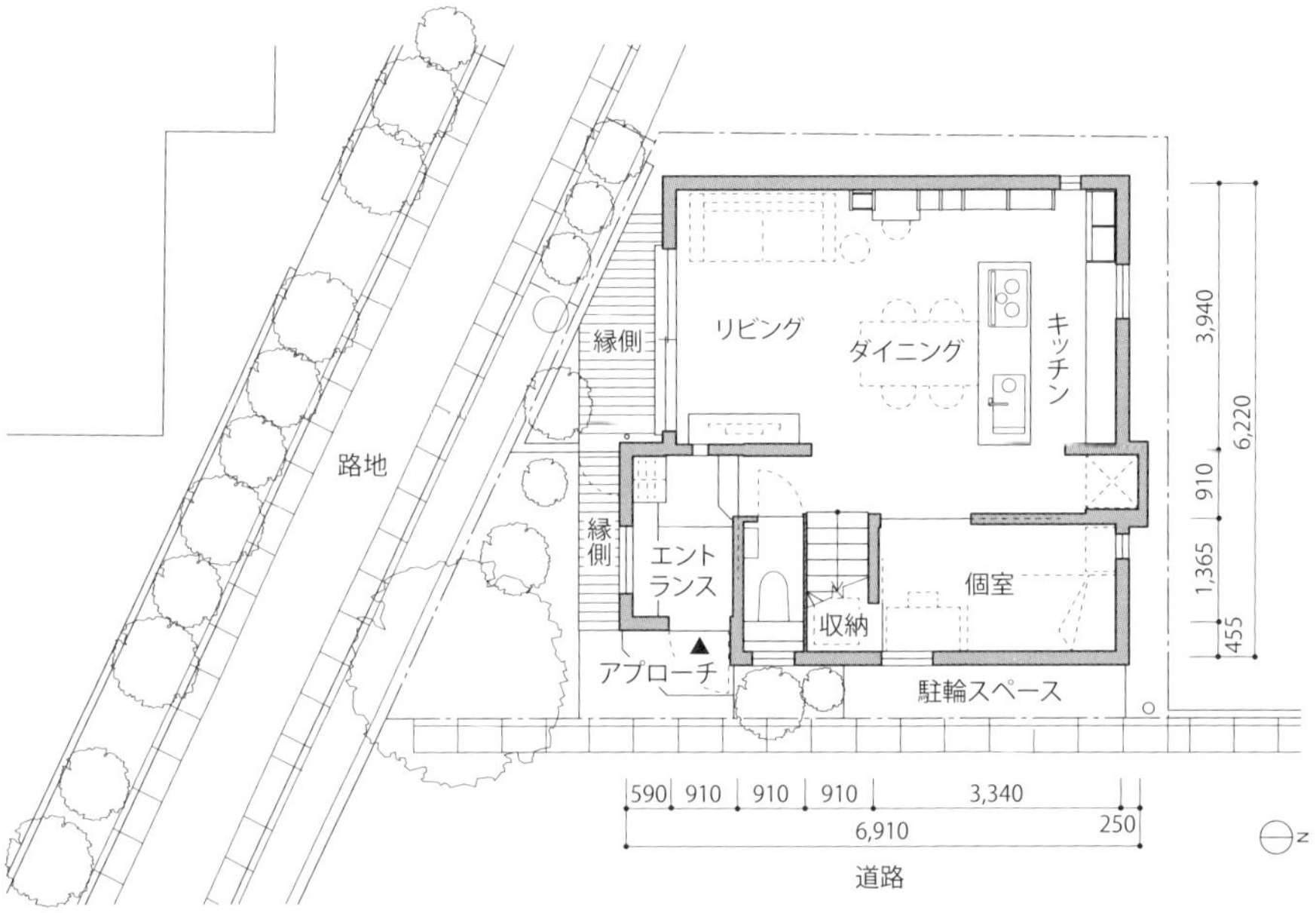

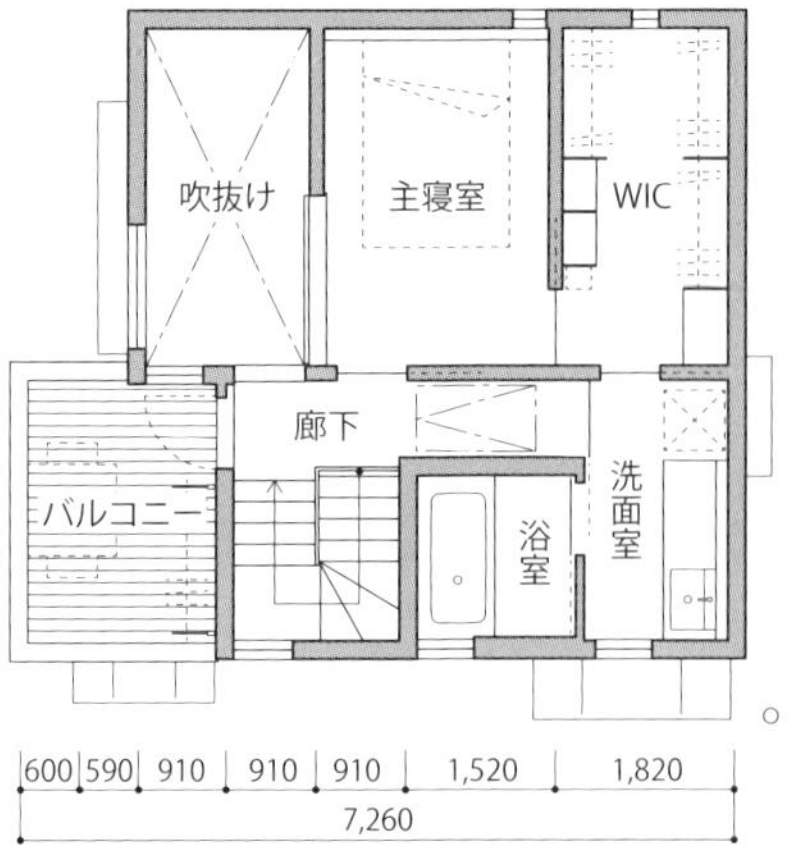

玄関と木塀に守られたリビングを路地に面して設けることで、街に対して関係性を結ぶような家となるよう意識した。わずか20坪の敷地ながら、家族3人の生活がバランスよく詰め込まれている

KOTI

敷地面積	66.88㎡
建築面積	38.91㎡
延床面積	70.01㎡ 1F／38.91㎡ 2F／31.10㎡
施工	大和工務店
造園	小林賢二アトリエ （小林賢二）
竣工	2018年

図1
平面図（S=1:150）

最初に提案した模型。周辺もつくり込むことで、建った状態をイメージしやすくしている。路地側に設けたベンチには人が座っている

図1は建物のプランです。1階の路地沿いにシンボルツリーを配しました。路地を曲がると、真っ先に視界に飛び込んでくるアオダモの木。この地域のシンボルとなる木です。リビングが路地に面する計画で、開放しすぎるとカーテンがいつも閉まっている家になってしまうため、プライバシーを守るための木塀を用意しました。

ただし、リビングの前庭（縁側）が閉じた狭い庭になるので、代わりに2階に少し広めのバルコニーを設けました。バルコニーからは、道行く人たちと視線を交錯させたり、ときには声をかけたりして、街とつながる、心地よい暮らしが生まれると考えました。

玄関は路地と直交する前面道路側に設けて、その傍らにはベンチを用意しました。ベンチは、住宅の密集する街角に、公園のような場所をつくりたいという思いから考えたものです。

ただ、最初にこのプランを提案したとき、住まい手はこのベンチにあまり乗り気ではありませんでした。知らない人が自分の敷地のベンチに座るかもしれないことに不安を覚えたようです。それはもっともなことで、こちらも無理強いせず、「では、やめましょうか」と提案を引っ込めようとすると、住まい手は「一晩検討させてください」と引き取ってくださり、最終的にはベンチをつくることになりました。

このベンチに込めた私の設計の意図は、実際に誰でも休める場所をつ

街角に設けたアオダモとベンチによる広場のようなスペース。植栽に水やりなどをしていると道行く人からも話しかけられるという。そんな近所との交流を生むことにも役立っているようだ

くることではなく、「どうぞ座ってください」と問いかけることで街に開く仕掛けをつくることにありました。おそらくベンチがあっても誰も座らないでしょう。ただそこに座れる場所がある、という意外性や一種の開放感を道行く人が味わうことが重要。そう考えました。このベンチも、先ほどのフリに対するオチの1つです。路地を曲がった視線の抜けにシンボルツリーがあって、その脇にベンチがある。この街と敷地との関係性を際立たせる仕掛けになると考えました。

リビングの前庭に立てた塀の高さも検討を重ねました。住まい手からは、路地の反対側に立つ人と目が合わないようにしてほしいという希望がありましたが、人を完全に隠すとなると道路から2.2mくらいの高い塀が必要になります。そうなるとせっかくのリビングが塀に閉じ込められた空間のようになり息苦しくなります。周囲にも交流を拒絶している印象を与えるので、なるべくギリギリの高さで抑えたいとも考えました。

“正しいと思うことは言い続けることが大切”

キッチン方向から眺めるリビング。テラスの木塀は室内からの視界も遮りすぎないように心がけた。吹抜けによって奥まで光が差し込む

そこで住まい手には、「キッチンに立つと目が合うかもしれませんが、椅子に座れば見えません」とか、「街を拒絶した家になるのはよくないと思います」とか、いろいろと言葉を重ねて説明しました。

私は、設計者が正しいと思うことは言い続けることが大切と思っています。「街並み」や「開く」という考え方は、住まい手には伝わりづらいことですが、自分が正しいと思うなら言い続けなくてはなりません。続けることで住まい手も自分の思いを理解してくれて、ときには「さすが、そこまで考えているんだ」と感動してくれることもあります。

夕方、細い路地を通り抜けて、その先にある家に帰る人たちは、この家の前を必ず通ります。だから窓にはシャッターを設けず、オレンジの明かりが灯る景色をつくりました。この家の脇を通り過ぎて帰路につくのはすごく絵になる、ストーリーのある風景だなと思います。

パーゴラテラスの家

敷地面積　141.11㎡
建築面積　66.34㎡
延床面積　118.86㎡
1F／59.35㎡
2F／59.51㎡
施工　COMODO建築工房
構造　山田憲明構造設計事務所
造園　荻野寿也景観設計
竣工　2019年

Case Study. 2

［パーゴラテラスの家］

広大な駐車場の一角に建つ、車を感じさせない住宅

栃木県宇都宮市に計画した住宅です。250坪もある広々とした駐車場のどこを使ってもいいので、その一角に家を建てるという計画でした。

敷地は広いけれど、絵になる田園風景が広がるわけでもなく、どこに家を建てればいいか想像もつかない。敷地図を眺めていると敷地が道路と2方向でつながっていることが分かり、そこを手がかりにして、2本の通り抜け動線が確保できる位置に40坪強の敷地を設定することにしました。建物正面に2方向に通り抜けられる車寄せのような駐車スペースを計画しています。

2階には、2方向に大きく跳ね出したテラスを設けました。駐車場の中に建つ家で、敷地に余裕がありますが、駐車場側の目線を遮るためには高い塀を回す必要があり、1階に庭付きの住宅にするのはそぐわない。いっそのこと2階にリビングを設けたほうが快適な住環境になると考えたプランです。

住まい手は犬を飼っていて、犬と仲良く暮らせる家にしたいという要望もあったので、大きなテラスにすることで、犬が駆け回るスペースを確保することにしました。

跳ね出したテラスにはもう一つ役割があります。周囲の腰壁に、下から見えない角度で横ルーバーを張ることで、駐車場からの視線を切る効果をもたせました。水平方向には視線が抜けるため、住まい手は遠景を楽しめます。

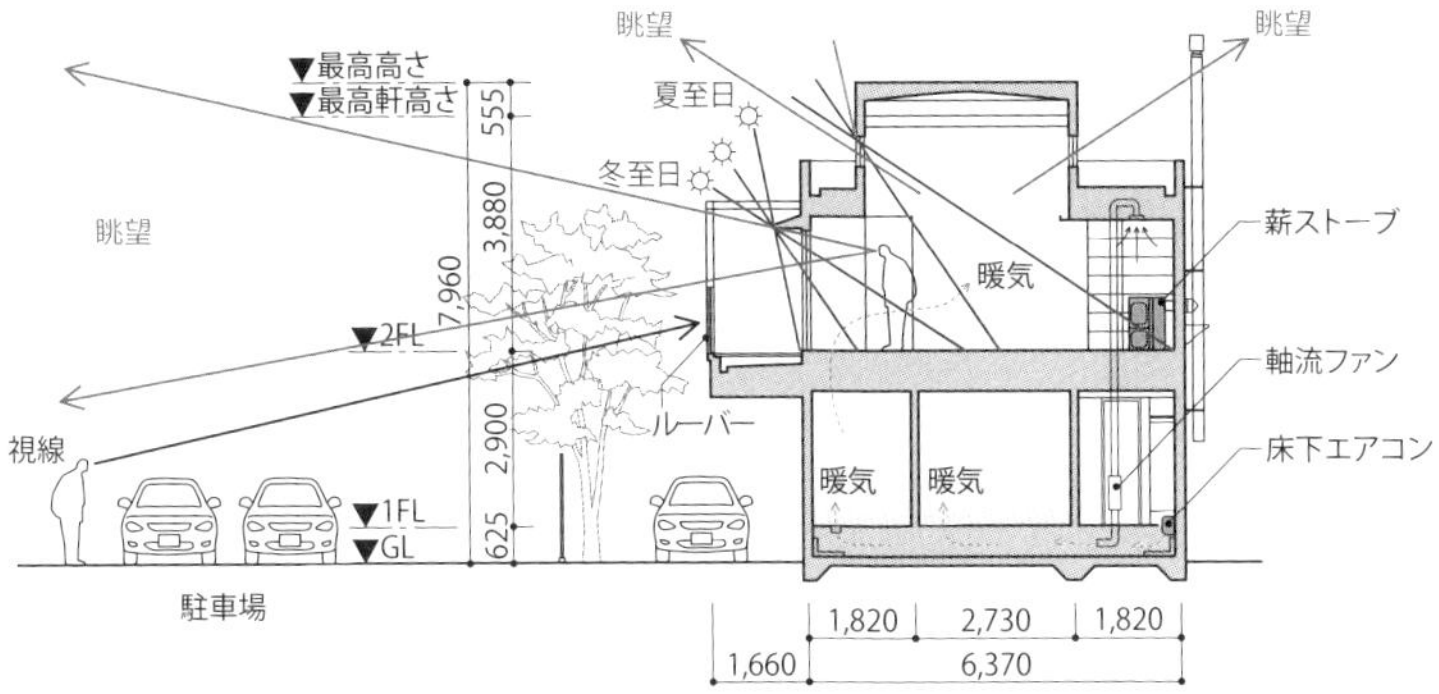

図2
断面計画(S=1:250)

駐車場の車両がルーバー状の手摺によって室内から視界に入らないよう配慮している。また室内環境を整える工夫としては、1階の床下エアコンと2階の薪ストーブの暖気を室内に循環させ、相対的に寒くなる1階の底冷え対策を行っている

正面ファサード。建物の手前に立てた屏風のような木ルーバーは、玄関の目隠しを兼ねるだけでなく、2階のボリュームが大きい建物の、見た目の重心を下げる効果を期待したもの。住宅は、建物単体で設計するのではなく、塀など、人から見えるものはすべて構成要素の一つになる。それらをすべて合わせて一つの造形を考える

ハイサイド窓から光を取り込んだ開放的な空間と、天井を低く抑えた木質空間を組み合わせることで、メリハリのあるさまざまな居場所をつくり出している

上_ダイニングからのデッキの眺め。視覚調整することで、ダイニングからは周りに駐車場があることを意識させない

下_穴ぐらのように設えた薪ストーブコーナー。大空間との対比によって、住まい手にとって守られた安楽スペースとなるよう意図した

上_玄関は車両に配慮して引戸としている。ステップ部分には荒々しい地場の天然石を使い、玄関の内部まで張り延ばしている
下_アプローチの眺め。前面のアプローチに車を2 台置く予定だったが、1 台はワゴン車で、幹の一部が干渉して、そこには停められないことが分かった。木を切るという選択肢もあったが、車は別の場所に置くという判断を住まい手は選ばれた。造園が住まい手の意識すらも変えることを実感できた出来事だった

“広大な駐車場という砂漠に オアシスのような住まいをつくる”

建物の正面には8mクラスのアオダモを植栽しました。造園計画をお願いした荻野景観設計・荻野寿也さんに関西からわざわざ運んでいただき、植えていただいたものです。

アオダモの幹の一部はバルコニーを貫通していますが、そのほかの幹はバルコニーの横から絵に描いたように飛び出していて、外観を豊かにしています。

見渡すかぎり拡がる駐車場の光景は、私には住宅の敷地というより、乾いた"砂漠"のようにも映りました。ここに〝オアシス〟のような住まいをつくりたい。それは駐車場というフリに対する最大のオチであると同時に、まるで大喜利のお題に応えるかのような命題でもあります。

「建築は大喜利で考える」。先のお笑いの3大要素にもうひとつ付け加えるならば、そんな方法論もありそうです。

設計の仕事をしていると、仕上げに何を選ぼうかとか、納まりをどうするとかいった細かいことに悩むことが多いと思います。そもそも仕事に限らず、生きていくとは、ありとあらゆる判断に迫られることともいえそうです。

またそこで得られる結果も、理路線然としたものばかりではなく、偶然によって導かれるものもあることと思います。

住まい手との出会いもそうです。住まい手との一期一会の関係を大切にしたいと思いながら、その人のことを全力で思って仕事をすることで、思いの宿った仕事になります。それこそが他人の心を打ち、新たな出会いや新たな仕事へとつながっていくのだとも思っています。

住まい手との出会いを大切に、その想いに徹底的に寄り添う

洗面所の正面の窓からも植栽と遠景が望める。鏡が脇に引き込まれており、引き出せば窓部分は全面鏡となる

Lecture

7

スケール感覚

八島正年

Masatoshi Yashima

身体のスケールから考える

身体寸法と動作寸法

私が代表を務める八島建築設計事務所は、東京藝術大学大学院で同じ研究室（益子義弘研究室）出身の妻（夕子　旧姓：高瀬）と大学院修了後、20代後半で設立しました。以降、横浜を拠点として住宅を中心に設計を行っています。

住宅が中心ということもあり、設計において自己の建築論を展開するというよりは、日々の暮らしを包み込む器として、十分に機能的であるものを設計しています。メンテナン

右_奥に見えるのが園舎として使用されたインディアンテント
左_園長先生が「まずは保育の状況を知ってほしい」といって現場を見せてくれたので、子どもたち一人一人がいかに自由な感覚をもち、自らが好きな場所を見つける力があるのか、そんな様子を知ることができた

スでストレスを感じることが少なく、素材選びにおいて、完成したときよりも、年月を重ねるごとに経年変化が楽しめるような設計を、事務所のスタンスとして大切にしています。もちろんそれだけでは、建物の形が崩れてしまうこともあるので、街の風景の一部としてなじむようにプロポーションを整え、周辺環境と違和感のないように表現していくことが大事だと考えています。ここでは、私たちが建築空間を思考する際に、いつも設計の基軸にしていることを、いくつかの例を見ていただきながら、お伝えできればと思います。

住宅に限らず、私たちが設計でいちばん大切にしていることは、人の「身体のスケール」です。ときどき〝寸法の極意〟や〝寸法を決めるノウハウ〟があれば教えてほしいと聞かれることがありますが、事務所として「この場合はこの寸法、スケールで」というルールは特に設けていません。

住宅設計の仕事では毎回、住まい手が異なります。住まい手の「身体寸法」と、その身体でどのような動作をするかという「動作寸法」の2つのスケールを基本に住宅を設計しています。身体のスケールを大事にするようになったきっかけは、学生のときから取り組んでいた小さな保育施設の仕事です。それは30年近く前のまだ大学院生の頃に携わった設計で、辻堂東海岸近くに立地している保育園から「小さな園舎を提案してほしい」という依頼でした。

「ファンタジアの家」（１９９３）は個性を活かし、自然の素朴さを大切にする教育思想を実践していて、保育園としては珍しく、敷地に置かれた「ティピ」と呼ばれるインディアンテントを園舎として利用していました。ここには2歳児から6歳児、延べ30人くらいの子どもたちが通園していました。ただ、曜日ごとに通園日が決まっていたので、通常は10人〜15人前後の子どもがいます。

インディアンテントは雨や劣化ですぐに傷んでしまうので、長期間の使用に向かない。そろそろ長く使える小さな園舎がほしい、具体的な要望はないので自由に考えてほしい、というのが依頼内容でした。学生だった私たちは、まずはとにかく現場を見て考えようと、何度か保育に参加させていただきました。

保育園は、自然豊かな２００坪の敷地とそこに建つ園長先生の住宅の一部を使って運営されており、裸足の子や水着で来園する子もいれば、半ズボンの子もいて、海岸近くの砂地の庭をみんなで駆け回っていました。そうした子どもたちの様子を見て私たちが大切にしなければと感じたことが、「子どもたちの身体のスケール」です。

当然のことですが、子どもの身長と大人の身長は大きく違います。通園する子ども2歳児から6歳児まででいて、70㎝くらいから１１０㎝くらいの身長差があります。園舎の建主は大人ですが、使い手は子どもたちです。「それならば、建物は大人の寸法ではなく子どものスケールで考えるべきでは？」。考えれば当たり前なのですが、この思いに行き着きました。

子どもの身体スケールからデザインを解いていく

敷地は全体で約200坪。北側には園長先生の自宅建物があり、西側には雑木林や竹やぶが広がっていました。園舎として使っているインディアンテントはその傍にあり、砂地の敷地のほぼ中央に大きなクスノキが立っています。敷地の中央にある大黒柱のような存在の大きなクスノキの枝張りは大きく、天気のよい日は心地よい木陰が敷地いっぱいに広がっていました。まず、大人の身体と子どもの身長差や動作寸法が違うことを手がかりに、子どもにとっての身体のスケールを基本に置いて、デザインを解いていきました。

次に考えたのは、敷地のどこに建物を建てるかということ。保育に参加するなかで、クスノキが子どもたちの拠り所であることに気づきました。大きなクスノキは子どもたちのお気に入りの場所で、周りには気持ちのよい木陰が広がる。この場に寄り添う建物をつくればいいのでは、と考えました。

ただし、そこにある素敵な空間のスケールを台なしにしては意味がありません。いかにボリュームを抑えるかも、同時に考えました。

場所が決まり、次に検討したのが子どもたちの居場所のあり方です。どうしたら子どもたちが安心して自分たちの世界に入り込めるような場をつくれるのか。普通に地面にポンと建てていいのか。

そこで、はじめにレベルを変えてみたらどうだろうと考えてみました。人は、周辺環境を見ていいなと感じたら、少し高いところに登って遠くを眺めたりします。「遠くを眺めたい」というのは、人間の自然な欲求だと思います。高い所は風通しがいいことは感覚的にも分かっていますし、遠くを見て周りの状況を把握することで安心する気持ちにもなります。それで子どもたちの居場所を地面よりも少し高いレベルにもってきてもいいのでは、と考えました。

次に、その逆のことも考えてみました。具体的には、地面を少し掘り込んだ居場所をつくるのも面白いのでは、ということです。

シェルターのように周りを取り囲まれることでも、人は安心感を得ることができます。まだ小さい子どもたちには大人になる前の動物的な感覚が強く残っていて、頭でなく本能で行動するところがあります。そんな子どもたちにとっては、半分地面の中に潜む、隠れるという感覚も楽しいのでは、とも考えたのです。

また、安全性も考慮する必要があります。2つの考えを安全性の面から再度検討し、半地下の計画で進めることに決めました。

レベルが決まれば、あとはそんなに大それたことをする必要はなく、海の近くの強い日差しを遮るための屋根を架けるだけで新しい園舎の骨格が完成しました。

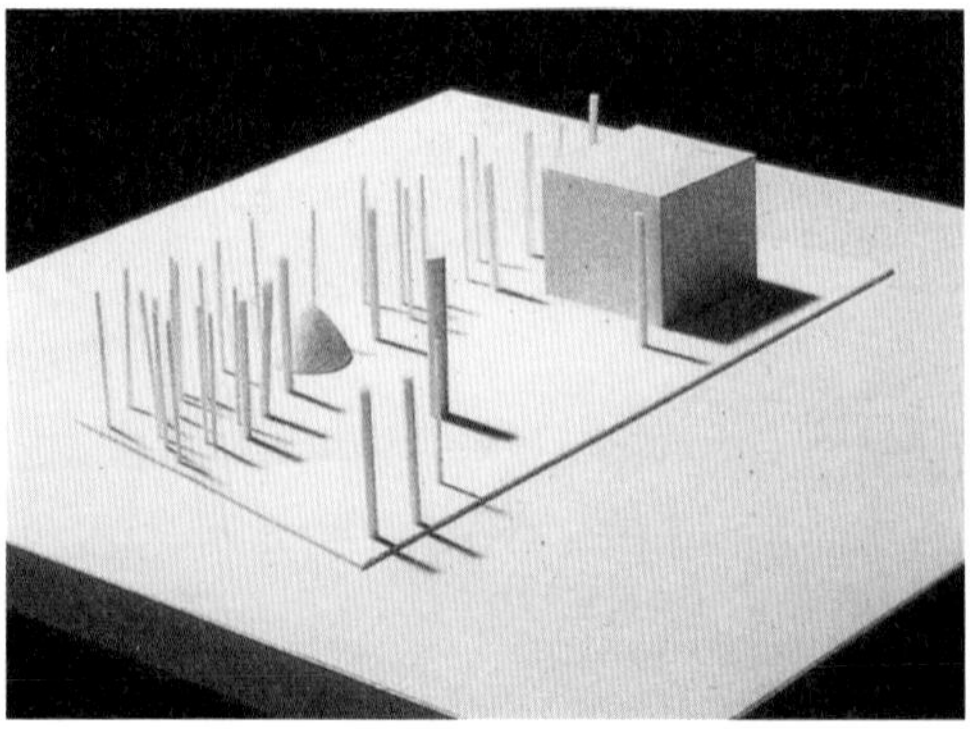

敷地を抽象化した模型。設計に入る前に敷地内の空間的要素を把握するために抽象的なモデルをつくり、条件を整理する

図1
園児の親に向けた説明の絵

敷地の中で重要な「木陰」という要素やそこにある環境が設計した建物にいかに馴染み、子供達に安心できる場を用意できるかを伝えたくて水彩画で表現した（画：八島夕子）

図2
園舎の平面・立面・断面絵

A0判の大きなボードにジェッソという下地材を塗り、テクスチャーをつけてから、その上にガッシュ（不透明水彩絵の具）を部分的に塗り重ね、ヘラで削るなどして全体的に色をつけている。当時は、建築家の図面のプレゼンテーションが非常に凝っていた時代で、その影響もあるが、若い学生の私たちの小さな小屋にかける熱量を表現したいという思いもあった（画：八島夕子）

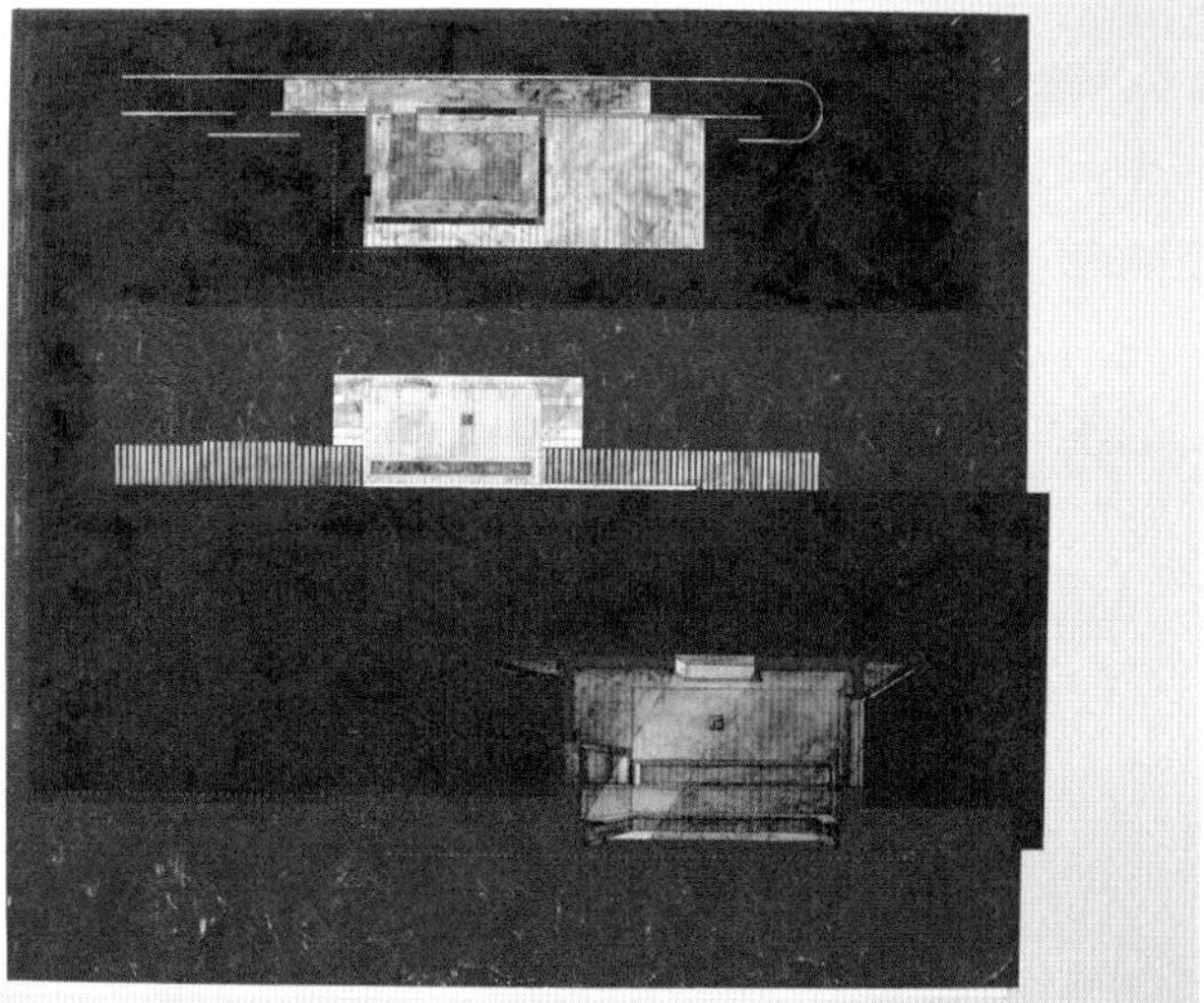

居心地のよい4畳半の園舎

図1は、園児の親に向けて描いた説明用の絵です。大きな建物でなくても、いままで慣れ親しんだ敷地に新しいものがつくられることには不安が伴います。どういう建物なのか、いままで楽しかった広場がなくなったりしないのかと、説明してほしいとの依頼があり、この絵を描きました。私たちにとっては、こうした絵も図面のひとつであり、設計の一部だと思っています。

計画した建物は、長手が柱芯で約4m、短手が2.5mの四角です［図2］。当時、大学の先輩から10㎡以内なら確認申請は不要と言われたことを鵜呑みにして決めた寸法です（笑）。建物の入口は、後ろにあります。敷地に生えていた不要な竹を伐採し、壁になるように細かく立てて、建物の入口につながる通路をつくっています。子どもたちはこの通路を通って半地下に下り、後ろから建物の中

に入ります。通路幅を狭く子どものスケールに合わせ、大人には通りづらくすることで子どもだけの世界に入っていけるようにしました。

建物内部は4畳半くらい。白ラワンで内装を仕上げていて、南側には太陽の光を取り込むために少し大きい開口を、西側には細長い開口を設けていますが、中に入ると窓からはクスノキの幹の一部しか見えません。子どもたちにとっては視界がガラッと変わり、地面に潜ったようになるのです。

でも子どもたちがよく知っているクスノキの木陰が室内に入ってくるように、天井に大きなトップライトを開けました。

大きな空間＝気持ちよい空間、とは限りません。それぞれの床面積に合った天井高があって、床面積が狭いのに天井が高いとかえって居心地が悪い空間になってしまう。この建物は床面積がすごく狭いので、天井高も2ｍくらいに低く抑えました。大人が入ると少し窮屈に感じますが、子どもならば10人入ってもなんなく

右_園舎の外観から、大きなクスノキがつくる木陰がこの敷地の大事な要素であることが分かる
左_園舎の中に入るとそこはもうすでに子どもたちだけの特別な空間。「けんちくかの先生」（？）は中から子どものおもてなしを受けている

使い手にぴったりの空間をつくり出す

使える空間です。たぶん彼らにとっては、心地よい大きさになっていると思うのです。

　子どもたちには居心地のよい空間ですが、この建物が小さいことにはかわりがありません。10人以上が中で遊ぶこともあるし、雨の日はここで一緒にお弁当を食べたり、図画工作したりすることもある。この限られた小さな空間を有効に使えるように、床には畳を敷き、小さなベンチ状の造付けの板を壁周囲にぐるりと回すことにしました。お昼には、板がベンチになり、みんなが内側を向いて楽しく会話しながら食事をとる。図画工作のときは、畳に座って、ベンチを作業机にする。そのようなことを考えながら、板の高さや幅を検討しました。

　使い手である子どもの身体の大きさや動作寸法をといった「身体スケール」を上手く、きちんと考えられれば、空間の大小に関わらず心地よい空間ができる。そのことを、この設計から学びました。

場所を読む

「ファンタジアの家」が完成して数年後、さらに子どもたちの使うキッチンとトイレ、そして人形劇場をつくってほしいとの依頼を受け、「ファンタジアの家2」（1999年）を設計しました。

今回も、どこに建てるかも含めて一任されましたが、もともと約200坪の土地に園長先生の自宅とインディアンテントがあるうえ、「ファンタジアの家」もある。さらに新しい建物をつくるとかなり混み入ってしまうし、子どもたちの遊ぶお気に入りのクスノキの木陰には、これ以上建物をつくりたくない。それならば、敷地の中で子どもたちがいちばん寄り付かない、居心地の悪い場所を積極的に使うのはどうだろうかと考えました。そして、見つけたのが敷地南西の場所です。

南西方向は、一般に日当たりのいい場所ですが、実際に敷地を見ると手の入っていない雑木林がありました。木々が密集し葉が生い茂り、風通しが悪くてじめじめしていて、よくわからない極彩色の虫？（笑）がたくさんいたり、木々が弱ったりしていたので、この場所を変えるのが最初の一歩ではと考え、南西の角を計画地に選びました。

敷地環境の改善のためにはじめにしたことは、たくさんある雑木を、必要な木／不要な木、元気のある木／ない木に選別し、間引くことです。不要な木を伐採すれば、太陽光が入り、風通しがよくなり、湿気も改善されます。

木を間引いた後には、取りきれないくらいの根っこが地中に残る、ガタガタの場所ができました。木の根っこを全部処理するのは大変でしたので、その上にフラットな床＝大きなデッキテラスをつくり、木陰の落ちる気持ちのよい場所をつくろうと考えました。

水平面（レベル）が決まったので、これで十分場所としては心地よいのですが、次は建物です。依頼されたのは、子どもの身体スケールでつくるキッチンとトイレ、人形劇場。まずそれらをデッキテラスに配置する作業に取りかかりました。

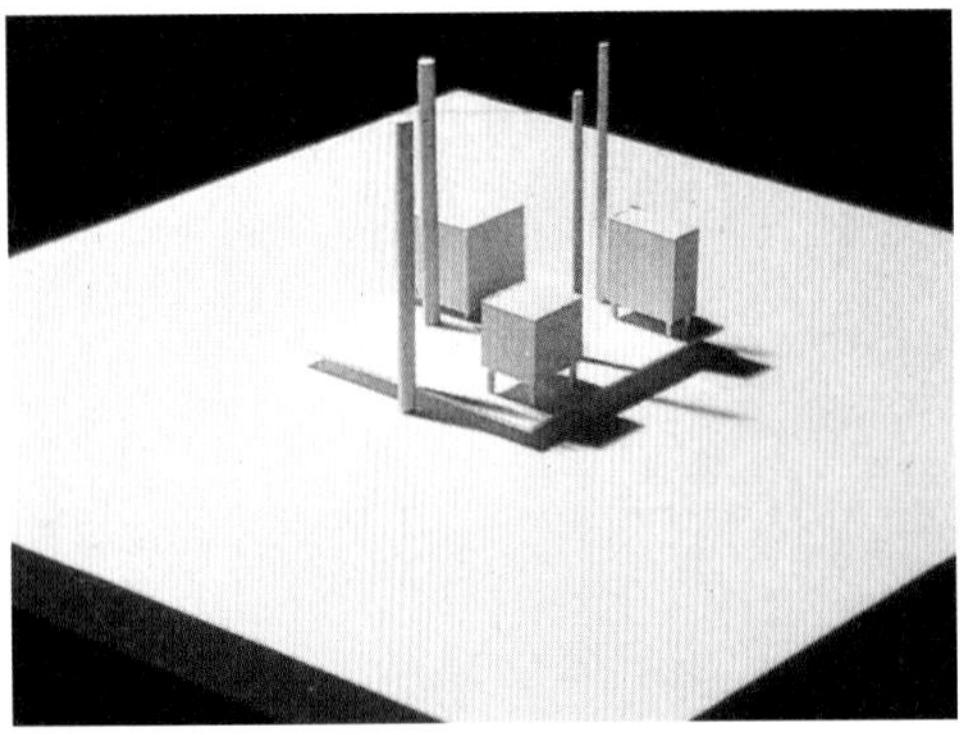

デッキテラスの模型。3点が確定すると、その中に1つの囲まれた空間が現れて、そこが自分たちの領域といった感覚が生まれるという利点もある

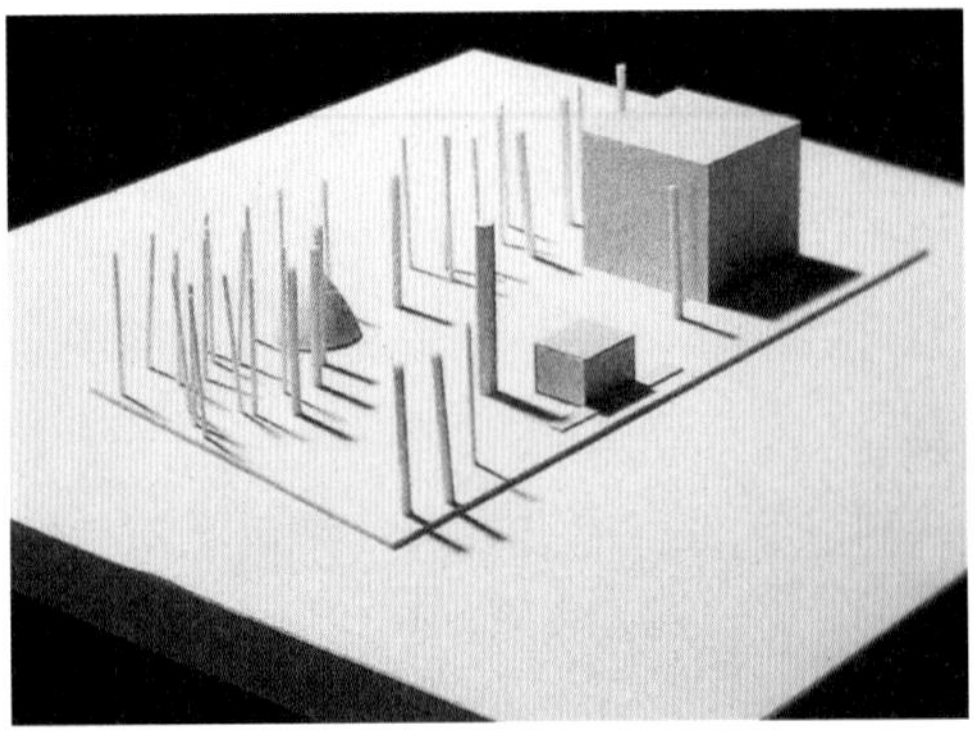

敷地模型には「ファンタジアの家」が加わっている。インディアンテントの近く（写真左）の木々が生い茂ったところが次の計画地

図3
建物の形のエスキース

単なる普通の小屋にしたくはなく、使用中は扉・ドアを開き、園児が帰った後はそれらをパタパタと閉じてひとつの塊、ひとつの小さなサイコロのような形になればいいと考え、エスキースを重ねた

図4
建物ボリュームのエスキース

2m角ほどのボリュームをエスキースしている。建物の形状に動きがあると子どもたちの遊びにも動きが出るのではと考え、最小限の手数で空間に動きを出すことを検討した。木造なので、屋根には勾配が必要で、必然と1面が斜めになる。それだけでは建物が静止したように見えるので、エスキースを繰り返し、4つの外壁のひとつを傾けることで、建物に動きをもたせた

はじめに、3つが1つに収まるひとつの細長い建物を考えました。ただ、残した樹木の下は、さほど広い空間ではないので、大きな壁のようなボリュームになってしまい、せっかく風や視線の抜けが生まれた気持ちよい空間を邪魔すると思いました。3つを立方体的にまとめることも検討しましたが、これも空間のスケールに合いませんでした。

最終的には、キッチンとトイレと人形劇場という3つの要素を分散させて、ひとつのテラス上に配置する計画にしました。

南東の端、南西の端、北西の端に3つの建物を設置して、真ん中をこどもたちが共有し活動するエリアとしました。

次に建物の置き方を検討しました。デッキテラスの上にそのままペタッと置くと動きがなくなり、通風面でもマイナスと考え、3つの建物を少しだけ持ち上げることにしました。こうすることで、建物に軽さが生まれ、風環境もよくなります。また、小さなボックスを持ち上げる4つの柱が、見様によっては四つ脚の生き物のようで、子どもたちに親しみが出るかもしれない。そういうことを考えました［図3・4］。

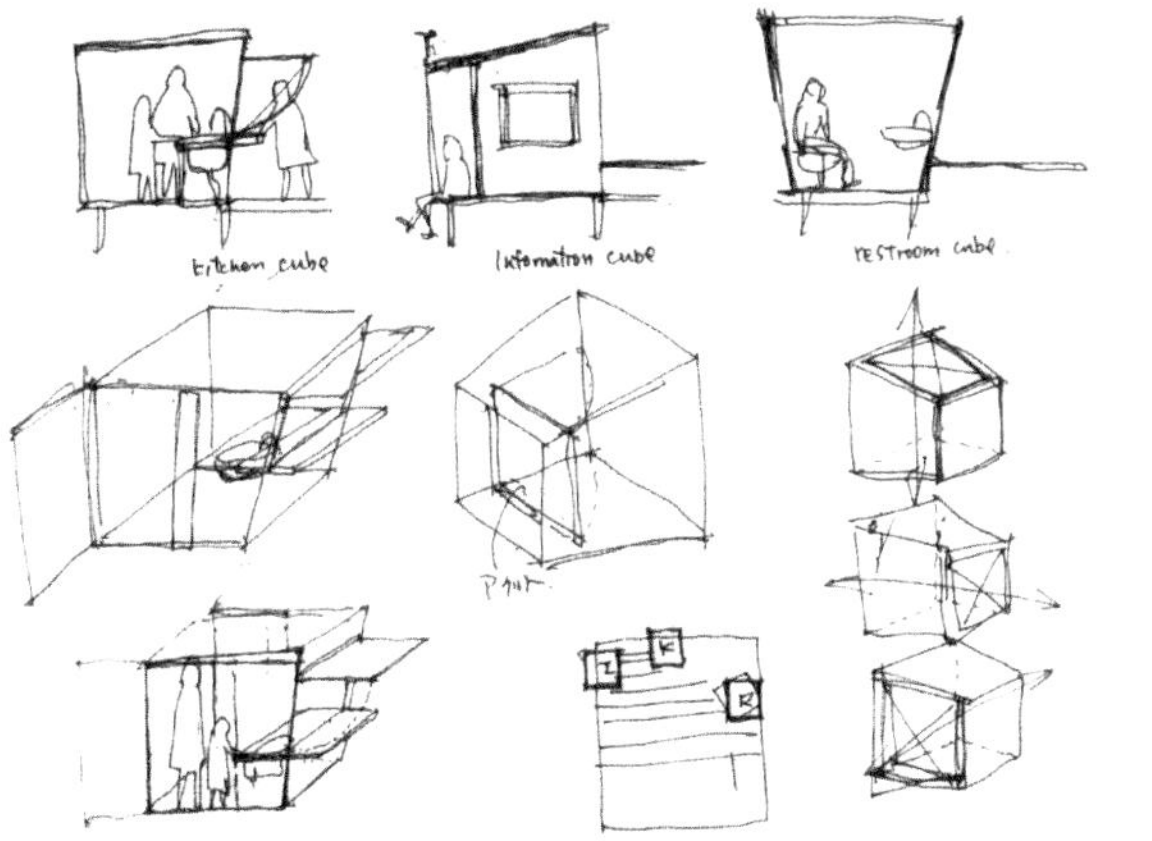

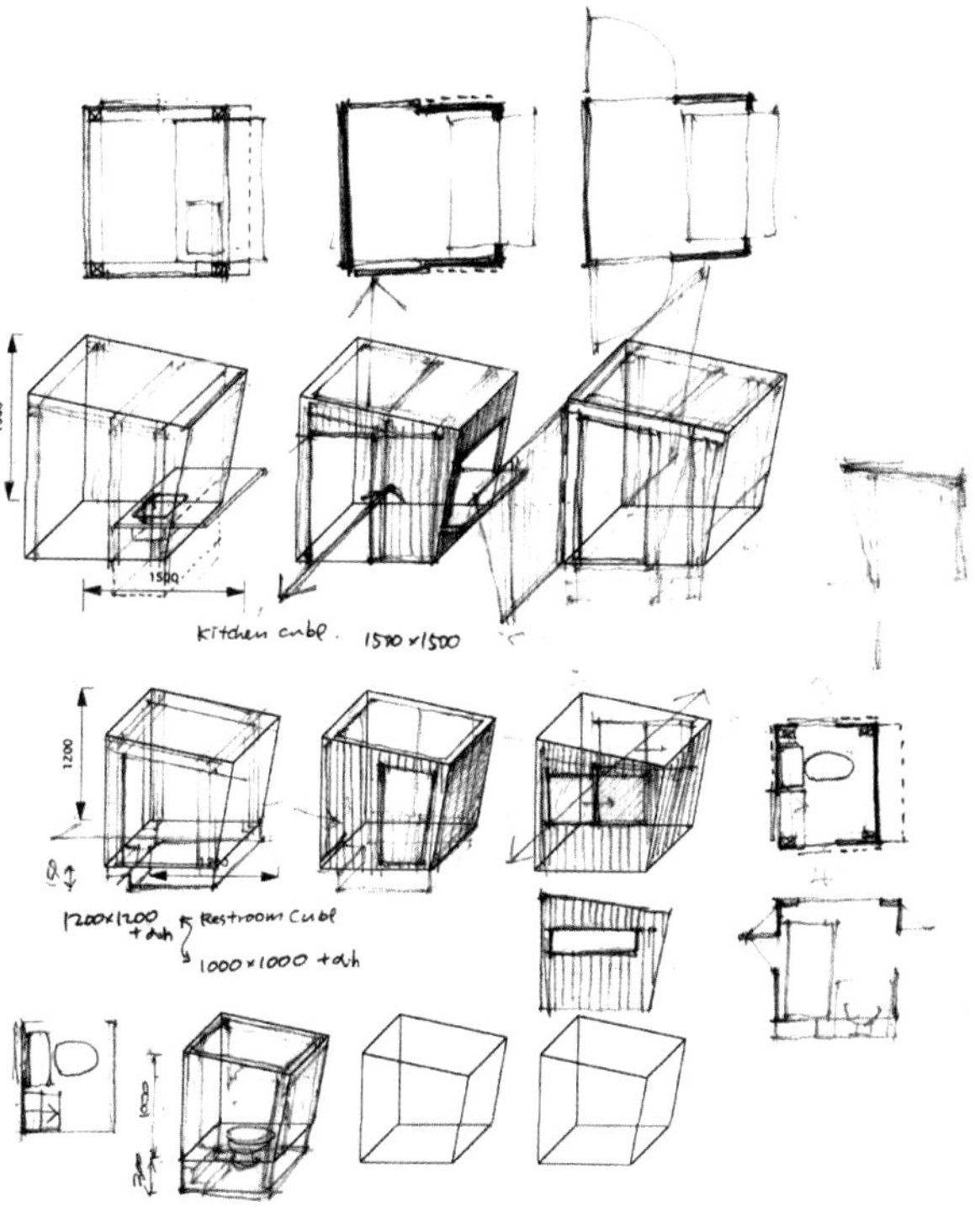

地面から「場」をもち上げることで、ジメジメした陰の空間が陽へとなり、みんなが集まる快適な場所へと変わった

デッキテラスの上にできた青空リビング

「ファンタジアの家」は、雨など悪天候時のシェルターの役割を担っていたので、「ファンタジアの家2」には、天気のよい日に屋外で過ごすリビング、というイメージをもたせました。

子どもの身体スケールは、この建物でもひとつの切り口になっています。通常キッチンのシンクカウンターの高さは85-90cmくらいですが、「ファンタジアの家2」では60cm。ベンチの高さも30cmくらいにしています。

この園の保育は面白く、子どもたちが別の子どもたちの面倒をみます。たとえば6歳児が3歳児に昼のパンをつくってあげることもあるし、新しくできたキッチンでも6歳の子が包丁を持って食材を切り、みんなのためにスープをつくったりしていました。

人形劇場も子どものスケールで設計しています。園長先生が使用すると身体が入りきれないので、人形劇場の底面の板を外して頭だけ入りますが、年長の子が年少の子に演じるときは、中に入って正座して演じます。中には照明がなく、屋根一面に敷いたポリカーボネートから自然光を採り入れています。

上_晴れた日にはテラスに落ちる木漏れ日の中でお昼ご飯を食べる
下_劇が行われるときだけ扉が開かれる、特別な劇場

吉村順三建築展の会場構成で学んだこと

　次に見ていただくのは、展覧会の会場構成（２００５年）です。母校である東京藝術大学の建築科１００周年に合わせて大先輩である建築家・吉村順三の建築展を開催することになり、その会場設計を私たちの事務所で担当させていただきました。こんな大役を私たちのような若輩者がやっていいのかという緊張感と高揚感のなかで設計を進めました。

　ご存じのように、吉村先生は、大小たくさんの建物を残しています。なかでも「軽井沢の山荘」は最も有名な建築で、建築展でもポスターに使っています。建築展の会場構成すべてを任されたプレッシャーのなか、私たちは、絵画や彫刻でなく、建築を美術館で見せることの意味は何だろうかと考えました。

　たとえば、絵画作家などの回顧展では、作品を時系列に展示する方法がよくとられますが、果たしてその見せ方は建築にも有効なのだろうか。建築の場合、作品は１敷地１建物で、現地に行かないと実物は見られません。美術館で実物を見せられないならば、時系列で写真を並べる意味はあるのだろうか。それならば、作品集を買ったほうがより詳しく、じっくりと読み解けるのではないか。そういったことを考え続け、せっかく美術館に来てもらうのだから何かを得て帰ってもらいたく、建築という「人の入る空間」を創造していた吉村先生のスケール感を、会場で体験してもらったらどうか、という結論に至りました。

　建築展の会場は、上野の大学内にある東京藝術大学美術館。２階展示室は、中央の大展示室と、その一側から渡り廊下のようなかたちでつながる小展示室、反対側の階段とエレベータコアを挟んだ休憩室、の３つのパートからなります［図５］。

　建築展を通じて吉村先生の住宅のスケール感を伝えたい。しかし、大学美術館の展示室は本来、美術品を展示するためのスペースであり、天井高が６、７ｍくらいあります。吉村先生のコンパクトな住宅のスケール感とは合いません。

　美術館の大空間でどうしたら吉村先生の空間感、スケール感を体験してもらえるだろうか。考えついたのは、吉村先生が住宅設計でよく使われていた２３００㎜という天井高を展示室の一部に再現することでした。美術館の天井から、もうひとつの天井をワイヤーで吊り下げるという案です。

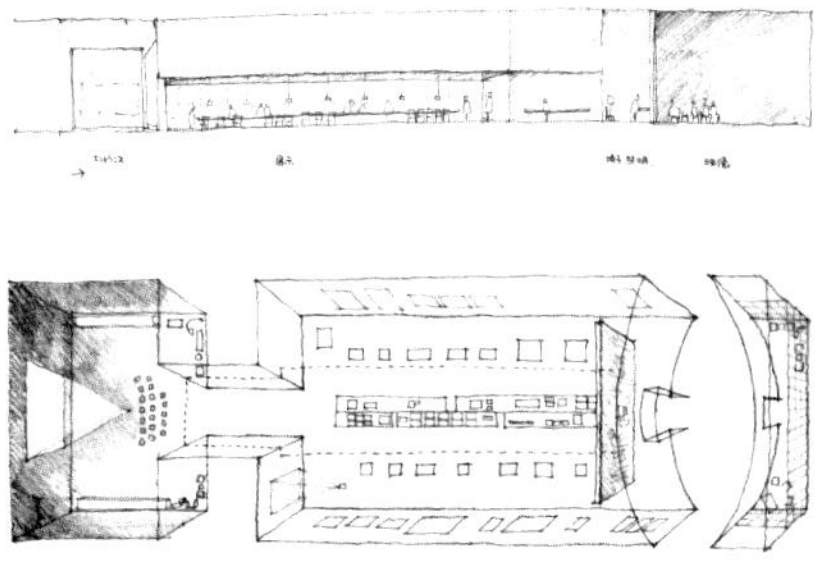

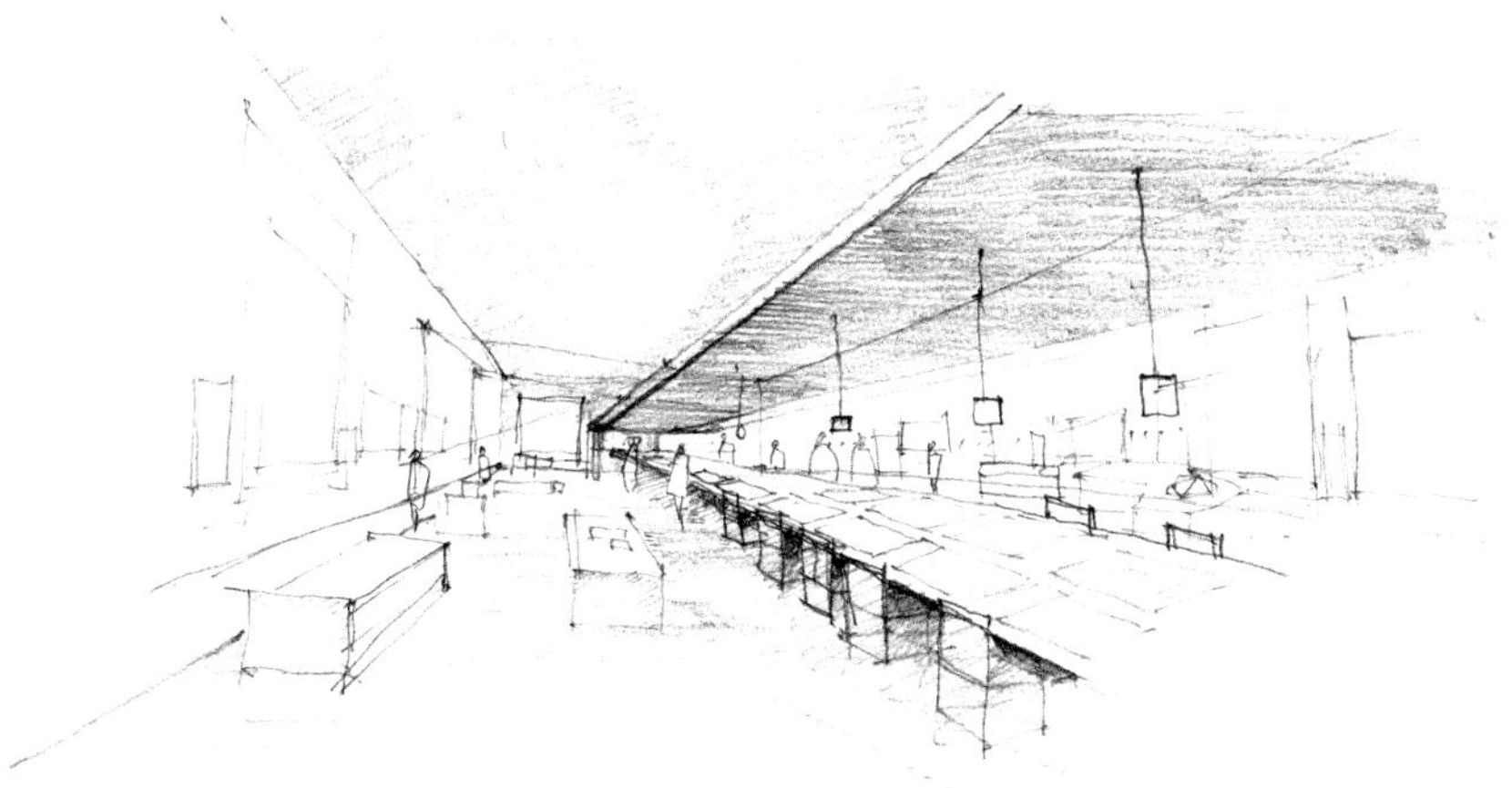

図5
展示室の構成

美術館という天高のある大空間が住宅のスケールを感じる空間になるような構成を考え、スケッチや模型などで実行委員の先輩方、先生方にプレゼンテーションした（画：八島夕子）

吉村先生のスケール感を体験できるように

　また、代表作である軽井沢の山荘をどう表現するかも考えました。建築展の企画がスタートした当初から、軽井沢の山荘を表現したいという声が実行委員会で上がり、たとえば敷地にモックアップ（実物大の模型）をつくってはどうか、といったことが話し合われました。

　ただ、モックアップをつくるのには多くの費用が必要で予算が足りません。なによりも、軽井沢の環境にある山荘を藝大の敷地で表現しても、魅力が伝わらないと思いました。周りに見える景色も違えば、敷地のレベルも、気温や周りに育つ樹木の種類といった環境も異なります。街の雰囲気も上野公園と軽井沢とでは全然違う。たとえばフランク・ロイド・ライトの建築展で、ユーソニアンハウスやプレーリーハウスの一部を再現するのであれば、モデュールやスタイルの変化という切り口になり、意味がありますが、この展覧会ではなかなか難しいと感じました。

　最終的に思い至ったのは、軽井沢の山荘の実施図面を原寸（1分の1）スケールまで拡大して展示する、という案。実際の実施図面を1分の1に拡大した7m角くらいのパネルを建築展の入口に掲げるというものです。来場者がここでパネルを見ながら、「山荘はこんなにコンパクトなんだ」とか、「当時は手描き図面だからここはすごく苦労してるね」などが、リアルに伝わると考えました。何しろこの図面パネルの前に立って写真を撮れば、自分自身がスケールになるのですから（笑）。

　それから、吉村先生といえば、書籍や雑誌の取材などで語られた建築

への思いや設計の方法が込められた言葉をたくさん残しておられます。「日暮れどき、一軒の家の前を通ったとき、家の中に明るい灯がついて、一家の楽しそうな生活が感ぜられるとしたら、それが建築家にとっては、もっともうれしいときなのではあるまいか」(『朝日ジャーナル』1965年7月11月号)、「ぼくらが欲しいのは光であって、照明器具ではない」(『講演対談シリーズII住宅を語る　吉村順三』)といった印象的な言葉は、ときには抽象的に、ときにはとても分かりやすく私たちに語りかけてくれて、1つひとつの作品への思いに触れることができると考えました。

そこで、作品だけでなく、壁面に直に書かれたそれらの言葉を読みながら会場を回り、吉村先生の人となりを感じるという仕掛けもつくりました。

この展覧会で会場構成を設計するにあたって、事前に吉村先生の住宅をいくつか見学するという貴重な機会もいただきました。そこで実感できた空間づくりの考えやスケール感、素材の使い方などを思いながら構成を考えられましたし、そこで得たものは今も体感として残っていて、日々の仕事としての設計にも影響していると思います。

右_美術館前の正面入口に展示した原寸図面のパネル。図面の前に並んで記念写真を撮る人も多かった
中_展示室内部は、ラワンで組んだ天井をワイヤーで吊り、その下には安価な材料を使って製図室をイメージした展示空間をつくった。昭和当時の設計事務所のような雰囲気。図面は、Zライトで見せているが、Zライトだけでは照度が足りないので、補助的に吊り下げた天井にもダウンライトを仕込んでいる
左_休憩室に展示された「吉村障子」。特徴は、框と組子の見付寸法が18㎜、見込みが30㎜、障子は割が少し大きいこと。畳ではなく板の間に合わせることが多かった吉村先生の障子は太めでおおらかな印象をもつ。障子を表現するのであれば、自然光を通すところがよいと考え、上野の森が見渡せる休憩室のガラス面に障子を配置して、休憩室全体を障子の空間にした

図6
建物断面

コンクリート造の1階には洗濯機やワインセラーがあり、除雪機も格納している。2階にはダイニングやリビング、キッチン、トイレ、シャワー室があり、小屋裏には家族4人で寝ることができるスペースを設けた(画:八島夕子)

雪が降ると、除雪しながら建物に入る。モノクロームの雪景色に下見張りの外壁のシダーが映える

Case Study. 1
[野尻湖の小さな家]

環境に対するスケールを考える

野尻湖の小さな家

敷地面積	2,159㎡
建築面積	25.05㎡
延床面積	36.73㎡
	1F/11.68㎡
	2F/25.05㎡
施工	ミズケン
構造設計	八島建築設計事務所
竣工	2015年

ここからは実際に私たちが、どのように住宅設計に取り組んでいるかを紹介します。

最初の建物は、「野尻湖の小さな家」(2016年)。長野県の野尻湖湖畔に建つ小さな別荘です。野尻湖は長野県のかなり北のほうにあり、車で1時間も走れば日本海に出るような豪雪地帯です。神奈川県の葉山で設計中だった住宅のクライアントから野尻湖畔にも土地を購入したので別荘もつくってほしいと依頼され、同時並行で設計することになりました。

国定公園内にある敷地のすぐ下には野尻湖が迫るロケーションのよい場所で、湖に張り出す桟橋も敷地内にありました。国定公園内だったため、敷地の境界から5mの範囲には建築できず、建てられる場所は限られていました。

また、夏は湿気が多く、冬は降雪する場所なので、1階がコンクリート造、2階と小屋裏が木造の混構造としました[図6]。5×5mと小さなボリュームで、木造部分の外壁は

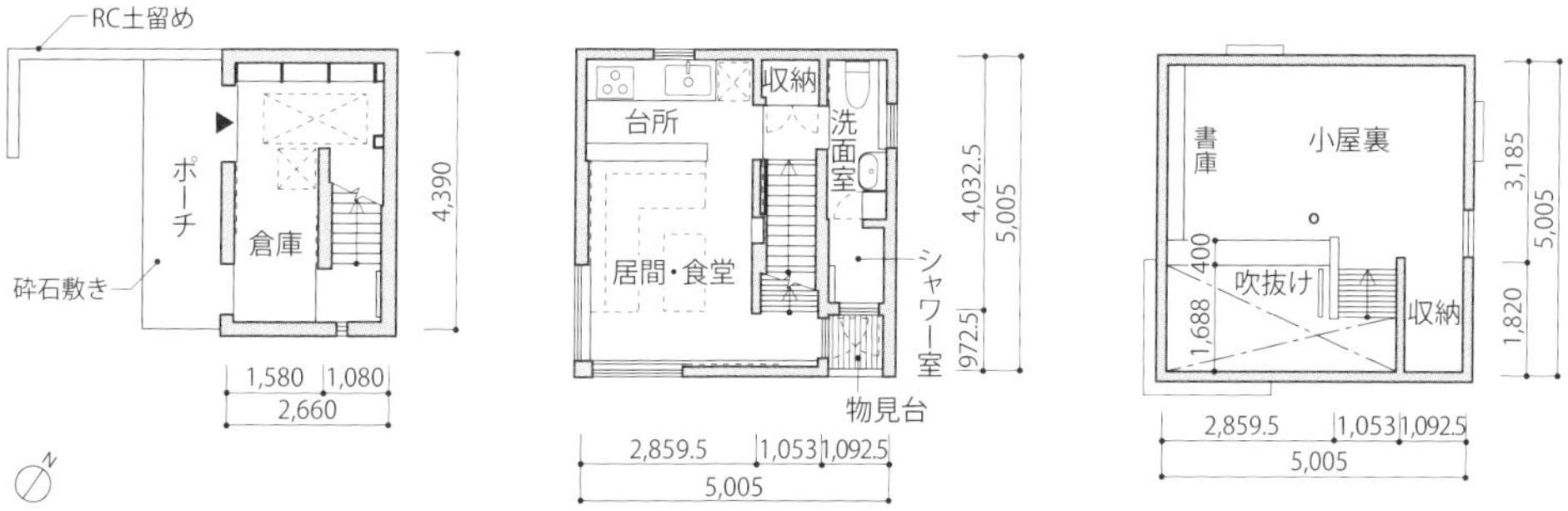

レッドシダーのシングルシェイクで仕上げています。1階は少し小さく約2.6×4.4mの長方形。その上に5m角の2階・小屋裏があります［図7］。各要素はコンパクトなつくりですが、食べるところ（2階）と寝るところ（小屋裏）を分けたシンプルな構成です。

この別荘では、「環境に対してのスケール」を念頭に置き設計しました。国定公園内に新しい建物をつくることで、それまでそこにあった素敵な空間感が失われないことを大切にしました。横長でもなく、高くもない。できるだけコンパクトな小さい建物をそっと敷地に置く、ということを意識しています。

図7
平面図（S＝1:200）

小さくても充実した居心地のよい山荘。施主は頻繁に通っているとのこと

右_リビングからの野尻湖の眺め。造付けのソファから野尻湖面を望む
左_家族4人が眠れる広さの小屋裏。2階の窓から入る緑の反射光が天井を照らす

Case Study. 2

［鎌倉寺分の家］

内と外のつながりを意識する

最後に紹介するのは、「鎌倉寺分の家」（2020年）。神奈川県の北鎌倉近く、高台のほぼ五角形の敷地に建つ住宅です。敷地面積は約124坪。夫婦と子ども3人、大型犬が暮らす家です。クライアントは鎌倉に長く暮らしており、近所に売りに出たこの土地の桜を望める点を大変気に入り、ここに家を建て移り住むことにしました。

計画地一帯の住宅地は犬を飼っている家が多く、クライアントも犬友達がたくさんいて、互いの家をよく行き来するといいます。街に馴染み周辺に配慮した外観の家にしてほしいこと、隣地崖にある大きな桜を家から望め、庭を楽しめる緑のあふれる家にしたいこと、人が集まれるようにダイニング中心の構成にしたいこと……などの要望が提示されました。

建物は2階建てで、1階がRC造です［図8］。玄関を入るとV字型に建物が延びる構成で、南側には水回りや主寝室が、北側にはダイニングやキッチン、リビングがあります。人を招くのが大好きなクライアントからは、10人ほど座れるダイニングテーブルも設計してほしいと言われていたので、そのテーブルを中心に構成しています。

2階は木造で、3人の子ども部

鎌倉寺分の家

敷地面積	409,03㎡
建築面積	160,60㎡
延床面積	216,48㎡
	1F／148,44㎡
	2F／68,04㎡
施工	石和建設
構造設計	木下洋介構造計画
造園	苔丸
竣工	2020年

玄関からの1階の眺め。壁は漆喰、床材はチーク。右側は道路面近くまで数段下がってから主寝室へと続く。左側に見える部屋がダイニング、その奥がリビング。ダイニング手前には2階に続く階段がある

図8
平面図と立面図
（S=1:300）

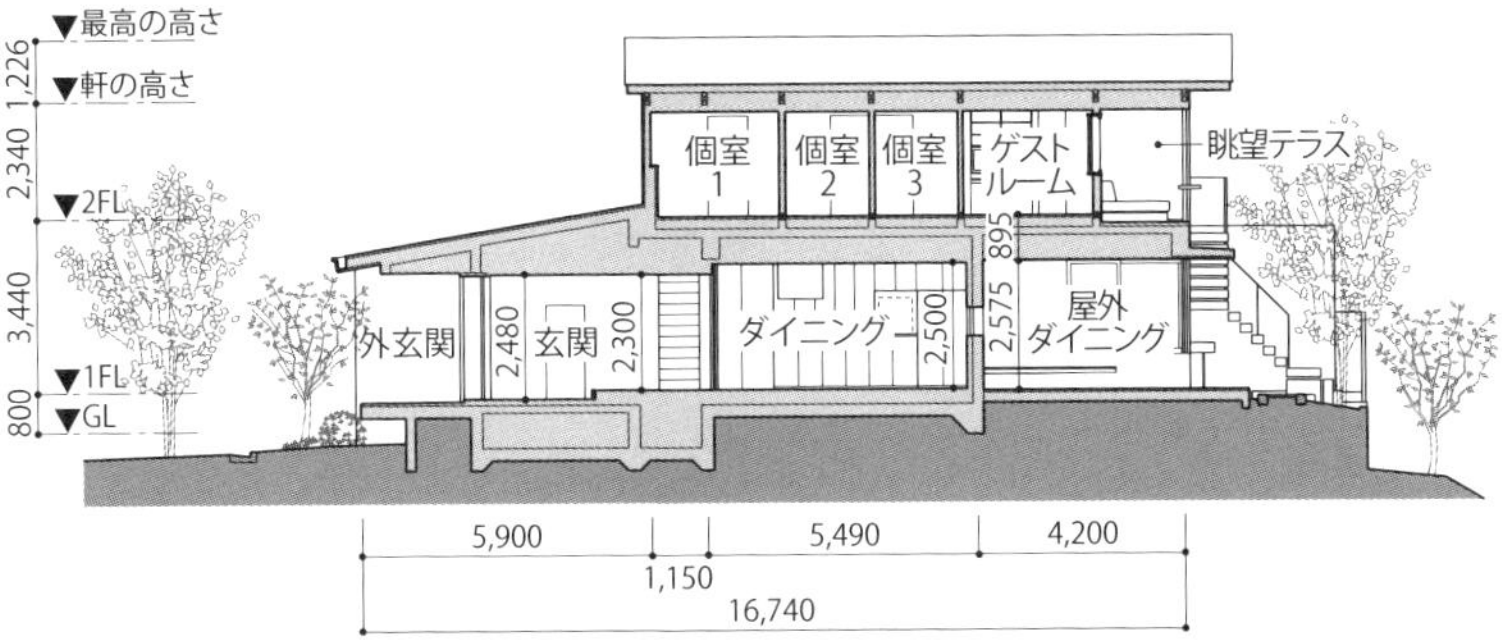

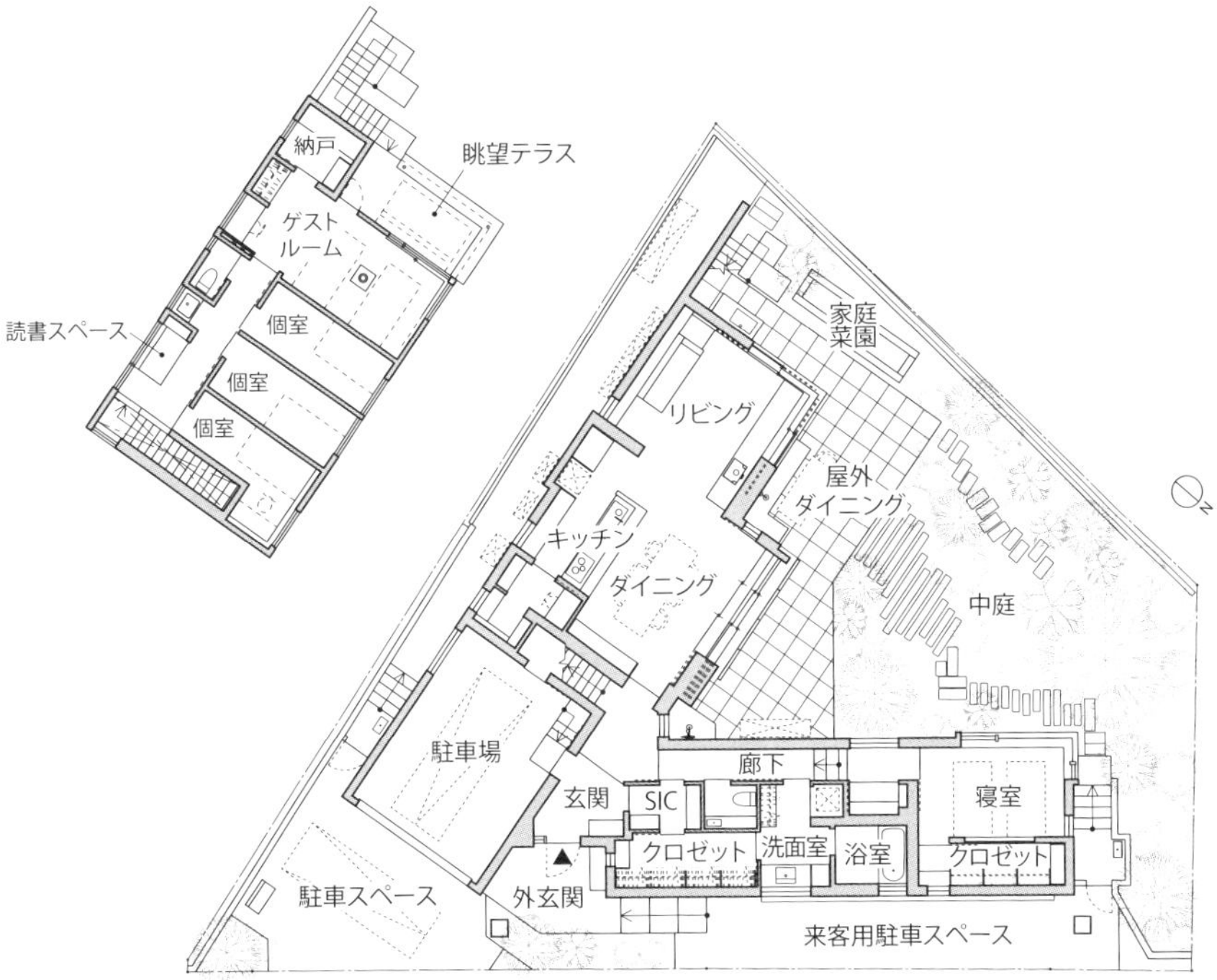

建物外観。前面道路沿いの壁を小叩き仕上げにし、テクスチャーをつけて味わいのある印象にしている

ダイニングからの庭の眺め。愛犬がいつでも出入りできるように外と室内をつなげたいというのが大きな要望だった

1階リビング。クライアントがもっていたアンティークのランプや椅子、キャビネットを置くことで、引っ越してすぐだが、落ち着いた印象になっている

屋とゲストルーム（書斎）があります。ダイニングとは逆に、子ども部屋はミニマムな設計を希望されました。早めに家から出して自立心を高めたいので、長く居つかない部屋にしてほしいとのことでした（笑）。家族の収納は1階にまとめてあるので、子ども部屋には収納はありません。将来、壁を取り外しワンルームにする計画なので、間仕切り壁は構造壁にはなっていません。

敷地は西側道路とかなり長い面で接道しており、ここに1階のRC造（水回り・主寝室側）の外壁が立ち上がります。大きな面になるので、コンクリートにテクスチュアをつけ、街に圧迫感を与えないようにしました。玄関付近は本実仕上げ、それ以外の部分は小叩き仕上げにしました。床面はコンクリートを鏡面磨きで仕上げています。

また、建ぺい率などの関係で2階建てにする必要がありましたが、道路側は平屋にして、できるだけ高さを抑えています。さらに西側外壁前にゲストの車を縦列で2台停められるスペースをつくり、建物を後退させることで、道路側のボリュームを下げています。

クライアントの要望で、ビルトインの駐車場をつくっていますが、駐車場のシャッターが道路側に出ると、その表情で建物のイメージが決まってしまいがちです。この住宅では、駐車場を西側道路に正対させず、角度をつけて配置し、シャッターを見えづらくしています。

この住宅では、「内と外のつながり方」を中心に考えました。クライアントが以前から地域に馴染みがあり、近所付き合いを含め日常的な人の出入りが多いことや、風が強く光もよく当たる立地という条件のもと、開口のあり方を熟慮しました。また、庇や開口のプロポーションが内と外の曖昧な領域、陰影をどうつくるか、そこが人の気持ちや行動にどんな影響があるだろうかとも考えました。植栽や近景遠景に望む緑の風景を室内の居場所へどう取り込み、つなげるか、その関係性がこの家の根幹となりました。

設計で大切にしていること

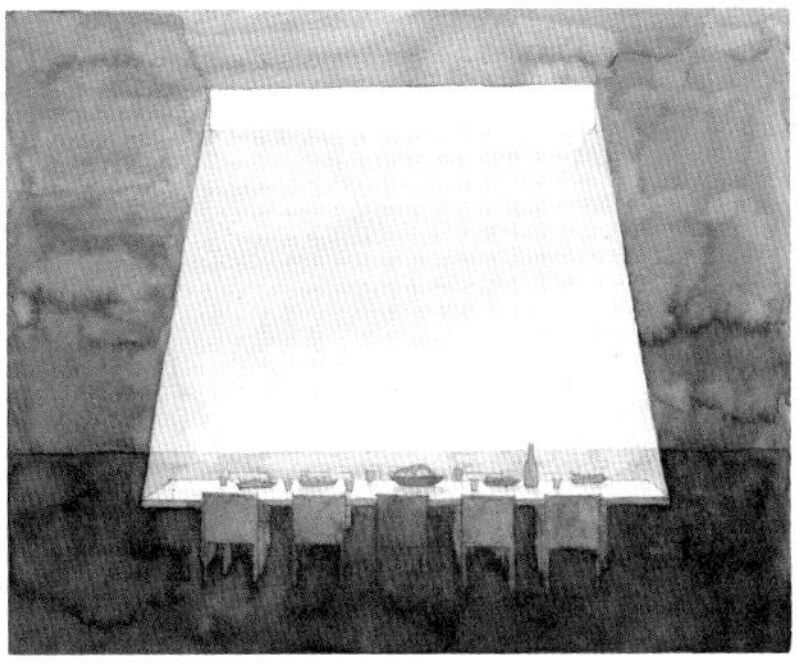

図9
イメージを共有する絵

「10人の食卓」。空間は、そこで誰が何をするのかということから考えだすもの。ただ、食事をするということだけでも、大きな食卓にみんなが集まり、そこに明るい日差しがあれば十分に楽しい空間ができるのではないか、と考えている（画：八島夕子）

（1）仕上げ選択は バランスが大切

私たちの事務所ではいつも、何度か使って信頼できる素材を使い続けています。そのため仕上げは漆喰か塗装の白い壁にすることが多く、天井はラワンの縁甲板か合板を張ることが多いです。タイルも使い慣れたものがほとんどで、照明機器では、独立して以来20年以上採用し続けているものもあります。

　仕上げは、素材感の良し悪しも重要ですが、使うときのバランスや明度の差を大切にしています。白い部分と濃い部分の割合や、外の緑や光がどのくらい入るのか、などを気にかけながら設計しています。バランスを決める明確なルールはなく、現地に行き、ひとつひとつ、感覚的に決めています。

（2）常にキレイがよい、わけではない

ディテールに関して、納まりをすごくキレイに見せたいという感覚はあまりなく、どちらかというと大雑把です（笑）。

　たとえば、ドア枠の見付け寸法が場所によって揃っていない、ということがありますが、それはそれぞれの空間のプロポーションにとって一番よいと思えるバランスを考えて寸法を決めているからで、いつも同じルールでまとめるということはありません。

　ただ、素材の厚みなどを決めるときは、軽々しく見えないこと、安っぽくならないことを大切にしています。枠を見せるときも、削って細くするだけがいいとも考えていません。どちらかというと、繊細に見せるより良い材を使って無骨に見せるほうが量感を感じられますし、空間に重みが出ると思っています。

（3）余剰空間の提案

住宅の場合、「何でもない空間」があればあるほど、豊かさが増えていくと考えています。

　都市部では小さな敷地での設計も多く依頼されます。限られたスペースに余剰空間をつくることは難しいことですが、たとえば、半屋外で食事をする、寝室の前の廊下で読書するなどのささやかな場があったり、自分の家の中から自分の家のどこかが見える関係があって、自分の暮らしや家族の風景を垣間見られたりすれば気持ちも豊かになるし、すごく楽しいことだと思います。だから私は、住まい手から要望がなくても、ここにちょっと座れますよとか、ここから外に出られますよとか、雨の日でも外で読書できる場所があったらいいですよとか、許される限りで提案しています。

（4）イメージの共有

住宅設計の際には絵をよく描いて、住まい手にも見ていただきます［図9］。設計した家を一言で述べるのではなく、スケッチに描くことで、建てる家のイメージを住まい手と共有しています。

いろいろな方向から自分の家、暮らし、家族を見られることは、すごく楽しいことだと思う

「誰が使ってもいい家」

住宅はその時代をただ反映するだけのものではないと思っています。

個人の住宅は、特定の住まい手さえ喜べばどんなに奇抜な家でも成立するかもしれません。ただ、特徴的な部分があったとしても、私たちの設計する一軒の住宅が、その街の雰囲気や風景を構成する一部であるということは忘れてはいけませんし、長く暮らすことができる家かどうか、他者に渡っても住みたくなる家かどうか……。

いい家とは、誰が見てもよい佇まい、誰が使ってもいい広さ、いい天井高さ、いい心地よさなどを持っているものだと感じます。

簡単に答えは出ませんが、何かそういう建物がつくれたらいいなと思いながら、日々、設計をしています。

Lecture

8

リノベーション

小谷和也

Kazuya Kotani

マンションを終の住処にする

中古マンションに木の空間をつくる

私は2006年に独立し、2009年からマンションリノベーションに特化して仕事をしてきました。これまでに113物件を手がけています(2022年10月時点)。ここでは、その経験を踏まえた「マンションリノベの手法」について話します。

私のマンションリノベは、「スケルトンリノベーション」です。構造躯体以外は何もない状態まで戻して

ゼロから設計する、というものです。この仕事を始めたきっかけは、2つあります。1つは、私自身が集合住宅以外に住んだことがないこと。生まれ育ったのは公団団地で、いまもマンションに住んでいます。

　もう1つは、友人の多くが家を買うときに、新築マンションか建売住宅を選択していたことです。独立前は工務店に勤めていたこともあり、友人にはスギやヒノキを使った「木の家」に住んでほしいと思っていました。しかし、土地価格が高いために注文住宅を諦め、間取りも仕上げも同じようなマンションや建売住宅で暮らしているのです。どうにかしてこの現状を変えたくて、中古マンションならば便利なところでも比較的安く購入できて、木も使えると考え、「中古マンションに木の空間をつくる仕事」をスタートさせました。

マンションに木材は当たり前だった

日本最古の鉄筋コンクリート造の共同住宅は、長崎県の端島（軍艦島）のアパートです。1916年建築の建物ですが、現存しています。このアパートの窓枠やサッシはすべてヒノキ材。新建材がまだない時代の建物なので当たり前ですが、内装には無垢材が使われていました。壁も真壁仕様です。

　また、1956年には日本住宅公団（現在のUR都市機構）の団地が初めて建てられます。畳と板間、真壁、襖というのが内装の標準仕様で、これらも全部木材。サッシもヒノキの無垢材でした。このように、もともとアパートやマンションでは木材が使われていました。70年代以降、急激な住宅需要に応えるために新建材が普及し、マンションの新建材化が進んだ、というだけなのです。

マンションリノベに使う木材の量はどのくらい？

　新築マンションは、いまも建ち続けていますが、それはどれも似たり寄ったり。床暖房やミストサウナ、セキュリティといった設備が充実していることが、セールスポイントで、間取りは「何㎡で何部屋ある」という違い以外は、ほとんど変わりません。風通しも考えられていないし、収納も少ない。北側の洋室は、おそらく物置になるでしょう。仕上げの内装材もどこも新建材がメイン

“木造平屋のような
温かみのある住まいに”

「久が原の家」（2021年）。夫婦が過ごす終の住処として計画。床はスギ、天井はヒノキ板張り、そのほか壁や家具などにも木材を使っている

で、床が白色か茶色かくらいしか違いがありません。

そのようななか、中古マンションに木の空間をつくることは、住空間を豊かにするだけでなく、地球環境にも貢献できます。木は葉による光合成でCO_2を幹に固定します。それらのCO_2は木が燃えたり、腐ったりしなければ排出されません。つまり木材として利用している間はCO_2を固定することができるのです。

たとえば私の場合、70㎡程度の住戸では、スギのフローリング材を約2㎥、乾式2重床にヒノキを使った木毛セメント板を約1㎥、下地材のスギLVLに約2㎥を使用します。これを丸太に換算すると、1㎥の木材は直径50cm、長さ4mの丸太とだいたい同じなので、70㎡のマンション1戸ならばスギ4本、ヒノキ1本を使うことになります。これまで手掛けた100戸分を合わせると、小さな森ぐらいの木材量になりそうです。

木のマンションリノベは都会の小さな森づくりのようなものだと考えています［図1・2］。

図1
マンションで使う木材の量

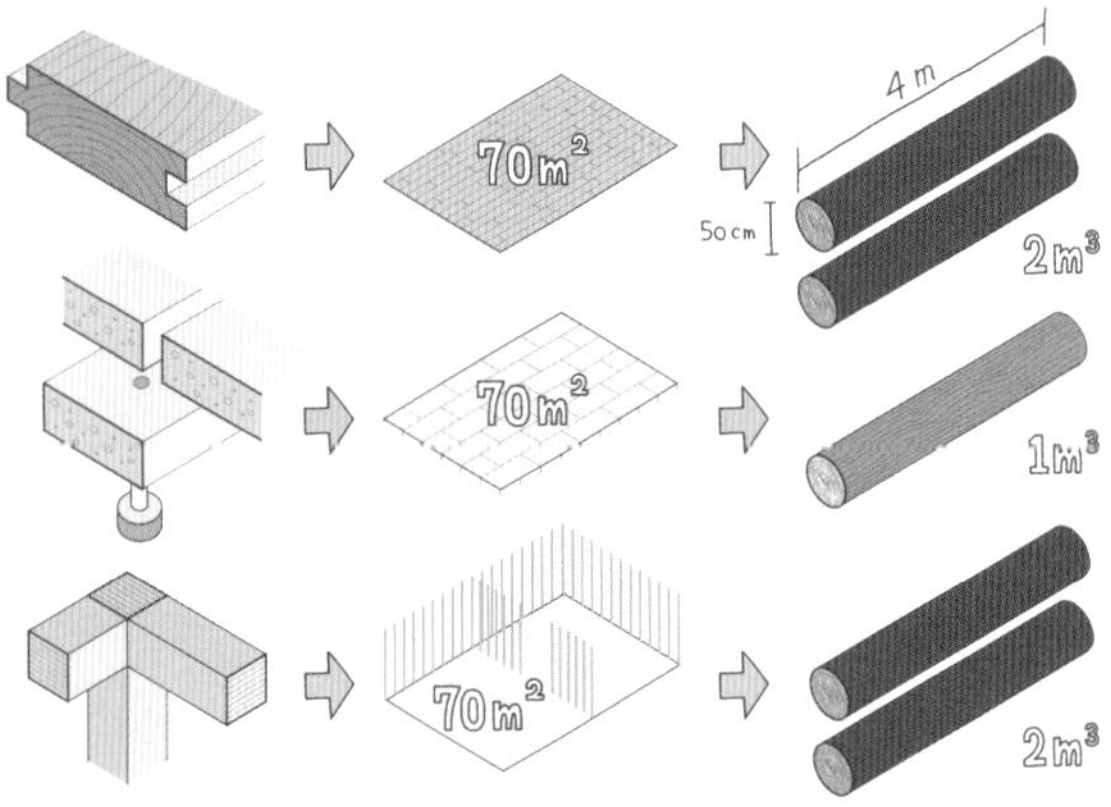

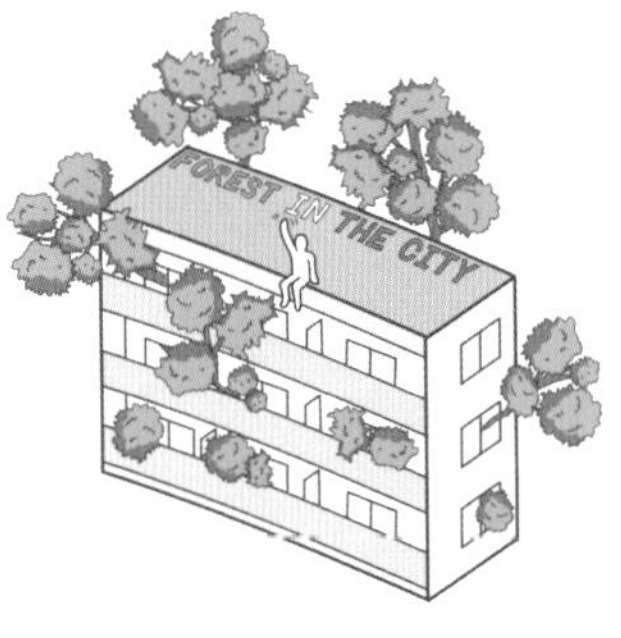

70㎡のマンション1戸でスギ4本、ヒノキ1本の丸太を使うのと同じくらいの木材を使うことができる。マンション1棟まるごと木のリノベーションをしたら、CO2のストック量は小さな森に相当する

図2
マンションリノベに適したフローリング材

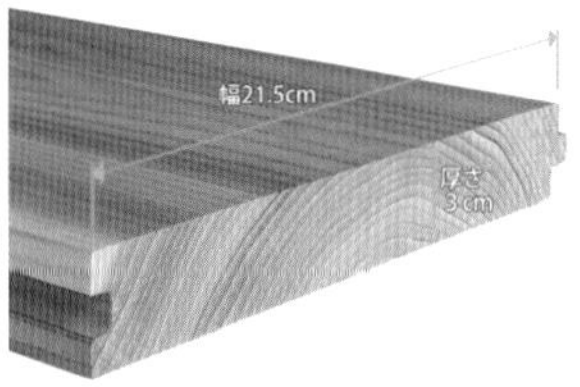

マンションリノベにおすすめのフローリング材の仕様

長さ	1間まで	エレベータに搬入しやすい
幅	製材できる 最大幅の215mm	空間を広く見せる効果を期待。使用する材数が少なくなるので張り手間も減らせる
実の形状	実を丸くする	はまりやすく、施工がラク
含水率	出荷時に12%以下	マンションは過乾燥になるため

快適ではないリノベーションが、なぜ市民権を得ているのか？

現在、マンションをリノベーションする主なプレーヤーは、リフォーム専門会社、内装工事会社、不動産です。この領域を手がける建築設計事務所や工務店は、まだ多くありません。近年、リノベーションという言葉が一般的になってきましたが、インターネットで画像検索してみると、躯体の天井や梁のコンクリートが剥き出しで、床はコンクリート金ゴテ仕上げ、壁はベニアそのまま、といったものが多く目につきます。なぜならそれが最もローコストで、おしゃれに見える流行りのデザインだからです。そのほか、黒板塗料やハンモックなど、リノベーションとは何となくこういうもの、といった漠然としたイメージが、一般の人だけでなく、われわれ建築業者にもあるような気がしています。

こうしたリノベ物件では、断熱性や遮音性などの「快適性の向上」はほとんど考慮されていません。しかし広く受け入れられている理由は、依頼者の傾向から読み取ることができます。

リノベーションを希望する人の年齢はさまざまですが、大きく2つの客層に分けられます。1つは、20〜30代を中心とした一次取得層。いまは賃貸住宅に住んでいて、これから中古マンションを購入して住むという人たちです。もう1つは、40代以降の持ち家層。すでにマンションを所有し、そこをリノベーションしたいと考えている人たちです。

初めて不動産を購入する一次取得者は、賃貸で家賃を払い続けるくらいなら購入したほうがよいと考えています。さらに、まだ子どもが小さい、もしくは生まれるかも知れず、転職の可能性もあり、そこにずっと住むかどうかは分からないというのが実状です。SNSなどで情報を集める能力が高いため住まいへのこだわりや要望も強いですが、マンション購入やリノベーションにかかるローンはなるべく抑えたい。賃貸の家賃との二重払い期間はなるべく短くしたいと考えています。

先ほどの「いかにも」なリノベーションはローコストで工期も短くできるため、一次取得者のニーズと合致しています。何年住むか分からない住まいにあまり大掛かりなリフォームをすべきではないというのは私も同感です。

一方、いま住んでいるマンションをリノベーションしたいと考える持ち家層は、死ぬまでそこに住みたい、と考える人が大半です。リノベーションに関して、現在抱えている暑さや寒さ、結露やカビ、収納、風通しや明るさなどの悩みがはっきりしていて、内装の老朽化も相まってそれらを根本的に改善したいと考えています。工期やコストももちろん気になるけれど、中途半端にリフォームして不満を解決できなければ意味がないことを知っていますし、流行のデザインは数年すると飽きてしまうことも分かっている点が一次取得者との大きな違いです。

持ち家層が求めているものとは

私にリノベーションを依頼する人のほとんどが、持ち家層です［図3］。いま住んでいるところへの根源的な不満が、リフォームやリノベーションをする強い動機になっているため、その不満を解消し、デザインやプランニングでプラスアルファの価値を提供することが、設計に求められていることです。そうした設計のキーワードを、私は「終の住処」だと考えています。いま住んでいる家にお金をかけて、性能面も含めて直すということは、ある意味で、死ぬまでそこに住むという意志の表れだと思うからです。

これからマンションリノベーションを仕事にしようと考える設計事務所や工務店が目指すべきは、「終の住処」を実現するリノベーションだということを念頭において取り組んでもらえたらと思います。

図3
筆者へのリノベーション依頼者の属性

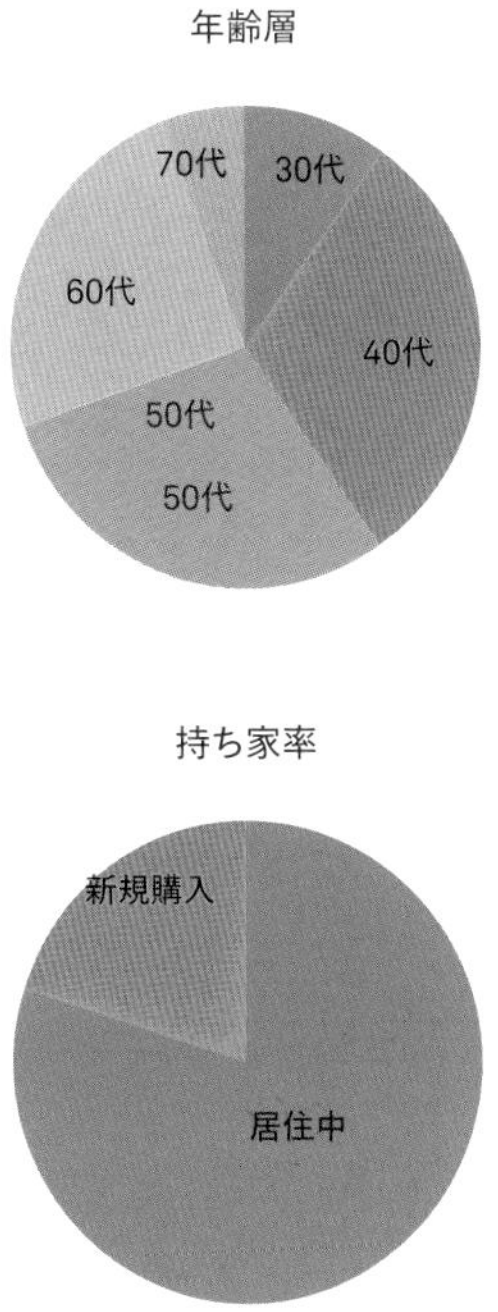

依頼者は40〜60代が多く、20〜30代は少ない。持家率を見ると、新しくマンションを購入する人が2割で、8割はいま住んでいる家を直したいと考えている

〈終の住処の設計法1〉温熱環境を整える

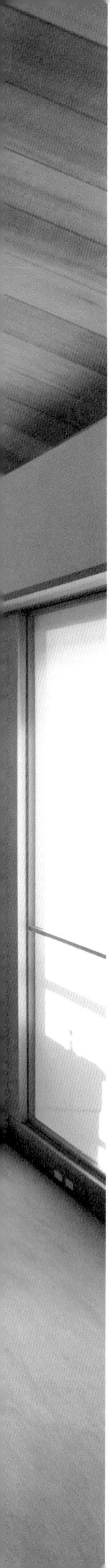

最上階の住戸は、天井を取り除いて吹き付け断熱を施す。覚王山の家は、勾配屋根だったため、天井を張らずに吹抜けにして、まるで木造平屋のような空間になった（左頁）

古いマンションに長く住んでいる人の多くが窓や壁の結露、またはカビで悩まれています。玄関ドアも断熱性が低いため冬場はビショビショになる、という声も多い。壁や床、天井への断熱材の設置、また窓などの開口部への内窓や建具の増設は、終の住処の設計では必須です。

また、温熱環境の改善は、室温を安定させるため、結果的に光熱費を下げる効果も期待されます。以前、カビ・結露対策で断熱改修した部屋を2年後に訪問したとき、住まい手から「断熱改修して電気代が大きく下がった」と感謝を述べられたことがありました。光熱費節約のための断熱改修でなくても、結果的についてくる省エネは、満足度が高いようです。

温熱環境に関して、多くの住まい手に共通するもう一つの改善要望が、「なるべくエアコンを使いたくない」という声です。特に通風を重視する関西では根強く、猛暑でも冷房なしで過ごしているという住まい手は思いのほかおられます。

『夏を旨とすべし』の信奉者は高齢者に多く、エアコンに頼らずとも何とかなると軽く考えがちですが、温暖化とヒートアイランドが進む現代ではそうも言っていられない現状がありますし、一歩間違えば熱中症で命に関わることなので、どうやって自然にエアコンを使ってもらえるかを考える必要があります。

断熱改修をすることで、壁や窓などの周壁面温度が上がりにくくなります。断熱性が低い家では快適な体感温度にするにはエアコンの設定温度を低くする必要がありますが、断熱改修によって26〜28℃の設定温度でも気持ちよく過ごせるようになるので、エアコンの消費電力は大幅に下がります。

「覚王山の家」(2021年)は、南側の窓に内窓を付け、さらに障子で2重になったサッシを隠しつつ、断熱効果も上げている。夏も冬もエアコン1台で全室空調を行い、快適な空間になっている

エアコン嫌いの人の話を聞くと、22℃や24℃の冷たい風が当たり、手足が冷える、お腹が痛くなる、というのがエアコンを使いたくない理由のようです。断熱改修では、エアコン嫌いの人たちに「設定温度が高くても快適に住める」ことをどう納得してもらえるかがポイントです。

冬は、南向きの日当たりのよいマンションでは、リビングは日中、暑いくらいに温度が上がります。戸建住宅に比べると、マンションは暖か

“どの部屋も快適に過ごせるように”

上_天井裏に空調室をつくり、ロフトから出入りできるようにしている。ここにエアコンが設置され、各所の吹き出し口から温風（冷風）が出る仕組み
右_北側の個室の窓には造作で内窓を設置。障子を上下操作することで、風を通したり、明かりだけとったりすることができる
左_洗面脱衣室は天井に吹き出し口を設置。風呂上りにエアコンが効いているのはうれしい

いと言われる所以ですが、そのぶん、日がまったく当たらない北側はコンクリートが冷え込んで、とても寒くなります。実際に南側のリビングと和室だけで生活が完結、北側の部屋は納戸になっているケースはとても多いです。

「断熱改修なんてもったいない」考える住まい手には、断熱改修することで家全体の温度が安定するので、北側も快適に使えるようになる、つまり増築のようなものですよ、とお伝えしています。

限られた面積をうまく住みこなすというのも、日本古来の住まいの知恵だと思います。

マンションでも全室空調が可能

マンションはエアコンの室外機置き場が少なく、スリーブ孔自体も多くありません。

外壁に面するリビングや洋室などの居室にエアコンは設置できますが、家の中央に配置されることの多いトイレや浴室、洗面脱衣所は冷暖房がない状態で、特に夏場は暑くなりがちです。

また冬場は、壁掛けエアコンでは暖気が上部に溜まってしまい床が暖まりにくいという問題もあります。さらに天井高が取りにくいマンションでは室内機が目立つ…。新築マンションで床暖房が必須アイテムなのもうなずけます。

そこで数年前からエアコン1台で全室空調を試みています。廊下などの天井裏にエアコンを設置し、冬は乾式二重床の床下に暖気を送り、暖房は低温床暖房としてはたらき、夏は天井裏から各部屋に冷気を送る仕組みです［図4］。暖房を床下、冷房を天井裏に切り替えるチャンバーと給気フィルターは環境創機社と共同開発したものです。

フラットな天井の築浅物件では割とスムーズに設置できますが、古いマンションでは天井の梁が多くてダクト経路が取りにくいため、あまりお勧めしていません。現在までに13件の設置事例があります。

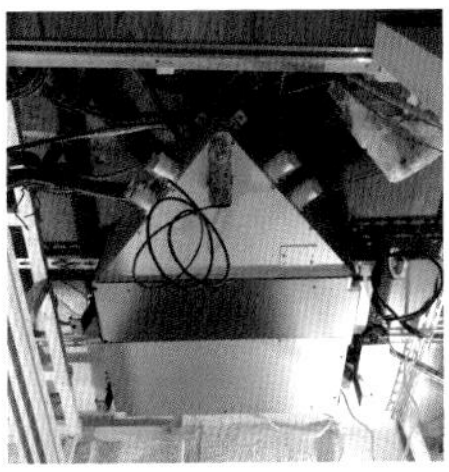

マンション全室空調用のダンパー付き分岐チャンバー＋給気フィルターユニット『エアラダ』（製作／環境創機）

天井・壁・床に設けられた冷暖房の吹き出し口。これによりエアコン風を感じることなく、家全体をゆるやかに冷暖房することができる

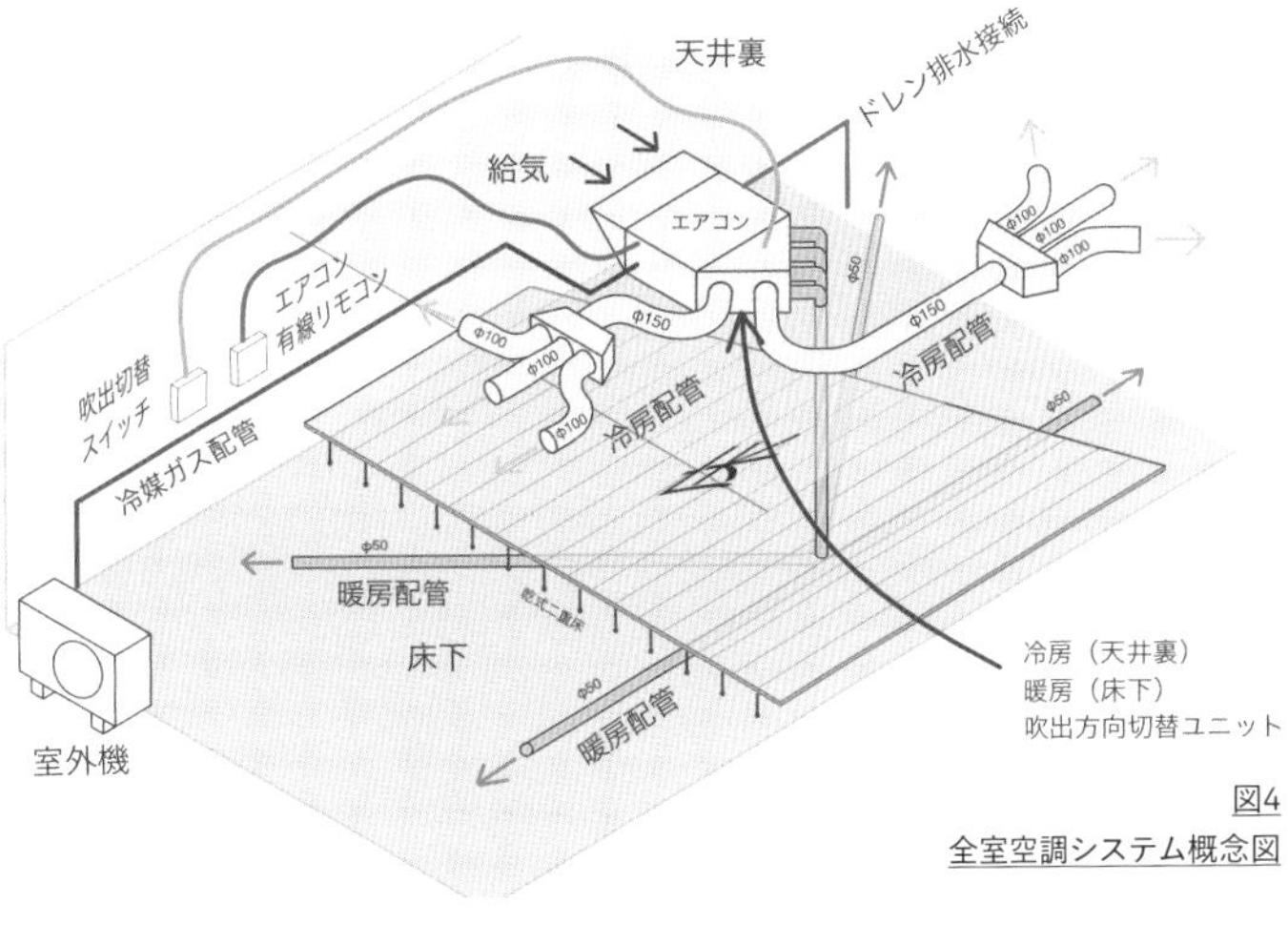

図4
全室空調システム概念図

〈終の住処の設計法2〉

通風を確保する

大阪府吹田市で手がけた「万博公園の家」のように、バルコニー側に掃き出し窓が2カ所、共用廊下側にも玄関ドアを真ん中にして窓が2カ所あるという間取りはマンション中住戸に最も多いパターンです。風の通り道が廊下しかないため部屋に風は入りません。そのような事例で通風を確保するためによくするのが、川の字動線。窓をつなぐ動線を3本つくり、居室のほか水まわりにも風が抜けるようにします。複数の動線を確保すると、建具の開閉で朝は水まわり、日中はリビング、夜は寝室に、といった風通し経路の選択ができるようになります。

数年後に訪ねると、住まい手が通風操作に熟練していて、体感的な季節ごとの風向きや強さを教えてくれました。これもパッシブな住まいの1つのかたちではないかと思います。

図5
通風を確保したプラン
（「万博公園の家」2020年）

Before

もともとは一般的なマンションによくある間取り。窓と窓を繋ぐ経路は廊下しかないため通風が集中して、ドアが勝手に閉まったり破損したりというのはよくある話

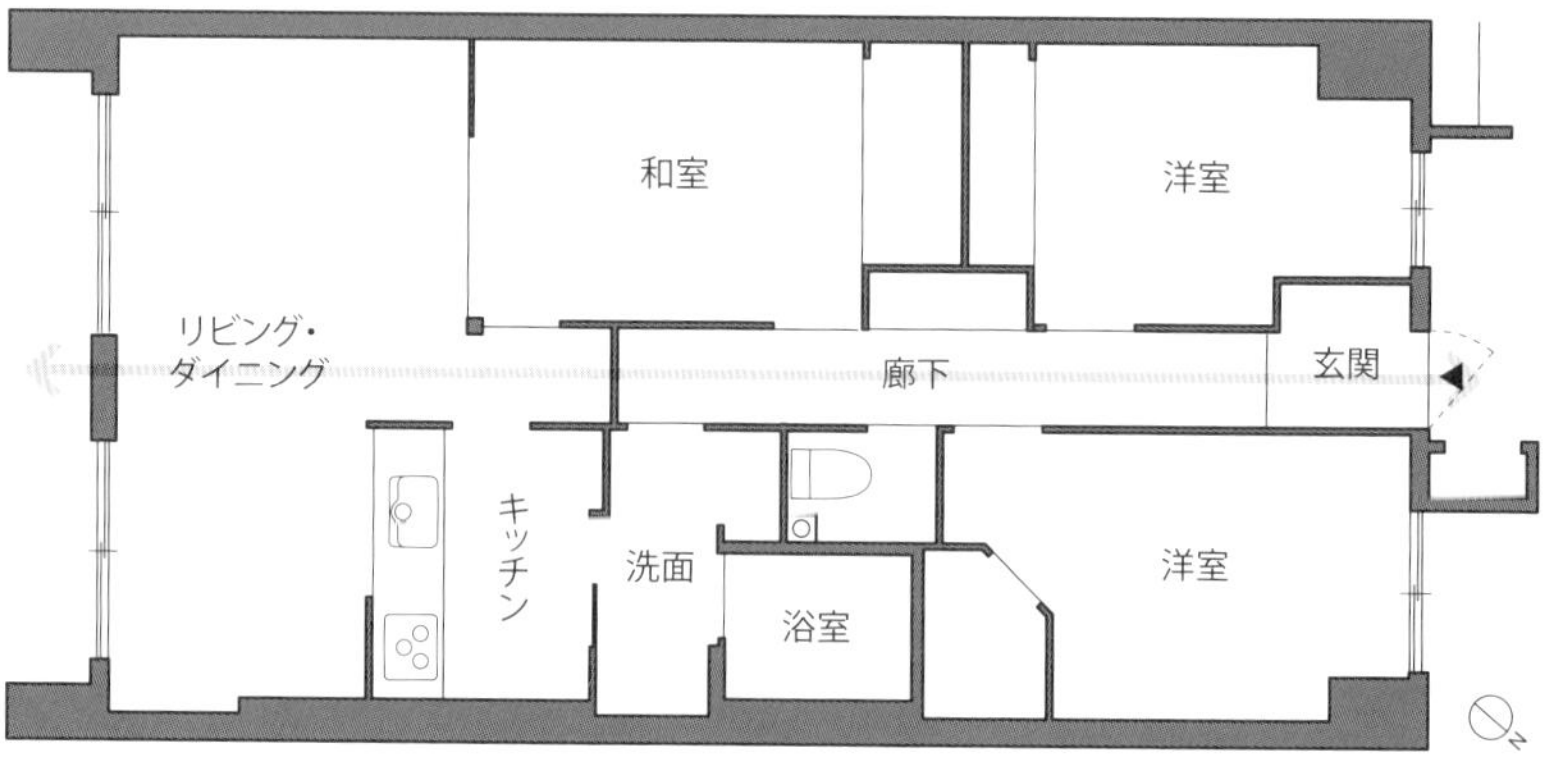

After

リノベーション後のプラン。上から居室、廊下、水まわり用の動線を設けている。人の通り道は風も通るわけで、用途によって引戸を開け閉めして風通しを操作できる

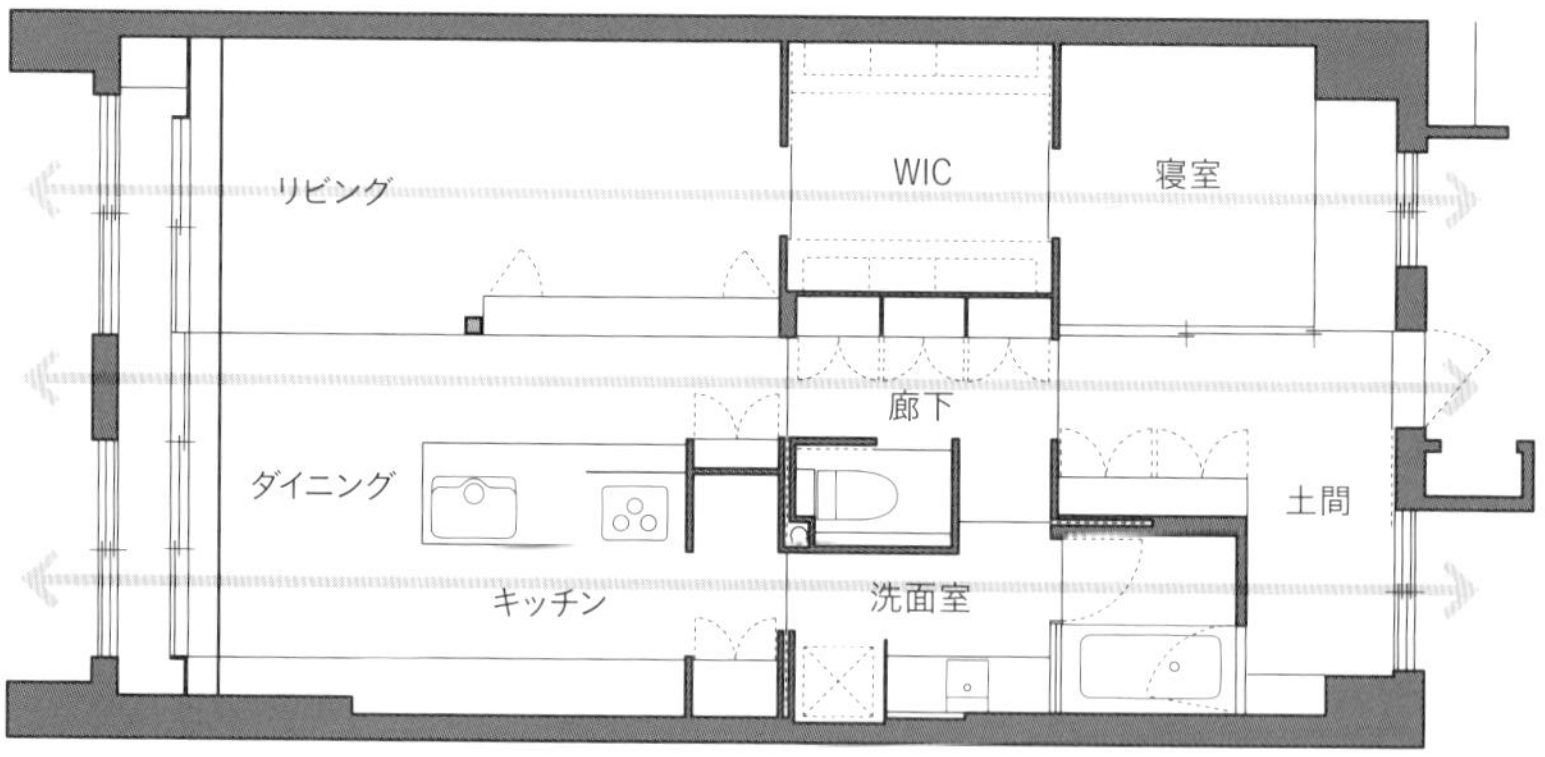

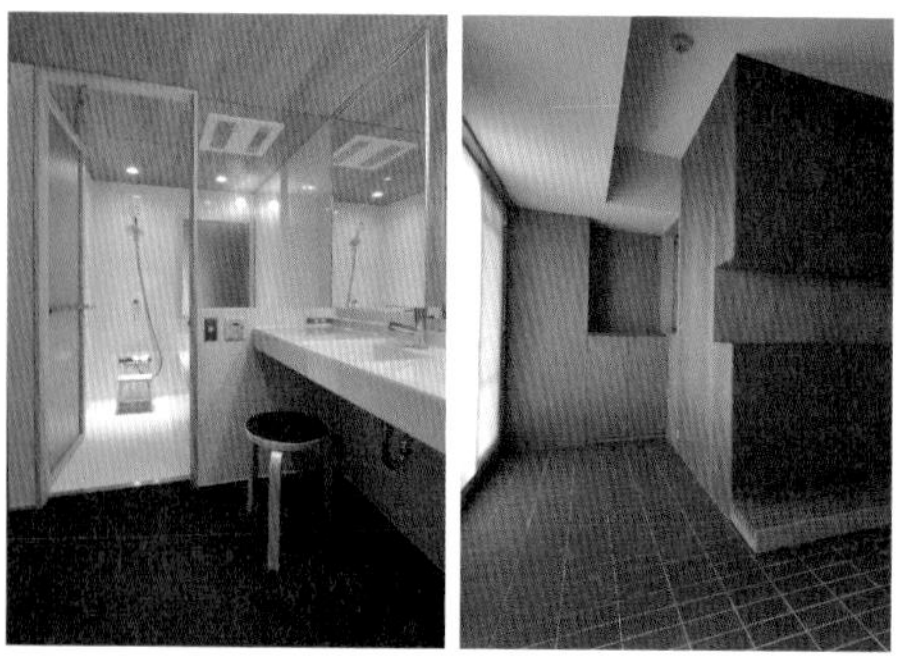

浴室の窓は、玄関土間に向けて開けることができ、北側の窓から風や光を取り込んでいる

リビング側から玄関方向を見る。右側がキッチンで、扉を開けるとその奥の洗面・浴室につながり、浴室の窓から北側の窓へと続く。真ん中の廊下は玄関からの風の通り道になる。左側はリビングからウォークインクローゼットを介して寝室の窓へとつながるため、寝室からの風を通すことができる

“川の字動線で水まわりにも風を通す”

右_玄関からリビング方向を見る。右側が寝室。玄関土間と寝室の床はフラットで、引き戸で仕切ることができる。寝室にはカーペットを敷き、ベッドを置いている。左側のラワンのボックスは浴室
左_部屋を仕切る引き戸は、光や風を通す簾戸を活用

〈終の住処の設計法3〉

限られた光を最大限生かす

居室の窓を浴室に割り振り、ヒノキ風呂に浸かり眺望を楽しめるようにした。24階の住戸で隣棟との距離もあるため開放的な浴室となっている

図6
窓の位置に浴室を移動したプラン
(「ポートアイランドの家」2016年)

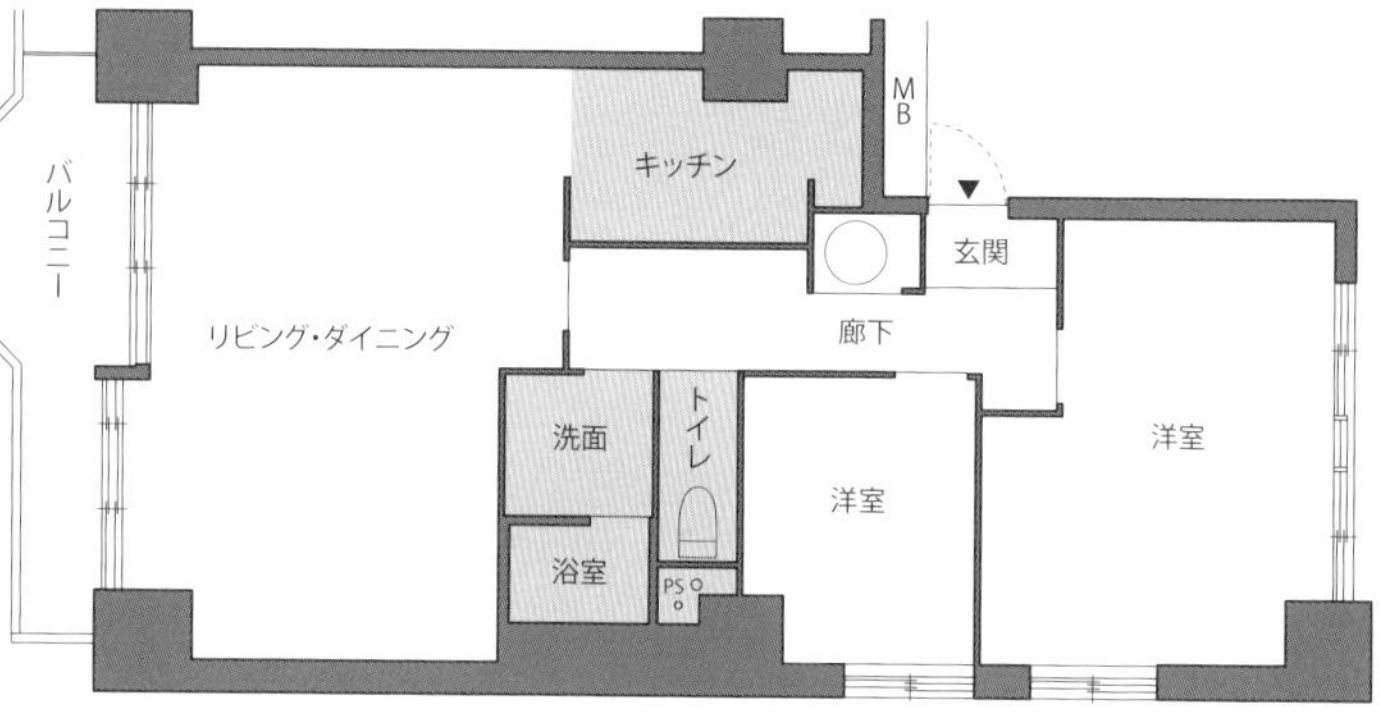

Before

閉鎖型のキッチンは暗く風通しも悪い状態。洗面や浴室などの水廻りも暗く、窮屈な配置となっていた

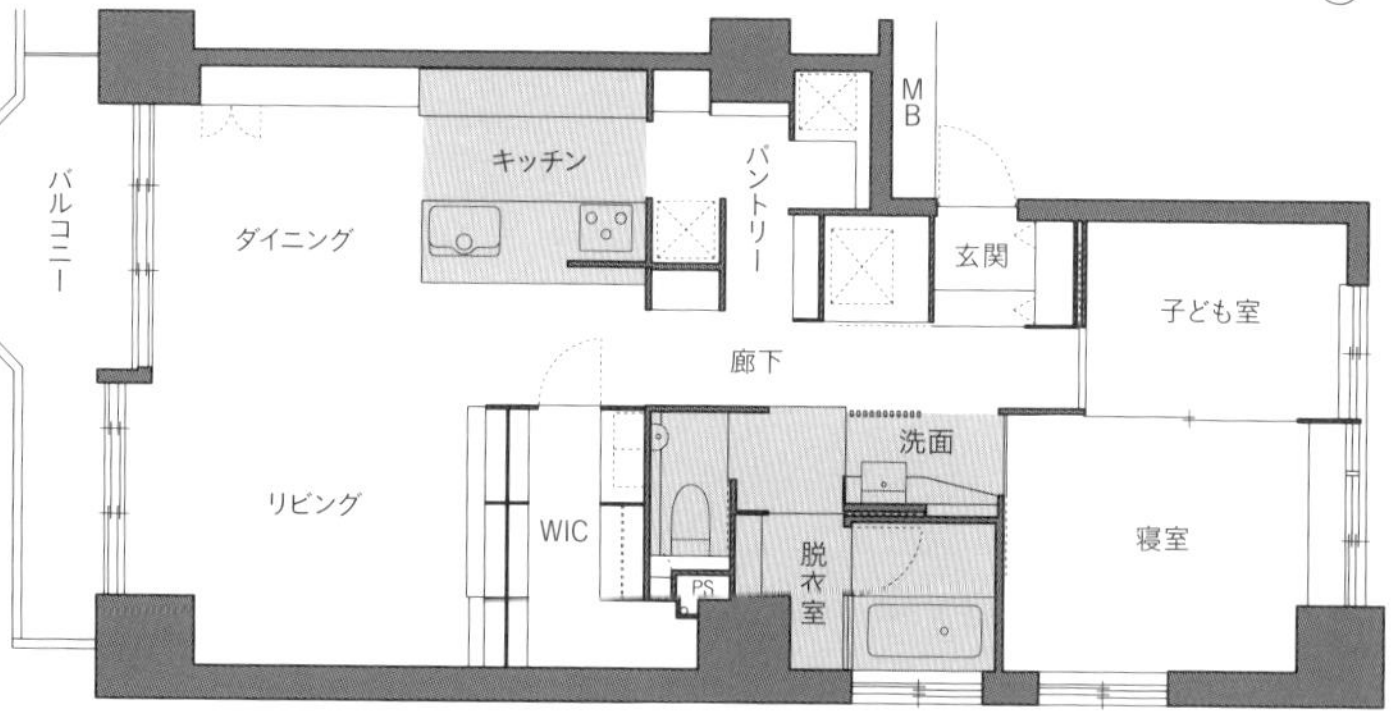

After

リノベーション後の間取り。住戸中央のどうしても暗くなる部分に収納やトイレを割り振り、開口部近傍に居室や浴室を配置するように設計した

風や明るさなど快適なものは窓からやってきます。マンションでは窓を増やすことはできませんが、うまく活用することはできます。すべて明るいほうがよいわけではなく、収納のように暗いほうが向いている場合もあります。

神戸の高層マンション「ポートアイランドの家」は、もともと窓のない暗い部分にキッチンや洗面が配置されていました。そこで明るいところ、暗いところに適した部屋を配置しなおし、窓を最大限生かす工夫をしています。居室にあった窓辺に浴槽を配し、高層階からの眺望のある木の浴室を実現しつつ、脱衣や廊下への採光も確保。暗くなりがちな住戸中央にウォークインやパントリー、洗濯室を集め、明るい窓周りにリビングダイニングや寝室、子ども室を配置、自然に逆らわないプランとしました。

“明るい水まわりは気持ちいい！”

上_水まわりを開放的につくり、自然光を各室に届ける。光だけでなく、風通しもよくなるうえ、南側の部屋の温かさも北の部屋に届ける
下右_リビングには猫用階段を兼ねた本棚を設け、その向こう側ウォークインクローゼットになっている。上部の仕切りを透明のアクリル板にすることで自然光をクローゼットにも届ける。左手のキッチンの奥はパントリーと洗濯室
下左_「ポートアイランドの家」の玄関。玄関を小さく建具で閉じて風除室とすることで、外の冷気が居室に入らないようにしている

〈終の住処の設計法4〉

動線で居心地を高める

終の住処にとって居心地の質をどう高めるかも重要です。特に冬場、マンションは日当たりのよい南側は暖かくても、北側の部屋はどうしても寒くなります。また、玄関ドアは断熱性能が上げにくく、そこにつながる廊下や、廊下とつながる居室は、寒くなりがちです。先に紹介した「ポートアイランドの家」では、玄関を小さく閉じ、南側の暖かい空間を北側まで広げられるようにしてプランで温熱環境を改善する取り組みを行っています。

また、生活するうえでの動線も居心地に大きく影響します。面積が限られているコンパクトなマンションでは特に、行き止まりをつくらず回れる動線を確保するだけで便利にな

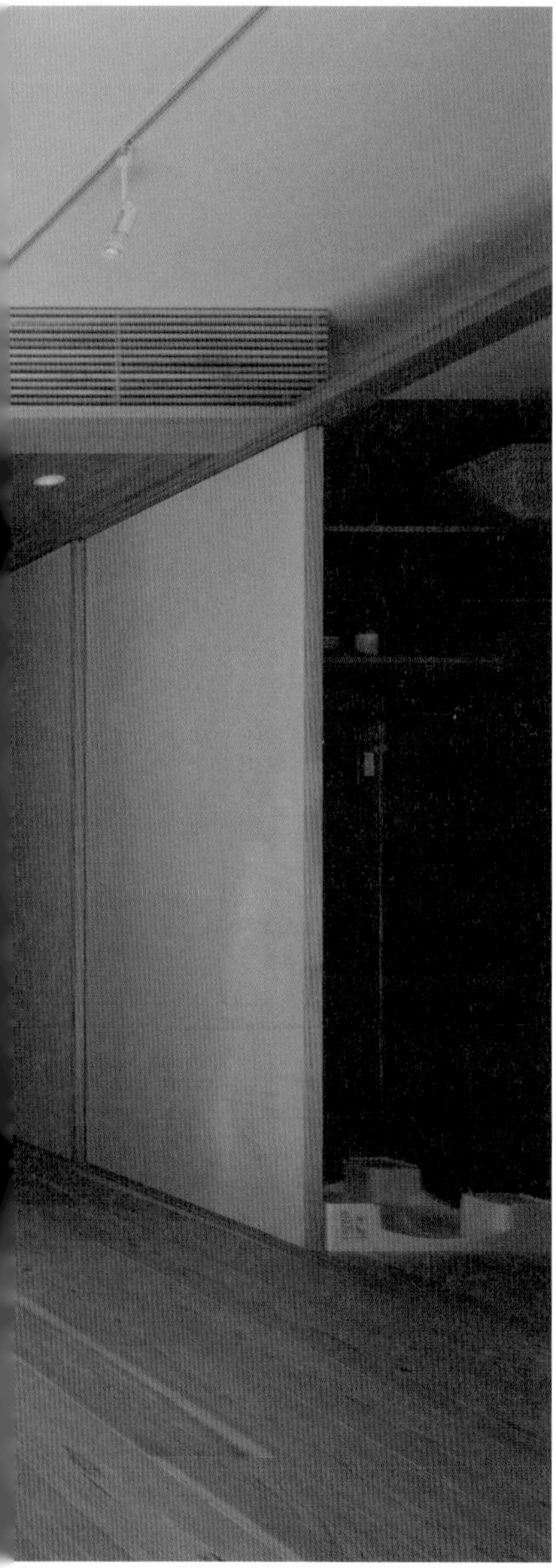

図7
回遊動線にしたプラン
(「武蔵野の家」2020年)

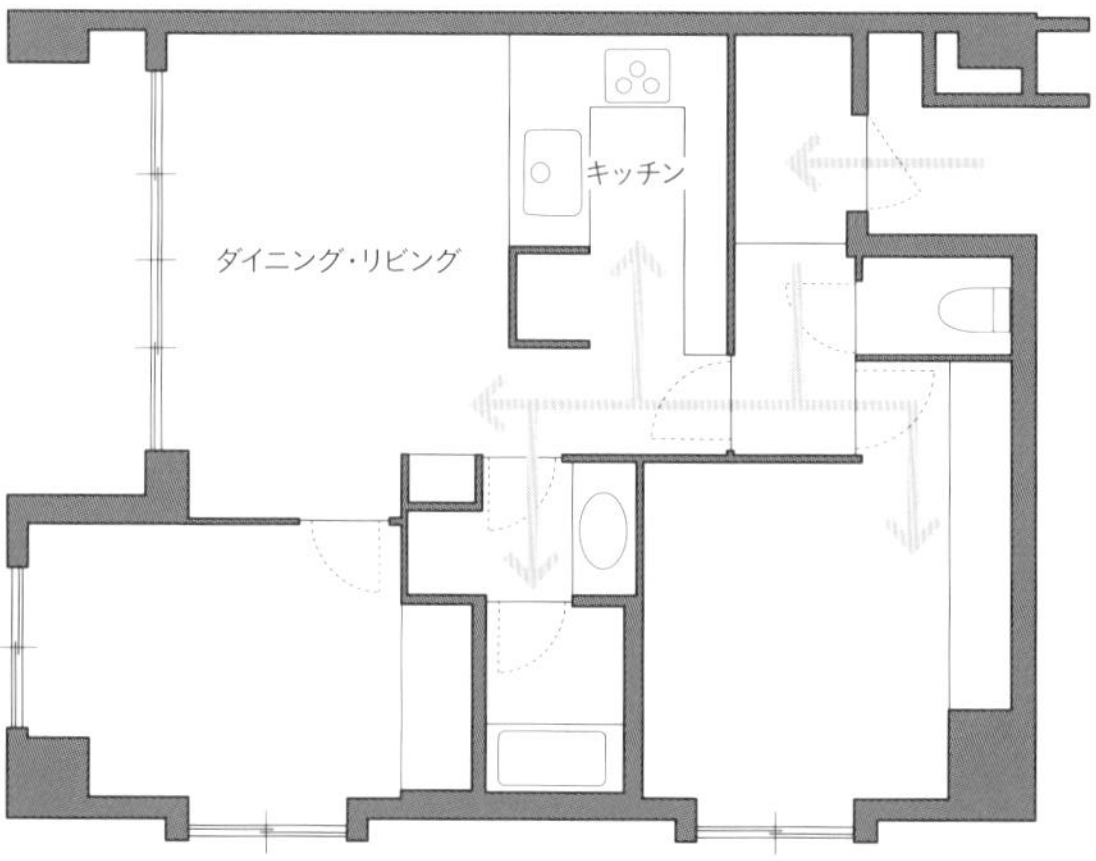

Before　もともとの間取りは変わった形のキッチンに各部屋への動線が行き止まりのため、窮屈に感じるプランだった

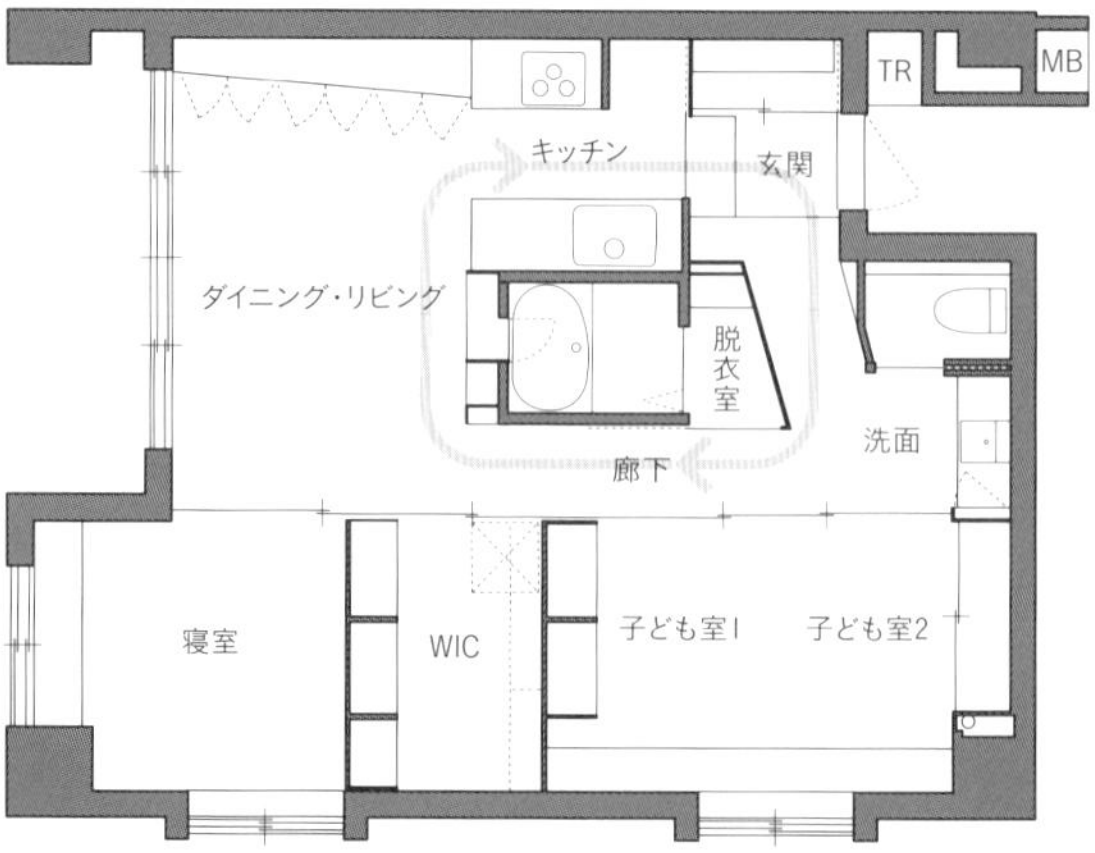

After　リビング側を本棚とした浴室周りを住戸中心に設置。その周りを大きく回遊できる動線を設け、各居室を配置

ると同時に、家に奥行きが生まれ広く感じられるようになります。「武蔵野の家」は60㎡に4人家族が暮らす空間を確保するにあたり、まず浴室と脱衣を住戸中央に配置して全体に大きく回遊できる動線を確保、風や光を得られる窓際に各居室を配置しました。

限られた面積の中で回遊プランはもったいないと思われがちですが、動線をキッチンの作業スペースや洗面、玄関ホールとして機能や役割をもたせつつ配置していくことで、ただの通路ではなく部屋とすることができ、シンプルで無駄のないプランになります。

「武蔵野の家」洗面所。右手が通路に設けた洗面とトイレ、左の引戸は脱衣室、中央奥は玄関でそのままキッチンにつながる

“回れる動線で空間が広くなる！”

左手が通路も兼ねたII型キッチン、中央の本棚の向こう側は浴室で、本棚の一部を小窓にして通風と採光ができるようにしている

〈終の住処の設計法5〉

可変性をもたせる

終の住処の最後のポイントとして挙げるのは「可変性」です。

具体的には、動かせる家具を使って間仕切ることで居室をつくれるようにし、将来的な間取り変更ができるようにしておきます。若い世帯で子供はこれからか、まだ幼い場合にはとりあえず大きな空間を確保しておき、将来、個室が必要になったら部屋を仕切るということになりますが、いま住んでいるマンションをリノベーションする年代になると、すでに子供は大きく、または独立する年齢になっており、いまは個室が必要だけど、数年後に要らなくなるかもしれない、というケースが多くなります。普通に壁で仕切ってしまうと、子供が独立した後にまたリフォームが必要になるわけですが、可動家具で仕切ることで将来リフォームをせずに間取り変更することができるのでラクになります。

「弘明寺の家」は夫婦二人が住むマンションを、奥様の両親と住むための二世帯住宅にしたいという要望でした。いまは親、子世帯それぞれのリビング、寝室、収納が必要だけれど、両親が住めなくなったあとはまた夫婦だけの住まいに戻したい。そこでトイレや洗面は両世帯とも使いやすいように配置、浴室やキッチンなどの水まわり以外の空間をオープンに

図8
可変性をもたせたプラン
（「弘明寺の家」2018年）

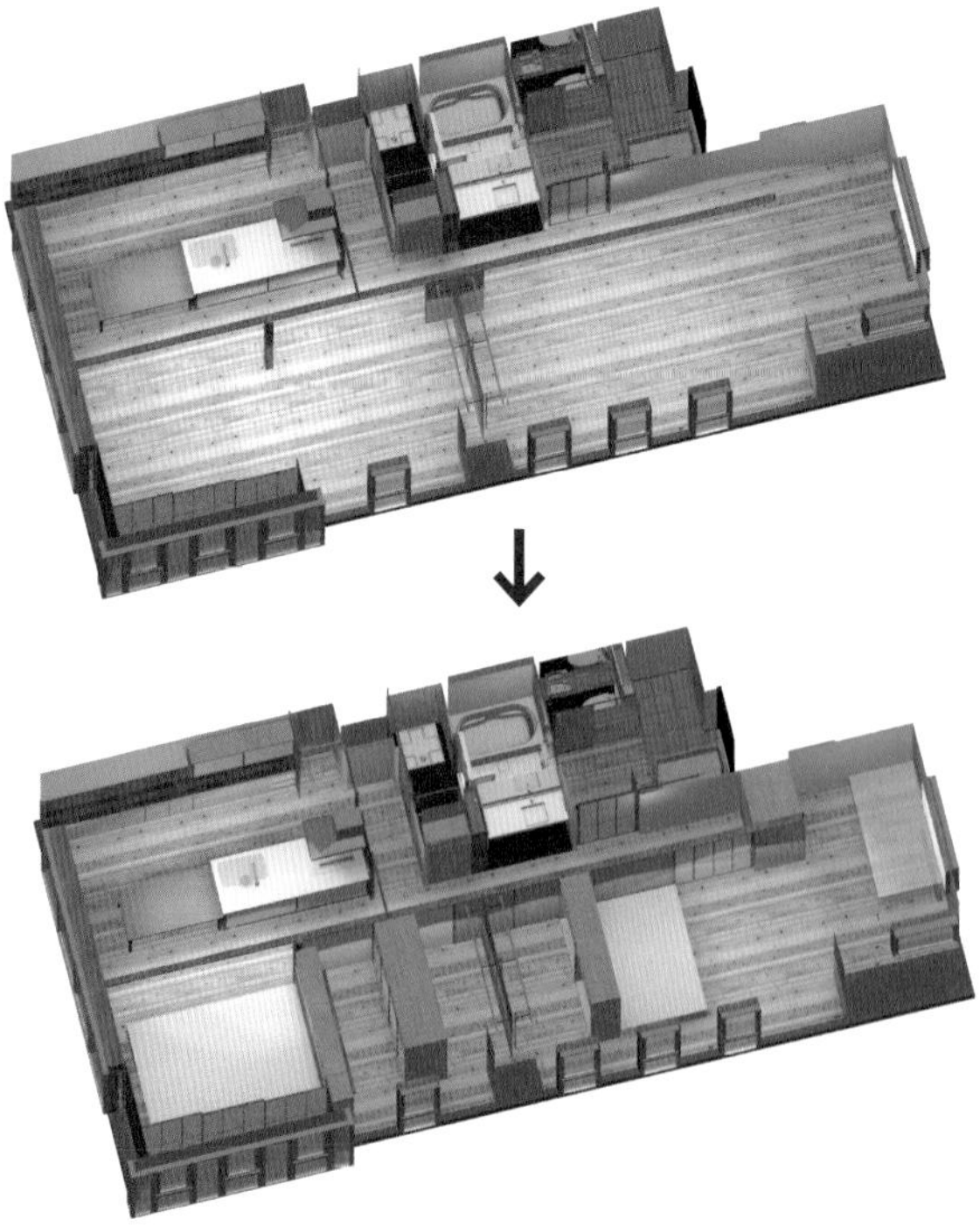

建具を移動させればほぼ床だけになるプランを提案した

建具や小上がりなどを取り付けて空間を仕切った。右が親世帯、左側が子世帯

“将来、間取りを変更できるように”

つくり、そこに収納や小上がりといった家具を使ってプランしました。

じつは竣工後3年で事情が変わって早速間取りを変えたいという相談がありました。大きなプラン変更でしたが、施工は私と大工2名で2時間ほどで完了しました。終わってから住まい手と、間取り変更できるようにしておいて良かったね、と話しましたが、可変性をもたせておくことのメリットを実感した出来事でした。

いま住んでいるマンションを終の住処にしたいと考える年代の人には、今回のリノベーションでできることはすべてやっておき、10年後、20年後、高齢になってからリフォームを考えなくてよい状態にしてあげたい、という思いがあります。もちろん、可動家具はイニシャルコストが掛かりますが、「少し高くなったとしても、ローンを組めるいまのうちに全部すませて、歳をとってからラクできるようにしましょう」というのが私のいつもの決まり文句で、たいてい共感していただけます。

また、終の住処にと考えてリノベーションしても、歳をとってから住めなくなる状況になり、手放すことも考える必要が出てくるかもしれません。

どんなにこだわったリノベーションでも売値が上がらないのが現状ですが、「部屋数×ＬＤＫ」で流通している不動産、間取りを変更できる物件は幅広いニーズに対応しやすいので売りやすい、という面もあるのが可変性のあるプランのもう一つのメリットかと思います。

可動家具でつくったワークスペース（右）とウォークインクローゼット（左）

子世帯リビング。小上がりも間仕切り家具もすべて可動家具で構成している

マンションリノベの大きなニーズは何年住むか分からない若い世代であることは間違いありません。私は、そういった年代からの問い合わせには、「なるべくお金を掛けないように、物件探しから手伝ってくれるワンストップサービスを手がける会社に依頼したほうがよい」と伝えています。もしくはリフォームせずに住んで、住まいの問題点と将来の見通しがはっきりしてから相談してくれたほうが絶対に得ですよ、とアドバイスしています。

マンションリノベでは設計事務所や工務店の活躍の場はまだまだ少ないですが、飽きのこないデザイン、無垢材や塗り壁などの長寿命の素材を使うこと、通風や採光、動線、使い勝手や居心地、可変性まで考えたプラン、断熱改修や全室空調などの性能、設備的な配慮など、私たち設計事務所や工務店にしかできない(やらない)マンションリノベを求めている人は、確実にいることを日々実感しています。

終の住処というと、老後や介護といった暗いイメージをもたれがちですが、そうではなく「死ぬまでここに住みたいと思う家」のことだと私は定義しています。その覚悟を決めた住まい手に対して、改修前より暑くなったとか、不便になったとか、デザインに飽きた、と思わせてしまうような中途半端なリノベーションを提供したくない。

マンションという限られた空間をうまく使って暮らすことは、日本人が古くからもっている住まいの価値観とフィットすると思っており、その考えに共感してくれた住まい手から依頼をいただいていると認識しています。

「覚王山の家」のダイニング。子どもが成長し、夫婦2人暮らしを見据えてのリノベーションは、マンション住まいを忘れてしまうほど、のびやかで快適に暮らしているという

死ぬまでここに住みたい——そう思える家を

Lecture

9

建築と家具

小泉誠

Makoto Koizumi

家具であり
建築であるものを
考える

日本の家具は独特なもの

僕の仕事は、家具デザイナーです。日々、椅子や照明などをデザインしながら、日本の家具デザインには独特なものがあると感じています。何が独特なのでしょうか。それを知るために、まず「家具とは何か」から考えていきましょう。

家具とは「家の道具」と書きます。住宅設計の現場ではあまり耳にしないかもしれませんが、大きな建築の現場では「家具・備品」は、《逆さにすると落ちるもの》とよくいわれます。ただ僕は、これがどうしても腑に落ちませんでした。あるとき、といっても20年くらい前ですが、ある生活史研究家の書籍のなかで、幕末に来日した外国人が、日本の家を見て「家具のない国、日本」と言った、と書いていることを知りました。これはどういうことかと興味をもち、調べてみることにしました。紐解いていくと、そんなに難しい話ではありませんでした。日本の建築様式の歴史をざっくり表現すると、800年くらい前に寝殿造が生まれ、その後、室町時代後期、戦国時代に書院造が登場し、やがて数寄屋造へと続く流れがあります。おそらく、くだんの外国人が見たのは書院造の建物だと思います。書院造の室内には、書院があって、障子があって、床の間があって、天袋・地袋があります[図1]。これらは、逆さまにしても落ちません。まさに家具のない家です。

しかし、そこにあるものを馴染みの家具に置き換えると、どうでしょうか。書院はデスク、明かりをとる障子は照明（ライト）、地袋や天袋は、キャビネット。床の間は飾り棚、畳だって、座布団を敷けば椅子やソファになるし、布団を敷けばベッドにもなる。

なるほど日本の家具とは、建築と一体化したものなのだ。このことを理解できたことで、「家具＝逆さにすると落ちるもの」への《僕の違和感の理由》が、腑に落ちました。

日本の家具とは、欧米の家具（ファニチャー）と違い、家の道具でもあるが、家自体も「道具」であるのです。だから僕は「逆さまにして落ちるものが家具」という言い方に違和感を覚えていたのでした。

“日本の家具は
建築と一体”

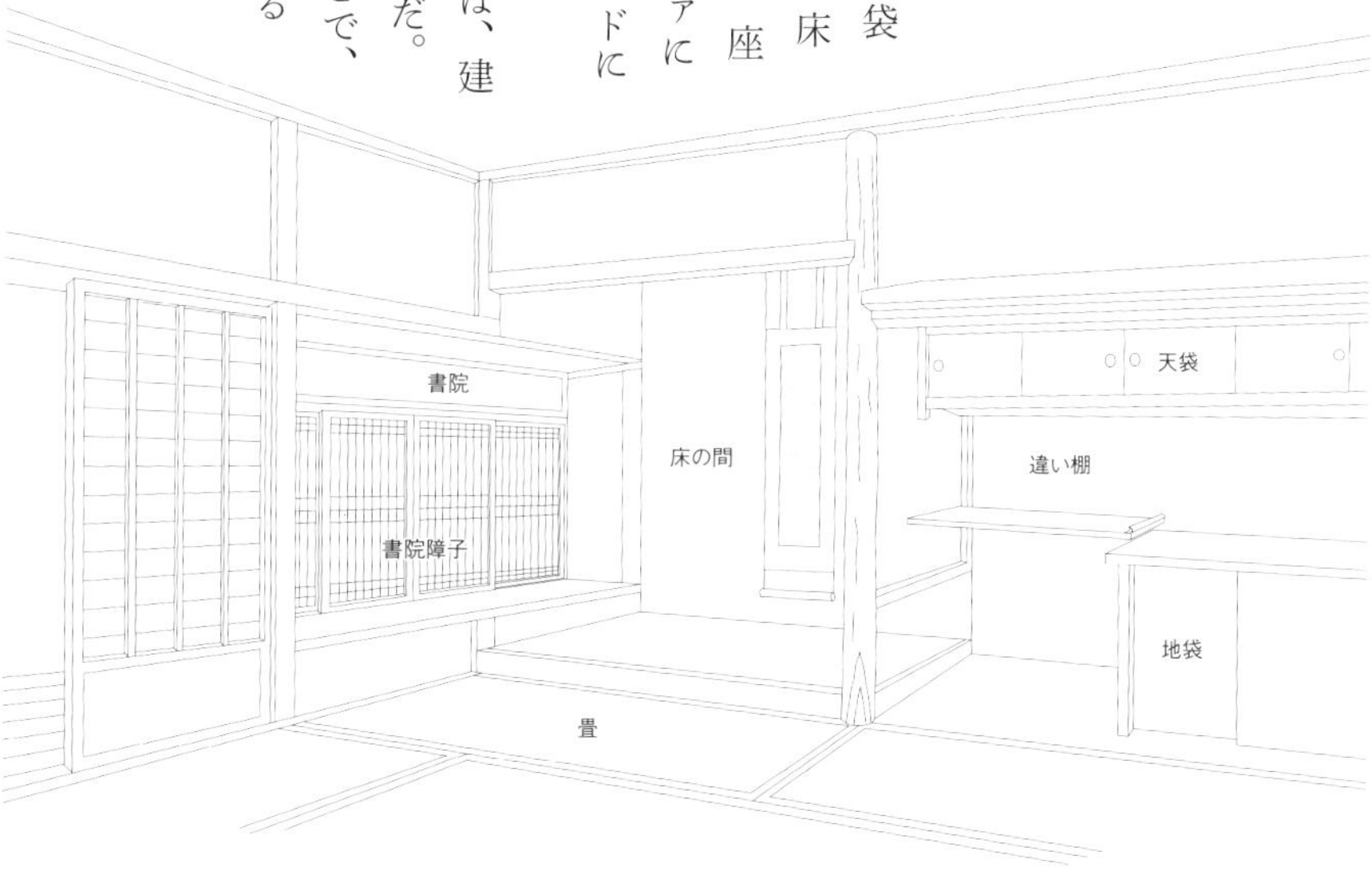

図1
書院造のイメージ

建築と家具を分けるもの

とはいえ、現実的に両者は区別されて考えられています。いった何が建築と家具を分けているのでしょうか。さらに考え、それが「居場所」だということに気がつきました。

たとえば、モノ（テーブルや椅子など）の外側にいると、それは家具（プロダクト）と呼ばれる。一方で、モノの内側に入ると建築（空間）と呼ばれる。その差は、ただ単に人の居場所の違い、つまりそのモノの外にいるか内にいるかの違いではないか、ということです［図2］。言い換えれば、建築や家具という呼び名は、人の行為に合わせて付けられた名前＝名詞にすぎない、ということです。前頁で述べた「日本の家具」の概念でいえば、図2の箱は「家具」と考えることができます。

そこで僕は、もっと伸びやかに家具を考えられるよう、《動詞》で家具をデザインすることにしました。このことを説明したくて2007年に開催したのが「匣&函」展です。ただの箱の中に入って、「これは家具なのか、空間なのか」ということをみんなに考えてもらう仕掛けです。たとえば座面と背もたれがあれば、それは椅子になります。写真のように箱を少し傾斜させることで、安楽椅子のような形状になっています。わりと気持ちよく座れて、箱を高くすることで目線が変わり、空間も感じられます。

さらに大きな空間、2畳ぐらいの箱を傾けると、後ろに荷重がかかってより座りやすくなります。一方で、それを支えている奥の四角い箱はお風呂のようにもなりますし、庭のようにもなる。そういう空間が2つできる。この展示会は、自分のなかで、「家具なのか空間（建築）なのか」を考える必要はないと実感するきっかけにもなりました。

図2
居場所によって名前が変わる

1つの箱があって、中に入ると建築・空間、上に座ると椅子と一般的には呼ばれる

2007年に東京のGALLERY le bainで開催した「匣＆函」展。2つの箱を組み合わせただけで居場所をつくり、建築と家具の間を模索して「家も家具だ」と言い切れるきっかけとなった展覧会

“家具なのか？ 空間なのか？”

「ASAHIKAWA DESIGN WEEK 2019」で展示した「食卓箱」と「働箱」。この年の展示テーマは「入れる『匣』から入る『箱』」だった。
「食事箱」は、ひとつ屋根の下で同じ釜の飯を食べることで、人と人の距離が近づくというコンセプト。通常、テーブルは天板が一番上にくるが、このテーブルでは脚が天板の上まで延びており、本来ならば天板下にある「抜き」のような構造体も上に出ている。そこに箱をかぶせることで、テーブルで食事をしながら一つの空間を共有できるようになっている。
「働箱」は、箱の中に入ることでいろんな感情が生まれるということをかたちにしている。オフィスシステムのようなもので、デスクや棚、ソファ、小上がりなどからなる家具であり、空間をつくる箱でもある

大切なのは「つくる気持ち」をつくること

家具であれ、建築であれ、僕がものづくりで大切にしていることは、「つくる気持ちをつくる」ということです。僕たちは、最終的には物理的な《もの》をつくっていますが、その途中でも気持ちを言語化して、ものづくりに関わる人たちと共有するようにしています。

特に家づくりは、時間がかかります。設計者はプランをつくり、数百枚の図面を描かなければなりません。施工者は材料を手配し、つくりあげていく手間をかけます。

一方で住まい手は、つくられる家に大きな夢を抱き、お金をかけています。家づくりは、設計者・施工者そして住まい手の思いが1つになって進むものです。それならば、建つ途中のこともいろいろと共有しながら、楽しみたいと思っています。

ここからは、具体的に僕が設計した1軒の住宅を紹介しましょう。

敷地で過ごし、建物の形をイメージする

「西浦の家」は、駿河湾に面し、敷地北側から富士山が望める絶好のロケーションに建つ、週末住宅です。設計にあたって、はじめにしたことは現場調査です。現場調査で心がけていることは、日の出前に現地に入り、最低半日は過ごし、日暮れを見る、ということです。

この現場でも夜明け前に入り、朝日が昇る様子を見ながら、朝日が当たった富士山の美しい姿を発見したり、反対に手前には電柱などのノイズが景観の邪魔になることも確認しました。半日ほど敷地で過ごしていると、富士山が望める北側は比較的順光で日当たりがよく、東側からもよい光が入ることに気がつきました。敷地は南にも向いていましたが、北側が主役になると感じて、窓の取り方も考えました。

それらを整理してまとめたのが図3のプランです。生活動線を東西に取りながら、南北に富士山の見える動線をつくる計画です。ただその後、敷地の都合でこのプランでは不都合があることがわかり、最終的には敷地の東側に寄せた、くの字型の建物になりました［171頁図4］。

建物南側外観

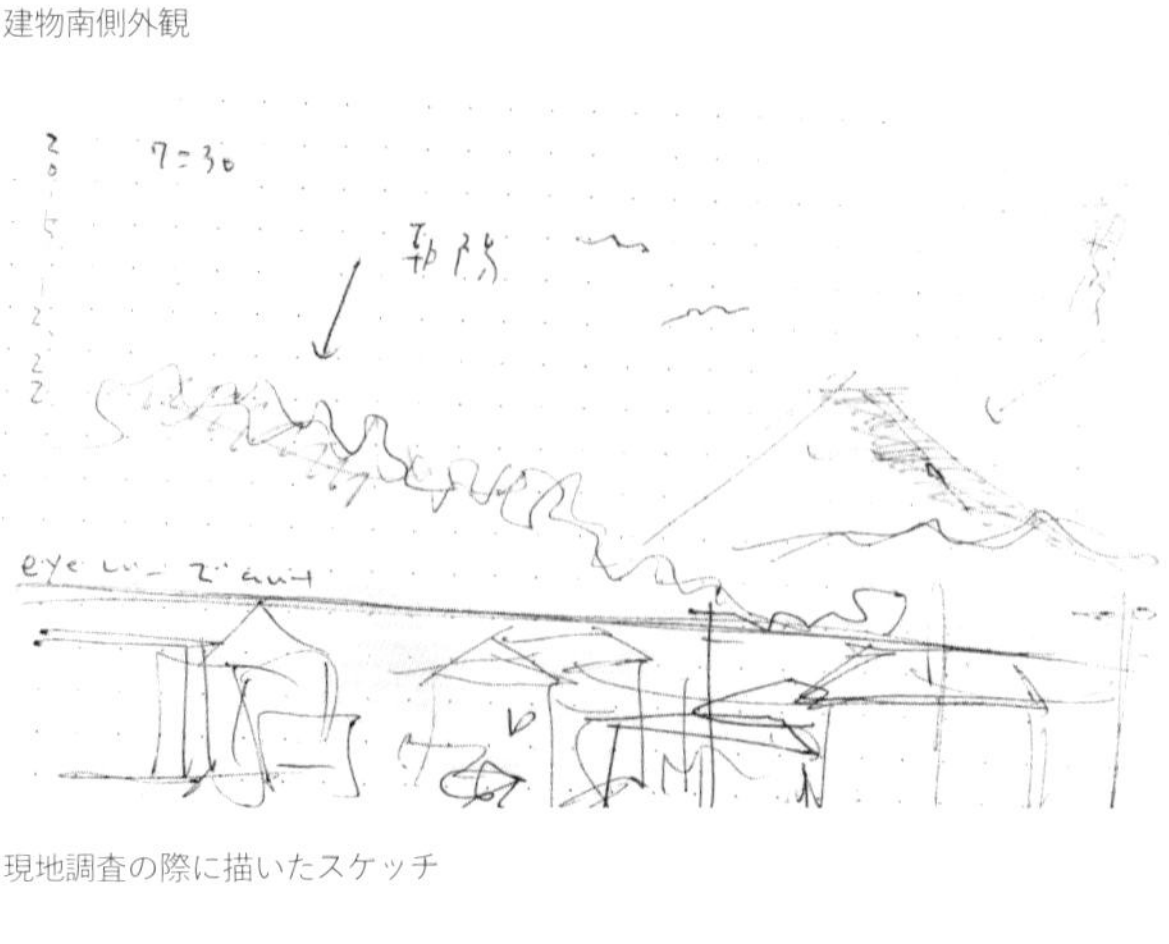
現地調査の際に描いたスケッチ

上_書斎のデスク正面に計画した開口からの眺めを確認している
中上_一部の配線器具に海外のアンティークを使用。設備担当者に安全性を確認しながら採用を検討した
中下_外壁に使用した焼杉。18㎜厚の杉材の表面を3～4㎜をよく焼いた（焼き過ぎ…！）焼杉
下_焼杉の加工現場。プールを使って、昔ながらの方法でスギを焼いている

図3
初期プラン（S=1：400）

敷地北側に矩形の建物を配置し、南側に共有スペースを設ける計画

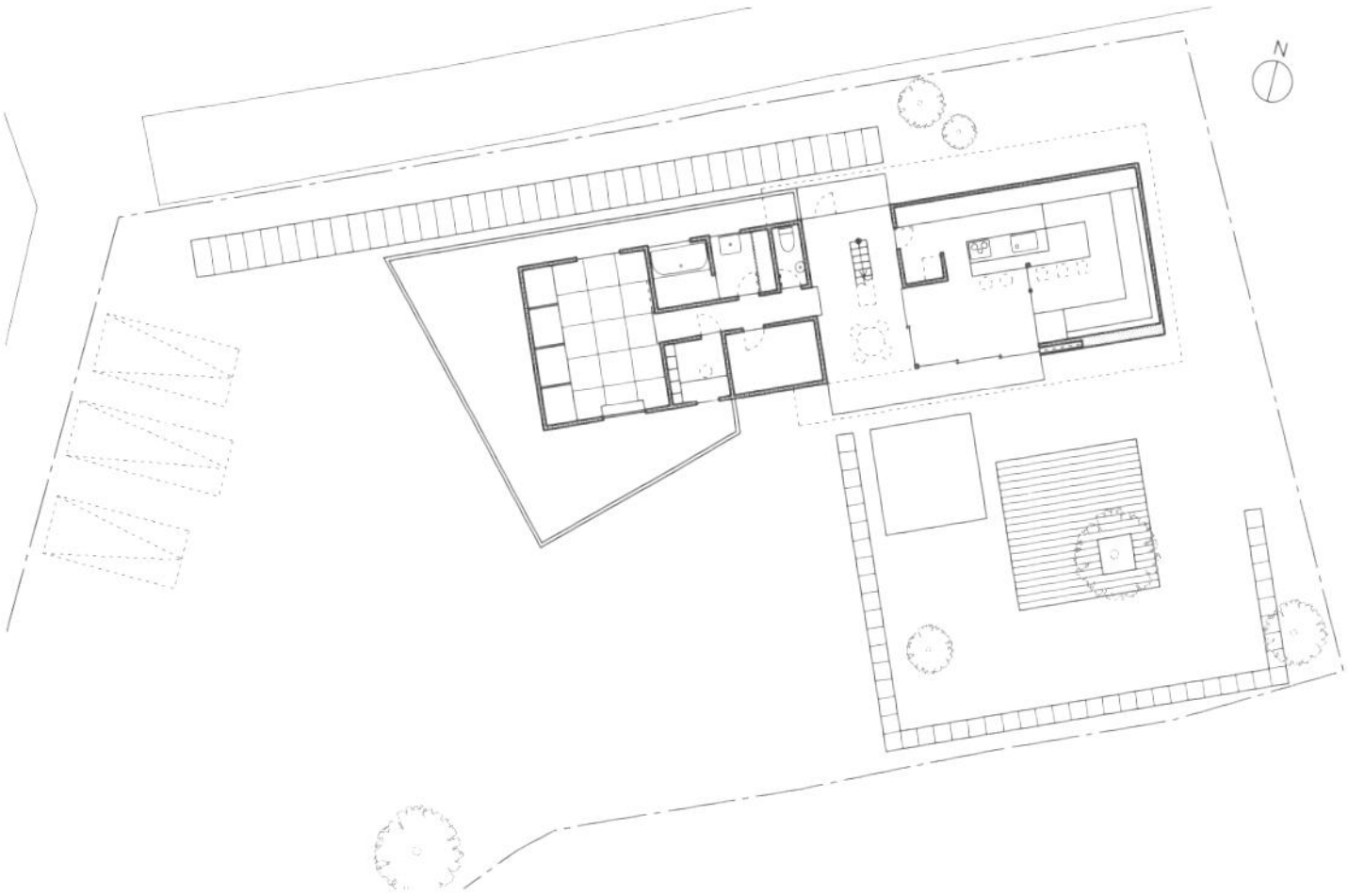

思いをかたちにするプロセス

僕は、通常、都内ならば週に1度、現場の職人と話し合い、設計を進めるという方法をとっています。この現場は少し遠かったので10日に1回のペースで現場に通いました。現場では、うまく納まらない部分の図面を検証したり、納まりのつかないところをどう納めるかなどを職人や監督と相談し、彼らが可能な方法を話しながら探していきました。

現場では職人との話し合いのほかにも、自分の設計の細部を再確認する作業もしています。土間を左官で仕上げていますが、使うコテも現地で選び、具合を確認しながら決定しました。またこの住宅では、一部の配線器具に古い電気のスイッチを使用したかったため、設備担当に安全かどうかを確認してもらっています。

また、外壁には地元静岡の焼杉を使用しています。焼杉は、施工会社の工務店仲間に、昔ながらの方法で焼いてもらいました。加工の現場を工務店や住まい手と一緒に見学し、素材がつくられていく過程を体験・共有しています。

居場所をつくり、つなげる

西浦の家は、一家族だけでなく複数家族が集まることを想定し、建物1階西側には共有部＝リビングを配置し、中央にはキッチンコアを設けています。

キッチンコアの南側は廊下ですが、単なる通路にはしたくなかったので、造作ソファを設け、1つの空間をつくっています。キッチンコアの北側は裏動線です。キッチンからすぐ屋外に出られるようにしています。また、キッチンの土間側壁にも小窓を設けてそこから外にものを出せるようにしています。

1階東側はプライベート部分です。中廊下を抜けて、主寝室や書斎、水回りへと移動します。中廊下を設けると奥まで風が抜けて気持ちよいのですが、中廊下はどうしても中弛みしてしまいます。そこで、感覚的に距離を感じ、空間自体を楽しめるようにトンネル状な廊下を計画しました。

この建物は、おおむね平屋ですが、土間横の梯子を登ると、屋根裏部屋のような空間にゲストルームと納戸、そして富士山を望むデッキテラスがあります。

外空間も楽しむための家具

建物南側にはウッドデッキを設けました。ただし日中はかなり日差しの強い土地なので、夜に涼むなどの利用を想定したデッキです。この建物には雨樋がないので、雨だれがウッドデッキと踏み石の間に落ちるように配置を考えました。外構の照明は、庭木に電球を3個吊って、クリスマスツリーのようにしました。ファンシーにならないよう配慮しています。

さらに南の庭には、基礎工事の残土を利用して小さな丘をつくりました。道路から外壁は見えるが、丘に登らないと建物の中は見えず、丘が精神的な仕切りの役割を担っています。ル・コルビュジエもランドスケープで取り入れている手法で、僕もときどき用います。

この家の主役になると考えた敷地北側にもウッドデッキを設けて、人が集まるスペースをつくりました。コンクリートでつくった屋外用キッチンを設置し、海で釣ってきた魚をここでさばいて、バーベキューができるようになっています。ウッドデッキの北側にある石段は、海から戻ってこられる動線です。

ここにはベンチを置きましたが、そのベンチの下の床は一部を切り込んであり、そこに座るとベンチはテーブルとして使用できます。

右_2階デッキ。ここからはノイズのない富士山の姿を楽しめる
中_北側の海から動線。階段を上がると屋外用キッチンの横に出る
左_北側ウッドデッキ。ウッドデッキにはベンチが置いてある。正面のコンクリートの躯体が屋外用キッチン

“家も外を楽しむための家具!”

南側ウッドデッキ。踏み石を介して庭からリビングへとつながる

図4
最終プラン(S=1:400)

くの字型になることで、結果的に建物北側に人の集まる場所ができた。それとつながる土間が設けて「閉じてよし、開いてよし」の建物となった

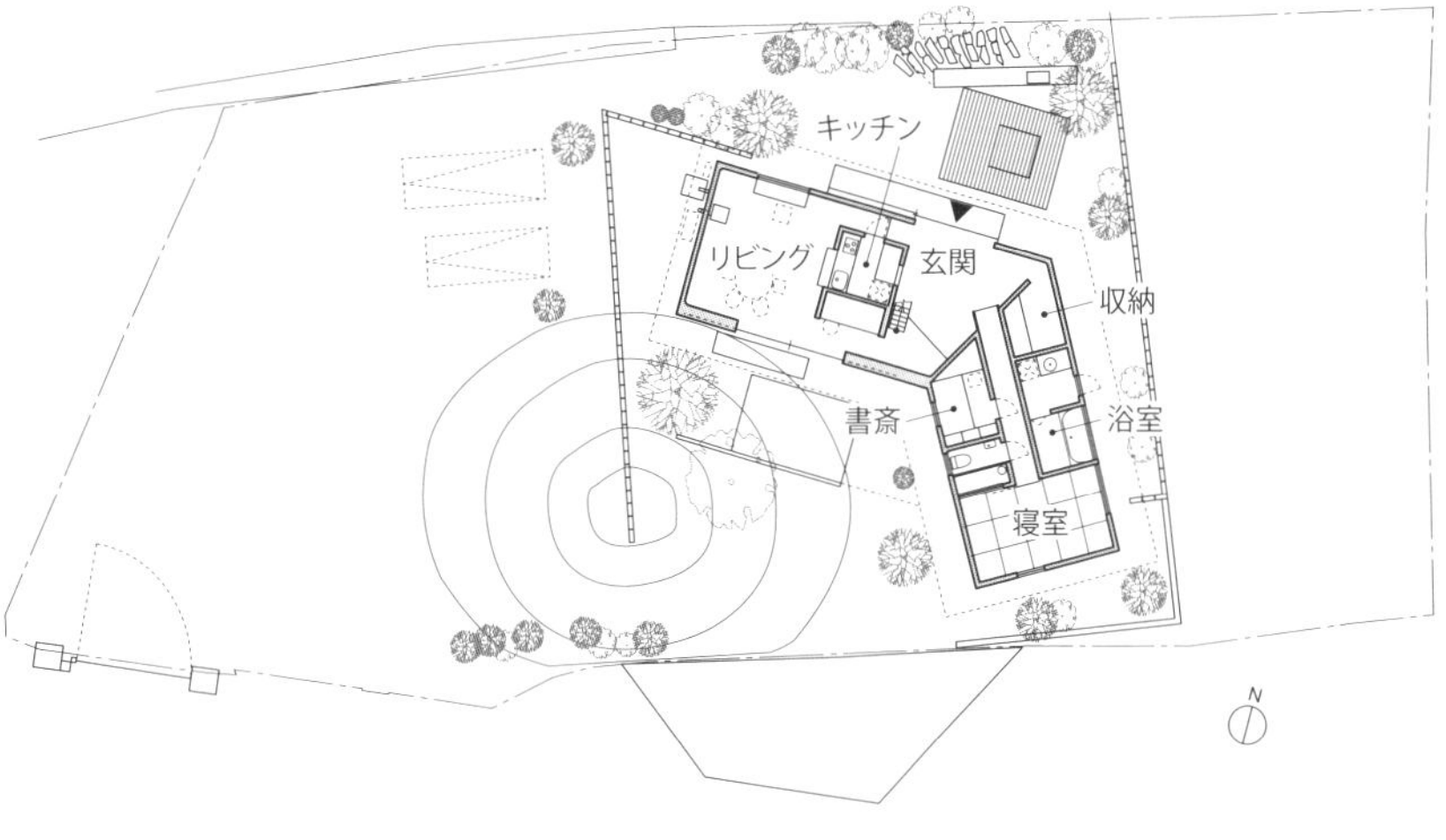

西浦の家

敷地面積	638.4㎡
建築面積	78.03㎡
床面積	114.7㎡
	1F/78.03㎡
	2F/36.67㎡
施工	空間工房LOHAS
構造	木造
造園	小林賢二アトリエ
竣工	2018年

右_玄関土間。土間から北側ウッドデッキまでが緩やかにつながる。写真左のヒノキの壁の向こう側がキッチンコアになっている
左_障子を閉めたときの玄関。いわゆる玄関ドアをやめて、フルオープンの窓に障子をしつらえたことで、閉めたときも光が得られて、玄関を部屋のように使える

外から家の中へと誘う工夫

玄関と廊下をどうつくるか

建物の入口は北側にあります。玄関は外のウッドデッキとのつながり意識して広めの土間にしました。建具は木製サッシの引戸で、土間を内と外かに切り替える装置として障子を仕込んでいます。

玄関の左手には、主寝室などプライベートエリアへと続く廊下があります。廊下は、主寝室の引き手と左側の扉が1つ、あとは小さなツマミが見えるだけの、基本的にノイズのないトンネルです。

廊下の天井には照明がなく、足元に目地を切って小さいLEDライトを仕込んでいます。ただ、あくまでもこれは非常用で、演出というよりは機能として必要な光です。

プライベートエリアは、主寝室・書斎・水回りで構成しています。廊下の先にある主寝室の窓は、廊下からの視線と少しずらして配置しています。そうすることで、廊下からの光の受け方、捉え方が曖昧になり、うまくいったと思っています。内壁はMPパウダーで仕上げました。週末住宅なので、日常からの気持ちの切り替えを意識し、情緒的であるこの素材を選びました。

主寝室の引き手は少し彫刻的な不思議な形になっています。取手に手をかけたとき、ドアで手を挟むなどの課題を検討した結果、スリットをつくり、そこに棒をつけました。

デッドスペースをどう使うか

主寝室に向かって右手が書斎です。平面プランからくる三角形のデッドスペースにデスクをつくり、ベッドのヘッドボードも兼ねました。書斎南側の窓からは庭が見えます。また、デスクの正面にある細長い窓からは、キッチンコアやリビングの奥まで見渡せます。書斎からは、家の中にいる人の姿も、外の庭で遊んでいる子どもたちまで、全部見えます。この家のコンクピットみたいな場所です。

玄関からプライベートゾーンへと続く廊下。横のスリットは169ページで確認していた書斎デスクの開口

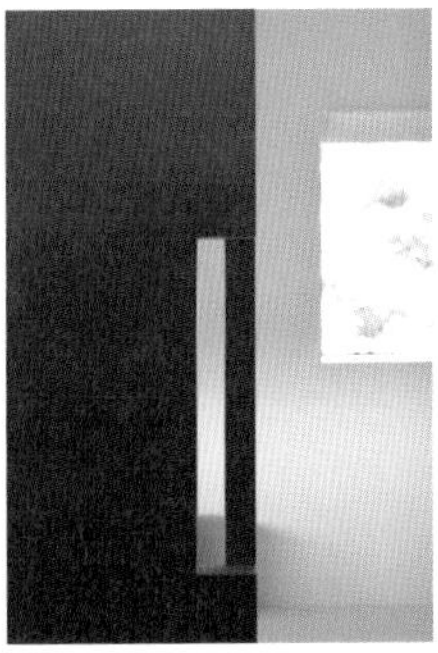

右_トンネル廊下の先にある明るい主寝室
左上・左下_主寝室入口ドアの引き手は不思議な形状をしているが、あくまでも性能を追いかけて生まれたもの
下_書斎のデスクはデッドゾーンを有効活用。開口からは、家の中から外まで一望できる。この家で一番小さくて楽しい場所

玄関を兼ねる土間空間。写真右の壁の向こうはキッチンコア。梯子は2階のゲストルームへとつながる。トンネル状の中廊下は、奥行きや、何か情緒的なものを感じてもらいたくて、あえて長い距離をとり、先にある奥の部屋に少し明るさを感じるようにした

スケール感を大切に目の高さで考える

リビングは、吹抜けをもつ大空間です。天井は屋根型に傾斜しています。天井の一番低い場所の高さは2100㎜。コルビュジエのモデュロールの考え方では、高さは2260㎜ですが、日本人ならば2100㎜がちょうどいいと思っています。ただ2260㎜でも2100㎜でも、それだけでは低いと感じるので、大きな開口や奥行きをつくって、その関係性で高さをより感じられるように意識しています。

ウッドデッキに面した南側の開口部はフルオープンで、道路からの目線は障子で遮るようにしています。障子は横子《よここ》のないものを使用しました。組み子がグリッドになる障子は、和風の印象が強く出るからです。竪《たて》子《こ》と框の幅は揃えていますが、框を細長くすると強度不足で紙に引っ張られて曲がってしまうので、金物を入れて補強しています。金物は手掛けもかねています。

北側の窓には、枠を応用したベンチを設けました。窓枠の廻りに箱を設けて座れるようにして、居場所をつくっています。この家では、ここからは富士山が楽しめます。

リビング南側に続く廊下にはソファを設けています。ソファには奥行きをもたせて、《座る》ではなく《乗る》ものにすることで、1つ部屋、居場所になると考えました。ソファ上の垂れ壁には間接照明が仕込んであります。これにより、夜は天井に反射させ、ソファでも本が読めるぎりぎりくらいの明るさを確保しています。ソファの横には土間とリビングを仕切る隠し扉があります。閉まっていると土間がキッチンコアからの壁に完全に隠れ、ソファ側にだけ引き手が見えるという納まりです。

テーブルの高さを650mmで、椅子の座面も低い。空間の重心を低くすることで、空間を伸びやかに感じさせる

上_窓ベンチ。座って富士山が眺められる。照明器具も、富士山型の古道具を選んでいる
下_キッチンコア南側の廊下。ソファを造り付けることで廊下に機能をつけ、居場所をつくっている

“家と一体になった
家具であり
居場所である”

上_障子の框。框を細くしているので、強度を保つために金物で補強している
下_土間とリビングを仕切る引戸は、壁の中に引き込まれ、存在を消している。手掛けだけが見えている
左_土間空間を仕切る引戸が、壁の中に引き込まれている状態

寸法と向き合い コンパクトにまとめる

本格的な料理はなるべく屋外用キッチンですることとし、室内のキッチンはコンパクトな設計にしました。設備も廉価版のものをそのまま収めています。キッチンからは土間とリビングの両方が覗けます。

リビング側の開口は、大きく開きすぎると生活感が出てしまうので、キッチンとリビングとの距離を保ちつつ、ものの出し入れに問題ないプロポーションを検討しました。リビング側の開口の下にはオーディオ機器やゲーム機械を置く収納を取り付けました。

リビングとのやりとりをする開口。キッチンの生活感がリビングに溢れないよう、大きさを検討した

図5

キッチン平面図(S=1:25)

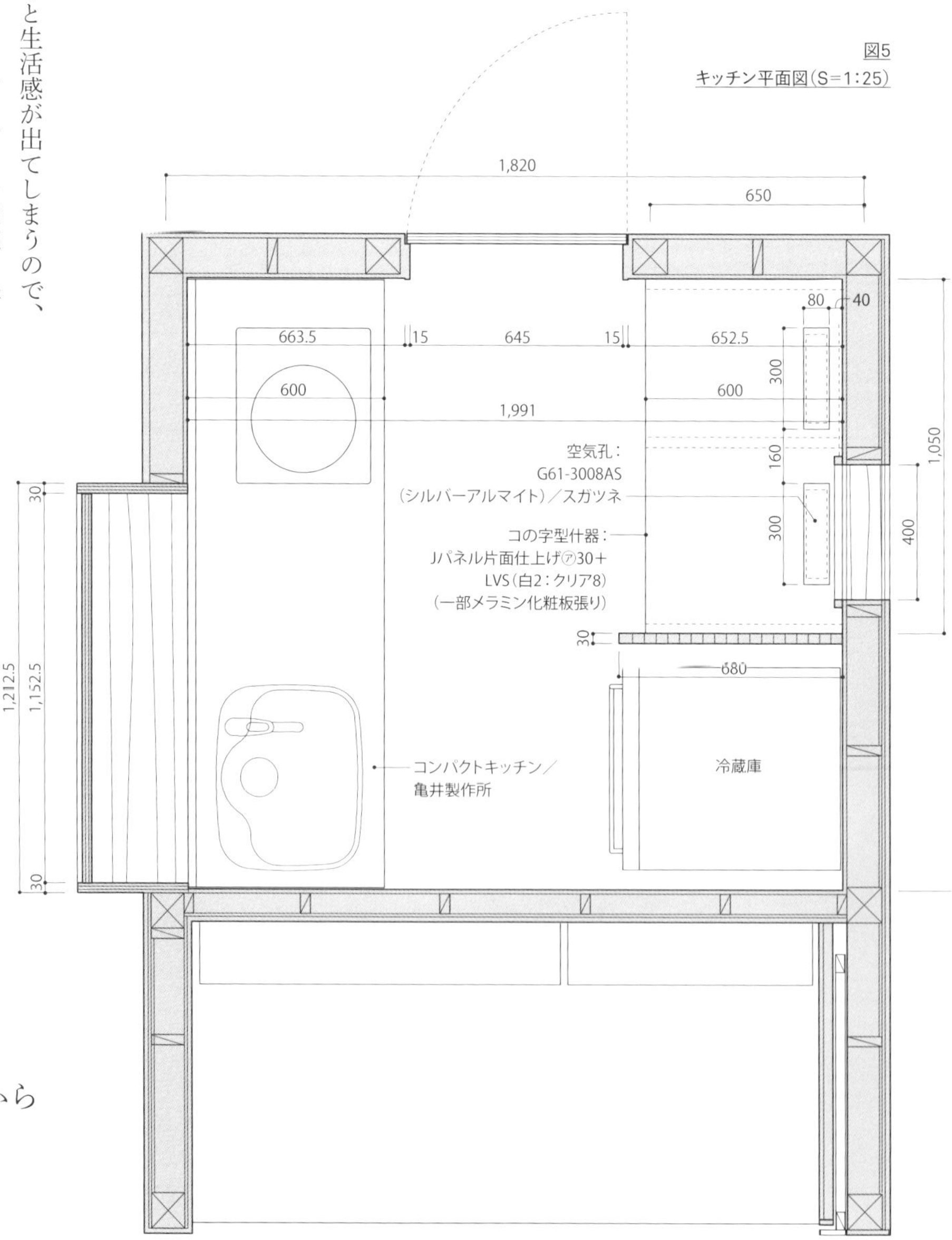

"キッチンは
コンパクトだから
使いやすい"

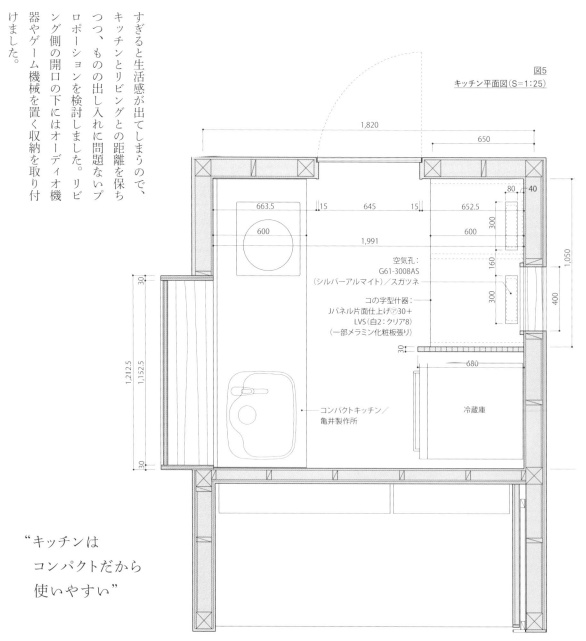

図6
トイレのアナログ自動ドアの機構
(S=1:8)

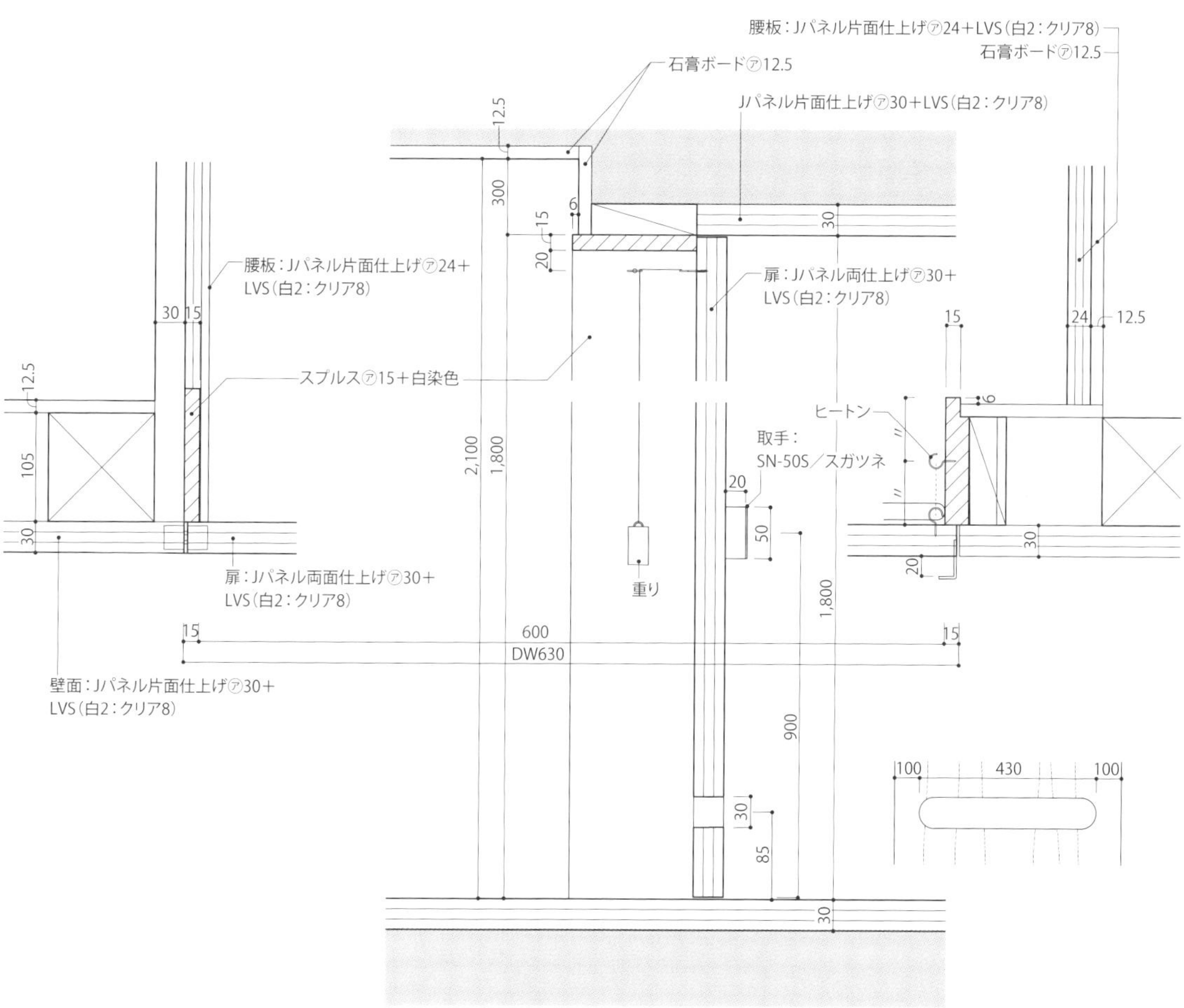

“シンプルで
楽しい手づくりの仕掛け”

遊び心が住宅を魅力的にする

トイレは、週末住宅なので最低限にまとめましたが、既製のドアクローザーの代わりにオリジナルの仕掛けを施してあります。ドアの内側に滑車と錘《おもり》を付け、ドアを開けると、引き上げられた錘がゆっくりと降りることでドアが自動で閉まるというものです。

こうした遊び心も、住宅を魅力的なものにする工夫と思っています。

トイレドアに取り付けた機構。暮らしの中にこういうギミックを設けると、子どもの興味を引くようだ。建物訪問時に、なぜか子どもがトイレによく行くなと思ったら、ぱたぱたとドアを開け閉めして、遊んでいた

1本の線に責任をもつ

デザインしているときにいつも頭に浮かぶ言葉があります。それは「1本の線に責任をもつ」という吉村順三先生の言葉です。それはプロダクトであろうと、住宅であろうと同じだと思っています。

僕たちがプロダクト、たとえば椅子を設計する場合、１００本くらい線を引きます。建築はたぶんその１０００倍くらいは引くことになる。設計者のなかには、たくさん線を引いて疲れる、そこまでやらなくていいのでは、と言う人もいますが、吉村順三設計事務所や建築家・中村好文さんの図面を見ると、しっかり線が引かれていて、しかもその1本1本に理由があることが分かります。その理由をいかに見つけ出すか。適当に書くのではなくて納得して線を引く。僕は、仕事だからではなく、楽しみながら線を引いています。デザインしていると、「絶対にこの線がいい」という線が必ず見つかります。その線を見つけ出すことが生き甲斐。それが僕たちの仕事なのかなと思っています。

Lecture

10

空間づくり

若原一貴

Kazuki Wakahara

空間の質を高めるために

住宅は普遍性と特殊性を併せもつ

住宅設計で大切なことは「日常」を考えることです。

設計が始まると私はまず、その人の日々の暮らしについて考えます。さまざまな出来事や場面についてイメージし、つなぎ合わせていくことで、住まい手の生活の全体像が少しずつ見え始めてきます。同時に「少し先の未来」についても考えます。5年後には生活がどのように変化するか予測しながら、場面を思い描きます。そうした日々の暮らしを支えるための基本形を準備すること、それが住宅にとっての「普遍性」を考えることだと思います。

一方、設計は、毎回それぞれに与えられる条件が異なります。法律的な外的要因や個々の住まい手の特殊な要望といった、個別の問題を解決するだけではなく、大切なのはその先に豊かさをつくりだすことです。

室内から見る美しい風景の切り取り方、光がドラマチックに感じられること、空間体験の変化をつくりだすこと、愛着のわくような素材の使い方など、そこでしか実現できないことを考えます。それが「特殊性」です。

暮らしやすさだけではなく日常生活を美しく彩る。普遍性と特殊性を併せもつことではじめて、豊かな生活のための住宅をつくることができるのではないでしょうか。

私は住宅の普遍性を考えるとき、1つの方法として「がらんどうの空間」を想定することがよいと思っています。間仕切り壁などで空間をあまり区切らず、まずは「大きな空間」を用意する。これは、特に小さな家の設計にはとても有効な方法です。拙著『小さな家を建てる。』（エクスナレッジ）でも、「間取りは立体で考える」という観点から、こうしたがらんどうの大きな立体空間を設計することを推奨しています。

間取りを立体で思考すると、平面的な間取りの設計だけではなかなか見つけられない、新たな空間の発見があります。

次ページで紹介している「あがり屋敷の家」（2002年）はこうした立体空間を意識しながらデザインした私の処女作です。地階から1階、2階と階段で緩やかにつながった「立体小住宅」で、内部空間を構成するものは、同一素材の床・壁・天井・階段だけです。間仕切りやドアはほとんどありません。

20年経った現在も当初から一切の手を加えることなく住み続けています。空間をあまりつくり込みすぎないことが住宅にとっては非常に大事なことなのです。

「恵比寿の五角形」（2017年）の2階。「高さ」と「低さ」「明るさ」と「暗さ」それらの対比が空間に居心地と安心感を生み出す。また、瓦入りの漆喰壁と光のグラデーションが小さな空間に広がりと奥行きを与えている

平面から離れ、断面に意識を向ける

図1
「あがり屋敷の家」断面図
(S=1:100)

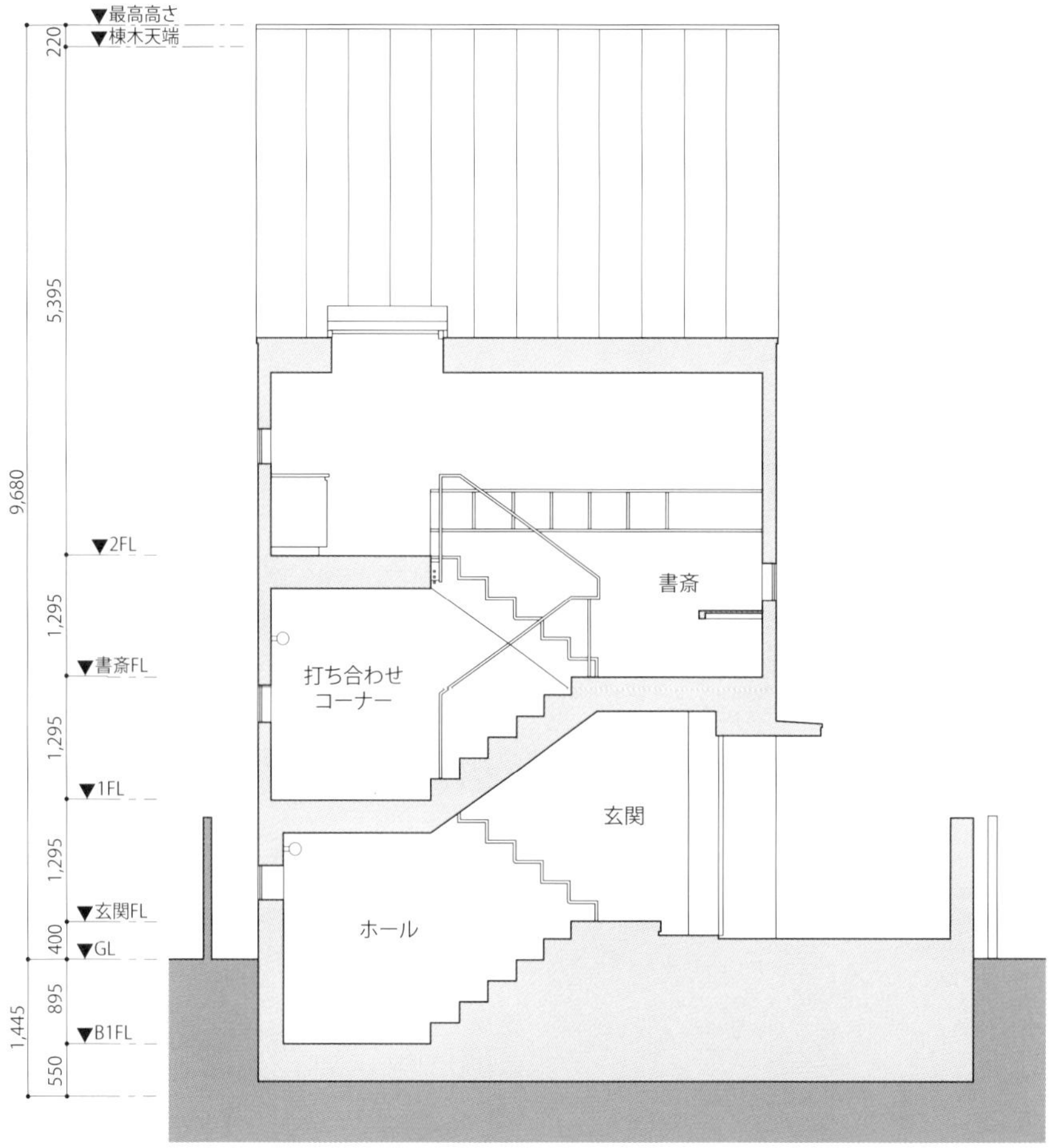

シンプルな箱をつくることが豊かな住宅になると考えていますが、決して倉庫みたいな箱がよいということではありません。「がらんどうの空間」であると同時に、住まいとしての居場所をつくることが大切です。そこで私は毎回、断面の設計にかなりの時間をかけます。設計の基本は平面にあると思いますが、平面をずっと見ていても居場所は生まれてきません。平面からいかに離れるか、「建築は空間である」という意識をもつことが大切です。

つまり高さの寸法を意識することによって空間の質はガラリと変わるのです。「あがり屋敷の家」の2階は45度の勾配天井が、高いところで5m、最小で90㎝という大きな落差を与えています。そうした変化をつけることでわずか10坪の平面でも居心地の異なる場所をつくりだすことができるのです。さらに、ちょうど

「あがり屋敷の家」(2002年）の2階。屋根勾配は45度。天井高さは高い場所で5m。料理をする場所、食事をする場所、くつろぐ場所など、それぞれにふさわしい居場所のあり方を考えながら、平面と断面を同時に設計する

玄関を入って半階上った「あがり屋敷の家」踊り場。椅子を置いて場所として使う計画。踊り場は、通常導線の一部で、部屋名としては出てこない場所。しかし、窓を設け、光や景色を取り込むことで、人が滞留する居場所が生まれる

よい大きさの家具が置かれることで、ピタリと納まりのよい生活の場が生まれます。

つまり壁や間仕切りを用いなくても場を仕切ることはできるのです。そこには結界のように「見えない境界線」があるのです。そのために平面図をにらみつつ、断面図を修正する。その作業を繰り返し行います。

「姶良の小住宅」(2021年)の居間から食堂を見る。光と影、床材の変化、天井高さの違い、開口部の位置と大きさなど、その空間を構成する要素の関係性からたくさんの「心地よい居場所」をつくろうと考えてデザインしている

「岡本の小住宅」(2021年)の2階。広さは約22畳。「がらんどう」の中心に置かれた階段室を囲う「高さ1.5mの箱」が、書斎、居間、食堂、台所といったそれぞれの領域を緩やかに仕切る役割を果たしている

光と造形が空間の質を上げる

がらんどうの空間を基本としながら、その質を上げる方法についても考えます。いちばんよく使う手法は「光のコントロール」です。

室内に取り込む光によって内部空間に、はっとするような場面をもたらすことができます。また、光がつくる陰影は空間に心地よさや安心感、居場所をつくり出してくれます。これも「間取りは立体で考える」ことにつながってきます。

もう1つ、質を上げる方法として、空間に置かれた小さなパーツ、たとえばキッチンの腰壁や階段手摺に「カタチ」を与えることを考えています。これは住まい手固有の「イロ」を空間に定着させるようなイメージです。全体空間のおおらかさを損なわない程度に個性や色気を与えたいと考えています。

こうした設計作業は機能や使い勝手とは異なる価値観にあるものです。しかし、住宅設計において「デザインの余地」を一生懸命考えることこそ、実は空間の質を上げるとても大切なことではないかと思っています。

機能に縛られず、大胆に思考することで、本当の意味での住宅の「質」が高まるのではないでしょうか。自由な発想の先に生み出される「美しい空間」にこそ、真の普遍性があるのだと思います。

設計時のスケッチ。設計時には平面のエスキースと同時に、立体的な視点でのスケッチをたくさん描く。空間のバランスや光のイメージなどを紙の上で確認する。こうした作業は、実施設計図面を描きながらも続くことが多い

「小金井の住宅」(2022年)の居間を見る。高窓には木製ルーバーが取り付けられ、その下のソファの居場所にふさわしい「柔らかで安心感のある光」をつくりだしている。ここでは陰影だけでなく開口部の「奥行」によって変化する光の質と居場所、居心地との関係性について考えながら設計した

Case Study. 1

［清瀬の小住宅］

がらんどうの空間に ふさわしい「イロ」を添える

「清瀬の小住宅」の設計ではクライアントから「玄関扉を開けたときに、はっとするような風景のある家にしてください」という要望がありました。抽象的なリクエストですが、この一言からこの住まいの設計は始まっています。

　完成した写真を見てください。玄関扉を開けると奥にダイニングの椅子とテーブルがチラッと見えます。ダイニングの床は空間に奥行きを出すために光を吸収するようモルタルに墨を入れて黒くしました。正面の壁と天井は荒く仕上げた左官仕上げ。漆喰に瓦を砕いて練り込んだ薄い灰色に深い光のグラデーションが映し出されています。

　小さい家ですがぐっと奥行きのある玄関になりました。また「がらんどうの空間」の中に住まい手の生活を豊かにするたくさんの「イロ」のある設計になったと思います。

清瀬の小住宅

敷地面積	96.07㎡
建築面積	44.71㎡
延べ床面積	76.72㎡
施工	木村工業
構造	木造在来工法2階建て
造園	若原アトリエ
竣工	2017年

スケッチをするのは「美しいプロポーションの空間」を考えるためである。平面をそのまま立ち上げたものが立体なのではなく、空気の塊を削るように空間のかたちを考えている

陰影を考えて設計することは「絵を描くこと」に近い。「のっぺりとした絵」にならないように、光は白く、影は黒く、そしてその間のグレースケールは美しく見えるようにする。そうして生まれた風景が生活に大きな豊かさをもたらすのである

Case Study. 2

［辻堂の家］

普遍的な要素の中に住まい手の記憶を残す

「辻堂の家」は塔と平屋を組み合わせた外観をもつ住宅です。

元々ここには住み手の実家が建っていたので、その平屋の記憶を少し彷彿させるような形にしたいと思いました。ですが単純な切妻屋根ではなく3寸勾配と5寸勾配を組み合わせたかたちになりました。この勾配に決めるまでに何度もスケッチを重ね、20、30個は模型をつくりました。屋根の勾配が変わると、平面のプランにも影響するのでその都度プランも変更していきました。

また、ここでは子育ての終わった夫婦が「未来」へ向けて新たな生活スタイルをこれからつくり上げていくことと同時に、「過去」にも目を向けています。亡き母の制作した大きな絵を生活の中心に置き、その下に思い出のピアノを配置しました。

さらに古い住まいの建具を再利用し、かつての住まいの気配を残すことを考えました。結果、屋根勾配が異なる「がらんどうの空間」に、この住まい手の「思い」が表現されるようにデザインできたと思います。この空間のもつ優しい「イロ」はそうした特殊性と向き合った結果なのです。

辻堂の家

敷地面積	140.55㎡
建築面積	70.25㎡
延べ床面積	101.92㎡
施工	木村工業
構造	木造在来工法2階建て
造園	若原アトリエ
竣工	2017年

図
屋根勾配の検討

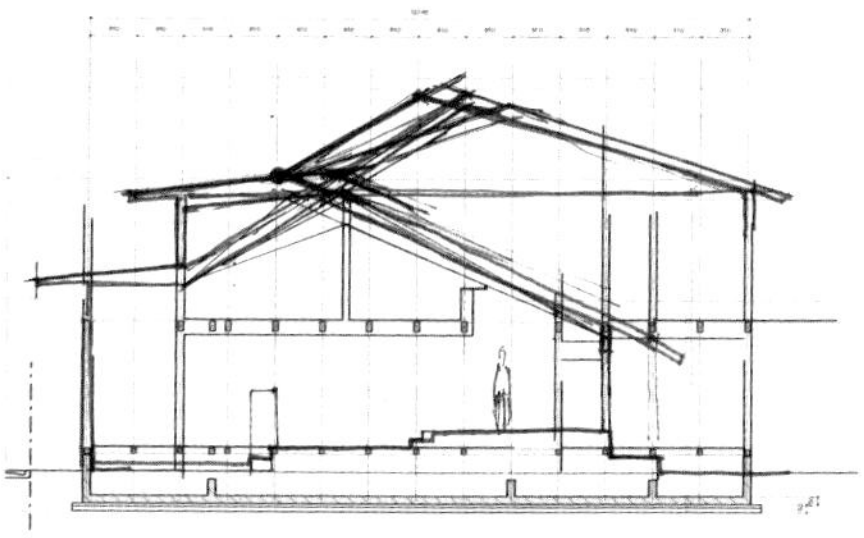

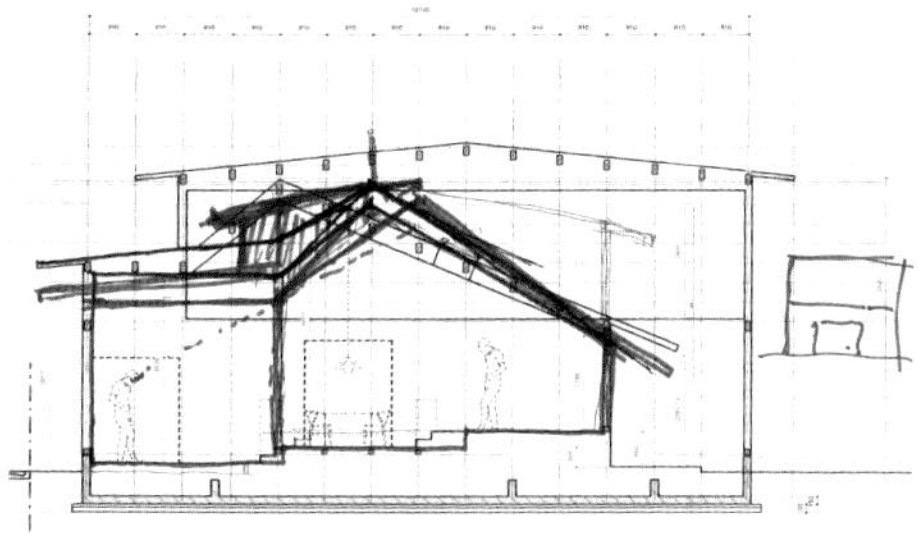

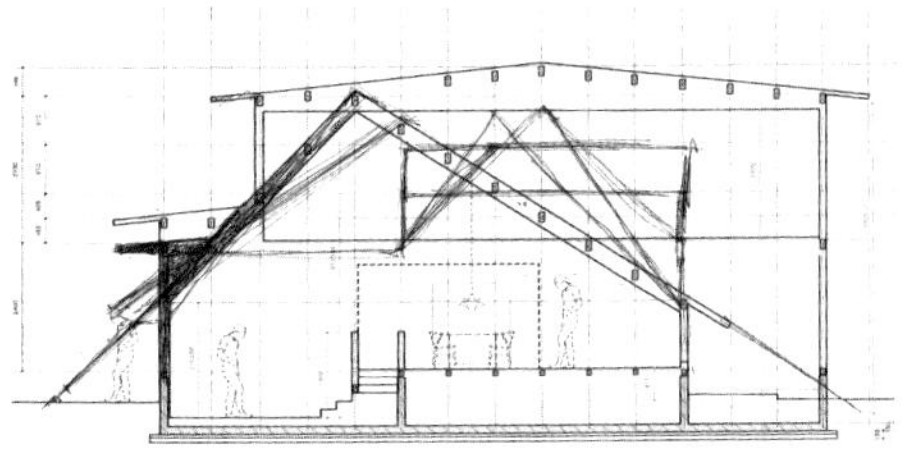

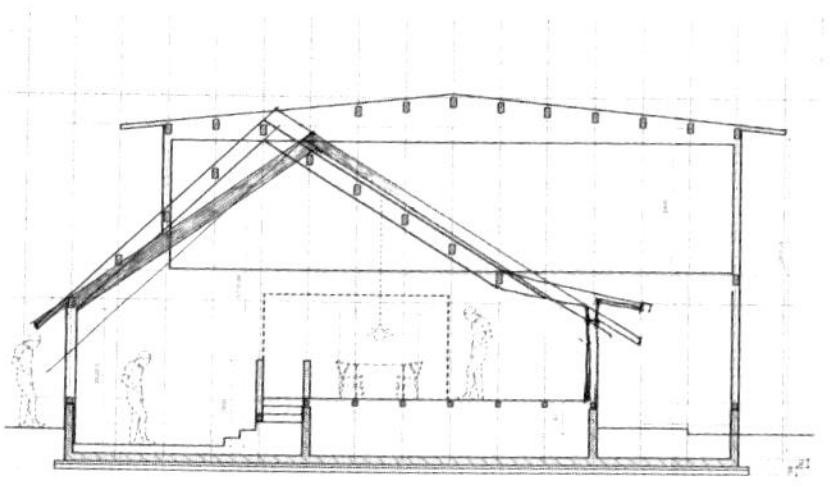

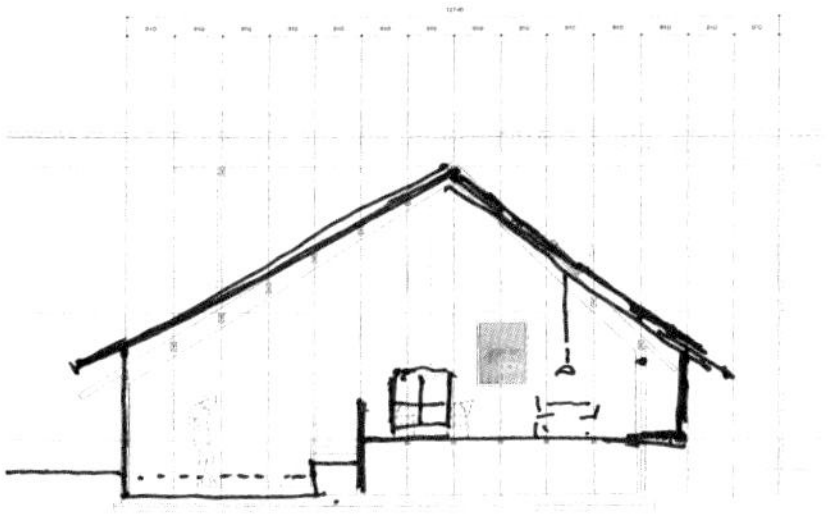

平面が変われば断面が変わり、断面が変われば平面が変化する。それを延々と繰り返していく。「辻堂の家」ではなかなか着地点が見つからずに苦労をした。完成し、内部に入るとそこが「ごく自然なもの」として感じられた。そんな「日常の中に消えていくような空間」をもった住まいをつくりたいと考えている

居間の小窓を家具的にデザインし、故人を偲ぶ場として位牌の代わりに「木彫を納めた厨子」を飾っている。朝になると背後から日が差し込み、亡き母を思い出しながら新しい一日が始まる

階段室を囲う「高さ1.5mの箱」によって室内の領域を緩やかに仕切っている。同時に階段室は大きな吹抜けでもあり、ここから光が室内にさんさんと降り注ぐ

Case Study. 3

［文京の小住宅］

光を受け止める白い壁が生む豊かさ

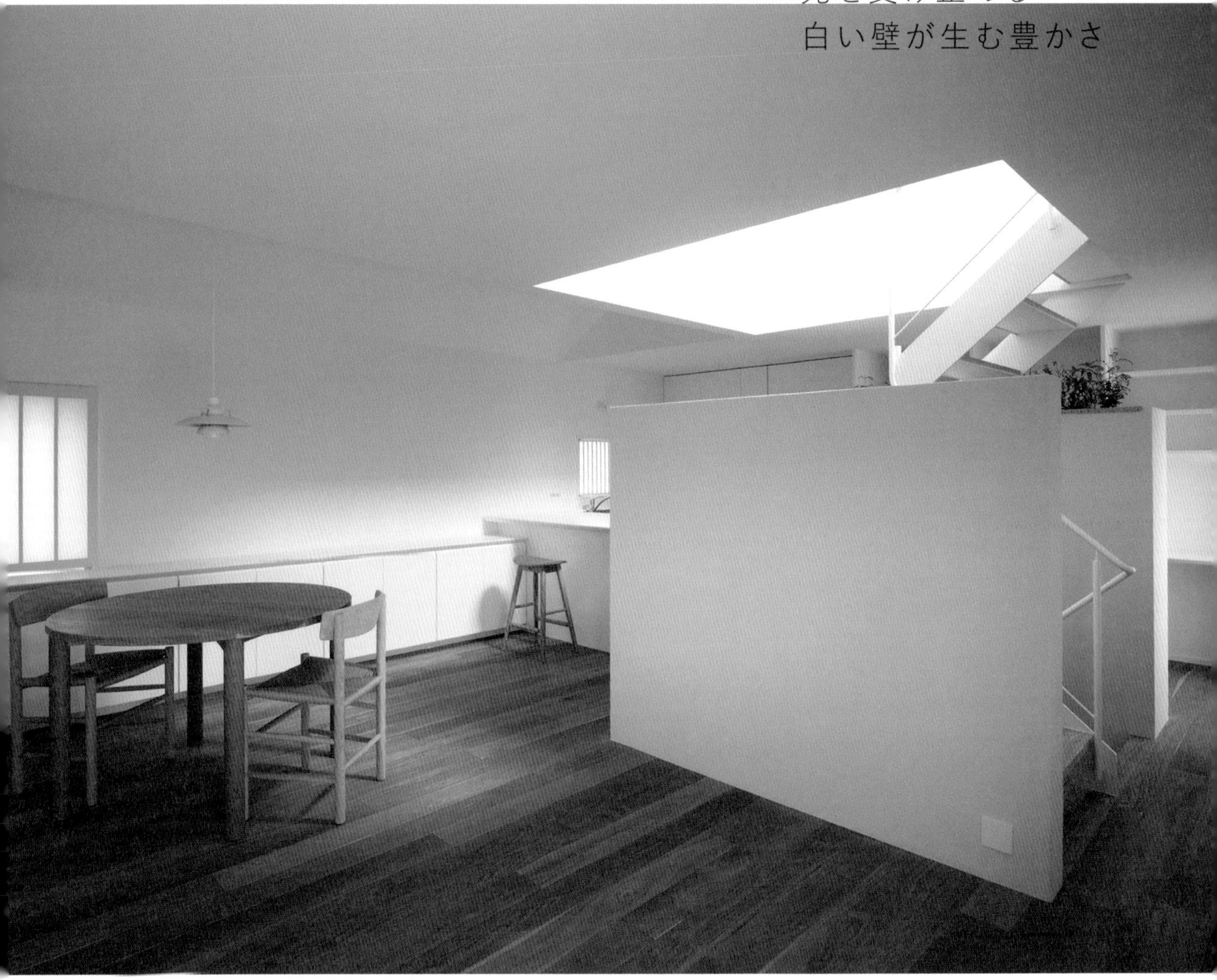

「文京の小住宅」は階段が特徴的な木造3階建ての都市型住宅です。2階の居間には「がらんどうの空間」の真ん中に階段ボックスがぽんと置かれています。その真ん中には大きな「穴」があいていて上階からたくさんの光が降り注いできます。この穴と階段ボックス関係性がここでは重要だと考えました。

写真を見てもらうと分かりますが、階段室の正面の白い壁に光が当たっています。この上の穴の位置と壁の位置が揃っていると、ここが影になるので壁面を上部の吹抜けと少しだけずらしています。ほんのちょっとした操作ですが、この白い壁が明るい光の壁になり、小さな家に奥行きを感じるようになるのです。これは「住まいを立体で考える」ことで気がつくことです。

また、私にとって建築のディテールとは、複雑につくることではなく、光が入るとき、ちゃんとその光が当たってほしい壁に当たるようにするにはどうすればいいかを考えながら設計する、ということです。現場に

文京の小住宅

敷地面積	58.24㎡
建築面積	34.77㎡
延べ床面積	86.58㎡
施工	モノリス秀建
構造	木造在来工法3階建て
竣工	2019年

上_外観を見る。敷地いっぱいに建てられた木造3階建ての小さな家（手前の緑地は隣地）。開口部は木製建具。外部に飛び出た箱は上がサービスバルコニー、下が物干スペース

下_室内スケッチ。中心に置かれた箱と食堂、台所、裏側の書斎など、それぞれの場所どうしの「距離感」を確認

入って「もう少し壁に光を当てたい」と思ってもそれでは間に合いません。しっかりと準備しておかないといけない。

逆に言うとそれさえしっかりできていれば、壁の仕上げ材に何を使おうが、本質的には変わらないと思っています。石を張ってもよいし、左官でもペンキでもよい。そういうことが建築の「本当の質」を決めるものではないのです。

つまり、住宅におけるディテールとは「生活の質」に関わる部分の建築的要素を整えることが大切で、そこさえしっかり設計すればよいのです。そして、その部分がきちんとしている建築は、年月を経て別の住まい手に変わったとしても、おそらくきちんと住んでくれるはずです。

住まい手に合わせすぎないというか必要以上に細かな要望を取り込むのではなく、大きな骨格としての構成をしっかりつくることが、やっぱり住宅にとって大事ですし、それを10坪ぐらいの住宅でもきちんと成立させたいと思いながら設計をしています。

変わらないものとしての住宅

「始良の小住宅」(2021年)の玄関・夜景。帰宅するときにほっとする風景をつくりたいと考えて設計。庭木とほのかな灯り、そして木の玄関扉が優しく出迎えてくれる

住宅設計にとって大切なことは、条件にとらわれすぎず、常に普遍的なものを志向することだと思います。空間そのものが意味をもつ建築をつくる。建築そのものの空間に靭性があるといってもいい。

一方で表層的には非常にシンプルというか、オーソドックスなものになるように心がけています。その裏で空間の質を上げる作業をしながら、最終的にはディテールも含めて、できるだけ「何でもないもの」にしたいと常に考えています。

住宅は生活を受け止めるものだけれども、長い年月の中で外的環境はどんどん変化します。人の価値観も変わります。都市の状況も変化します。そうした外部の状況とは別に、いつまでも変わらずにあり続けられるような空間をもった住宅を設計したいと思っています。

Profile

飯塚 豊（いいづか ゆたか）

1966年東京都生まれ。'90年早稲田大学理工学部建築学科卒業。'90〜2003年大高建築設計事務所、'04年アイプラスアイ設計事務所を設立。'11年より法政大学デザイン工学部兼任講師。'18年第4回日本エコハウス大賞・大賞受賞。主な著書に『間取りの方程式』『ぜんぶ絵でわかる1木造住宅』(いずれもエクスナレッジ)、『新米建築士の教科書』(秀和システム)などがある

丸山 弾（まるやま だん）

1975年東京都生まれ。'98年成蹊大学経済学部卒業後、ヨーロッパ・アジアなどを旅する。ロンドン滞在中、エーリック・グンナール・アスプルンドの「森の墓地」を知り、ランドスケープや建築に関心を抱き帰国。2003年堀部安嗣建築設計事務所入所。'07年丸山弾建築設計事務所設立。同年より、京都芸術大学通信制大学院非常勤講師。主な著書に『美しい住まいのしつらえ』(エクスナレッジ)など

佐藤重徳（さとう しげのり）

1960年東京都生まれ。'83年東京電機大学工学部建築学科卒業、在学中山岳部に所属。開建築設計入所。'89年に退所し、アジア、ヨーロッパ、アフリカを回る。'91年レミングハウス（中村好文主宰）に入所。'97年独立し、佐藤重徳建築設計事務所設立。住宅を中心に、年間約3棟のペースで設計を手がける。著書に『若手設計者に贈る 木造住宅の手描き詳細図集』(オーム社)がある

荻野寿也（おぎの としや）

1960年大阪府生まれ。'99年自宅アトリエが第10回みどりの景観賞（大阪施設緑化賞）を受賞。以降、独学で造園を学ぶ。2006年設計部門として荻野寿也景観設計を設立。原風景の再生をテーマに造園設計・施工を手掛ける。'12年より住宅デザイン学校の講師を務める。著書に『荻野寿也の美しい住まいの緑85のレシピ』(エクスナレッジ）がある

伊礼 智（いれい さとし）

1959年沖縄県生まれ。'82年琉球大学理工学部建設工学科卒業、'85年東京藝術大学大学院美術学部建築科修了後、丸谷博男＋エーアンドエーに入所。'96年に伊礼智設計室を開設。2012年から住宅デザイン学校で実務者向けに設計講義を行う。主な著書に『伊礼智の住宅設計作法』(新建新聞社)、『伊礼智の住宅設計』『伊礼智の小さな家70のレシピ（エクスナレッジ)などがある

関本竜太（せきもと りょうた）

1971年埼玉県生まれ。'94年日本大学理工学部建築学科を卒業し、'99年までエーディネットワーク建築研究所に勤務。2000年〜'01年フィンランドのヘルシンキ工科大学（現アールト大学）に留学。帰国後、'02年にリオタデザイン設立。主な著書に『上質に暮らす おもてなし住宅のつくり方』『詳細図解 木造住宅のできるまで』(いずれもエクスナレッジ)などがある

八島正年（やしま まさとし）

1968年福岡県生まれ。'93年東京藝術大学美術学部建築科卒業、'95年同大学院美術研究科修了。'98年八島正年＋高瀬夕子建築設計事務所を共同設立。2002年八島建築設計事務所に改称。'01年「ファンタジアの家2」日本建築士会連合会作品賞受賞。主な著書に『建築家夫婦のつくる居心地のよい暮らし』(オーム社)、『10の住まいの物語』(エクスナレッジ)などがある

小谷和也（こたに かずや）

1975年兵庫県生まれ。団地育ちのマンション住まい。工務店勤務の後、2006年マスタープラン一級建築士事務所設立。'09年より木のマンションリノベに特化し、関西をはじめ全国で設計を手がける。近年はオリジナルデザインのたためる家具や雑貨、建材の開発も行う。'22年マスタープラン／小谷和也設計室に改称。著書に『リノベで暮らしを変える 間取りのレシピ100』(エクスナレッジ)など

小泉 誠（こいずみ まこと）

1960年東京都生まれ。デザイナー原兆英と原成光に師事。'90年Koizumi Studio設立。2003年にデザインを伝える場として「こいずみ道具店」を開設。建築から箸置きまで生活に関わる全てのデザインを手がけ、現在は日本全国のものづくりの現場を駆け回り、地域との協働を続けている。'15年に「一般社団法人わざわ座」を立ち上げ、手仕事の復権を目指す活動を開始。武蔵野美術大学名誉教授

若原一貴（わかはら かずき）

1971年東京都生まれ。'94年日本大学芸術学部美術学科卒業。2000年若原アトリエ設立。'22年より日本大学芸術学部デザイン学科教授。狭小地、密集地でも豊かで心地よい小さな家の設計を多数手がけている。第34回住まいのリフォームコンクール優秀賞受賞。神奈川建築コンクール令和元年度入賞作品(第63回)優秀賞受賞。著書に『小さな家を建てる。』(エクスナレッジ)がある

「住宅デザイン学校では教えてくれない、あの話」

私は、10年間、住宅デザイン学校の運営に携わってきましたが、講義の最後に質疑応答で必ずといってよいほど出る質問があります。それは「天井を低くしたいけどお客様からOKが出ません。どうやったら説得できますか？」という質問です。住宅デザイン学校でいい家づくりの作法を学んでも、現実ではお客様の要望に流されてしまい、なかなか思い通りの家づくりができないという生徒さんが実は多いのです。その一方で、在校・卒業生のなかでコンスタントに一定のクオリティを保った家づくりができている工務店・設計事務所も存在します。ここではそんな工務店・設計事務所に共通している「あること」を紹介したいと思います。

ずばり「そのようなことを言うお客様が来ない状態にすでになっている」ということです。それができないから困っているです！　という声が聞こえてきそうですが、「あること」をちゃんとやれば解決できるのです。その「あること」とは、やりたい家づくりをぶれずにやる覚悟をもち、どの家を見ても「あー、○○工務店の家だな」と分かるように、ウエブサイトやSNSで発信するということです。具体的には、はじめてその工務店・設計事務所を知ったとき、直感で「なにかよさげ」「自分の好みと合いそう」と思わせる施工例の写真やパース、それを想起させるロゴマークやアイキャッチ、心を射貫くキャッチコピーなどを用意するということ。たとえば、一杯やりながらおいしい蕎麦を食べたいと思ったら、うどんもカレーもあるようなところには行かず、暖簾をくぐって入る古民家づくりのお蕎麦屋に行きませんか？　それと同じことです。せっかくおいしい蕎麦の打ち方を学んでも、肝心な店構えがフードコートのようでは「カレーとセットにしてくれ」というようなお客さんしか来店してくれないと思います。

やりたい家づくりを信念をもって貫く「覚悟」と、それに共感してもらえる「見せ方」を手に入れることができれば、冒頭のような質問は出なくなるはずです。もし、自分たちのやりたい家づくりができていないと感じるなら、ウエブサイトやSNSを知り合いに見せて「どのような家を建てている工務店に見えるか」聞いてみるとよいでしょう。それで「えー、そんなふうに見えた？」という意に反した返事が来たなら、ブランディングを真剣に考えたほうがいいかもしれません。

10年という時を経て住宅デザイン学校で学んだ生徒さんたちが全国各地で活躍しはじめていますが、そうしたみなさんはおしなべて「ブランディング」が確立できていると思います。この「十人十色の上達論」は講師陣の講話をまとめたものですが、いつか卒業生のみなさんの実作が並んだ書籍が発行されることを事務局として願っています。

住宅デザイン学校事務局　塚本浩史（アドブレイン代表）

伊礼智の住宅デザイン学校
10人の建築家が教える設計の上達法

2022年12月 2 日　初版第1刷発行
2023年 1 月23日　　　第2刷発行

発行者　澤井聖一
発行所　株式会社エクスナレッジ
〒106 0032
東京都港区六本木7-2-26
https://www.xknowledge.co.jp
問合せ先
編集
Tel　03-3403-1343
Fax　03-3403-1828
info@xknowledge.co.jp
販売
Tel　03-3403-1321
Fax　03-3403-1829